HUMAN RESOURCE MANAGEMENT
Application and Practice

人力资源管理
应用与实战

张轶楠 易培琳 / 主编

图书在版编目(CIP)数据

人力资源管理应用与实战/张轶楠,易培琳主编.—北京:北京大学出版社,2020.3
ISBN 978-7-301-31271-1

Ⅰ.①人⋯ Ⅱ.①张⋯②易⋯ Ⅲ.①人力资源管理 Ⅳ.①F243

中国版本图书馆 CIP 数据核字(2020)第 030078 号

书　　名	人力资源管理应用与实战
	RENLI ZIYUAN GUANLI YINGYONG YU SHIZHAN
著作责任者	张轶楠　易培琳　主编
责任编辑	于　娜
标准书号	ISBN 978-7-301-31271-1
出版发行	北京大学出版社
地　　址	北京市海淀区成府路 205 号　100871
网　　址	http://www.pup.cn　新浪微博:@北京大学出版社
电子信箱	zyl@pup.pku.edu.cn
电　　话	邮购部 010-62752015　发行部 010-62750672　编辑部 010-62767857
印 刷 者	北京虎彩文化传播有限公司
经 销 者	新华书店
	787 毫米 × 1092 毫米　16 开本　16.75 印张　360 千字
	2020 年 3 月第 1 版　2021 年 1 月第 2 次印刷
定　　价	49.00 元

未经许可,不得以任何方式复制或抄袭本书之部分或全部内容。
版权所有,侵权必究
举报电话:010-62752024　电子信箱:fd@pup.pku.edu.cn
图书如有印装质量问题,请与出版部联系,电话:010-62756370

序　言

"中兴以人才为本",知识型经济的时代已经来临,任何企业组织在面对市场开放竞争时,人力资源管理已然成为最核心、最优先也是最基础的课题。回顾改革开放四十年间,人力资源管理如火如荼席卷大江南北,吸引人才、提升人力素质和组织优化等成为摆在每一位管理者面前的持续课题。

在全球经济一体化的时代,企业要想竞争取胜并持续发展,就必须高度重视人力资源管理。一个国家的人力资源优势主要体现在两个方面:一是人力资源的教育素质(体现为潜在的生产力);二是对已实现就业的人力资源的管理水平(体现为对人力资源的开发利用程度)。近些年,我国在提高人力资源的教育素质方面取得一定成绩,而人力资源管理水平与世界发达国家相比还存在一定差距。

为了更好地为人力资源管理教育服务,我们编撰了《人力资源管理应用与实战》课程教材。本书共九章,包括人与组织相匹配、人力资源管理、人力资源规划、招聘与聘用、绩效管理、薪酬管理、培训管理、职业生涯规划与管理、劳动关系与员工关系。本书主要思路和特点如下。

第一,理论梳理与应用实战相结合。本书分为理论和案例两大部分,为了便于读者应用所学知识,每一章都会在理论部分之后提供针对本章内容的案例展示及相关点评,以及思考与讨论的问题。力求通过应用实战,解释理论核心,实现学以致用的目的。

第二,图文并茂与可读性结合。本书语言浅显易懂,可读性强。理论部分多以图表等可视化的形式作为文字部分的辅助,力求最大程度上方便读者理解。书中大部分图表来源于实践应用领域的总结,具有较强的实用性和操作性,既满足人力资源管理专业学生系统学习相关知识的需要,亦可为人力资源管理的实践带来启发。

第三,案例翻新与市场发展相结合。本书中涉及的案例大多数都是近几年企事业单位人力资源管理的咨询实例。从保密角度考虑,我们对涉及案例的企业名称以及有关数据做了必要的处理。在案例选取上关照近年来经济与市场变化的情况,希望读者能够从案例中延伸思考,有所收获。

最后,感谢首都师范大学秘书学系马乔、李娜、褚劲寿、李婧、张秋怡、苏晨曦、向鹏和平爱一同学,他们参与了本书的资料搜集、案例组织与整理,其中马乔与李娜同学还参与了文稿整理与编辑,为本书的顺利出版付出了辛勤的劳动。

由于水平所限,书中纰漏在所难免,敬请专家和读者不吝指正。

目 录

第一章 人与组织匹配 ……………………………………………………………… 1
第一节 人与组织匹配的思想来源 ……………………………………………… 1
一、科学管理:关注"组织" ……………………………………………………… 1
二、人际关系和行为管理时代——关注"人" ………………………………… 2
三、现代管理者思想——寻求人与组织的匹配 ……………………………… 4
第二节 人与组织匹配的理论 …………………………………………………… 5
一、人与组织匹配的含义 ………………………………………………………… 5
二、人与组织匹配的模型与理论 ………………………………………………… 5
三、人与组织匹配的理论标准 …………………………………………………… 6
第三节 人与组织匹配的条件 …………………………………………………… 7
一、人与组织匹配的必要条件 …………………………………………………… 7
二、人与组织匹配的充分条件 …………………………………………………… 7
三、人与组织匹配的四方格图 …………………………………………………… 8
第四节 实现人与组织的匹配 …………………………………………………… 9
一、组织改进 ……………………………………………………………………… 9
二、个人改进 ……………………………………………………………………… 12
三、文化整合 ……………………………………………………………………… 14
四、总结 …………………………………………………………………………… 17
案例分析 1-1 富士康跳楼事件 ………………………………………………… 17
案例分析 1-2 联想公司如何让新员工"入模子" ……………………………… 21

第二章 人力资源管理 ……………………………………………………………… 26
第一节 人力资源管理概述 ……………………………………………………… 26
一、人力资源概述 ………………………………………………………………… 26
二、人力资源管理概述 …………………………………………………………… 29
第二节 战略性人力资源管理概述 ……………………………………………… 33
一、战略概述 ……………………………………………………………………… 33
二、战略性人力资源管理 ………………………………………………………… 36
三、战略性人力资源管理与传统人事管理的区别 …………………………… 39

案例分析 2-1　苹果公司人力资源管理的显著特点 …………………………… 41
　　案例分析 2-2　海尔按单聚散的新型人力资源管理模式 ……………………… 43

第三章　人力资源规划 …………………………………………………………… 47
　第一节　人力资源规划概述 …………………………………………………… 47
　　一、人力资源规划的含义 …………………………………………………… 47
　　二、人力资源规划的内容 …………………………………………………… 48
　　三、人力资源规划的作用与意义 …………………………………………… 49
　　四、人力资源规划与人力资源管理其他职能的关系 ……………………… 50
　　五、人力资源规划的程序 …………………………………………………… 51
　第二节　人力资源需求、供给规划与平衡 …………………………………… 52
　　一、人力资源需求规划 ……………………………………………………… 52
　　二、人力资源供给规划 ……………………………………………………… 55
　　三、人力资源供需平衡 ……………………………………………………… 57
　　案例分析 3-1　A 公司人力资源状况分析 …………………………………… 58
　　案例分析 3-2　B 银行人力资源规划情况分析 ……………………………… 61

第四章　招聘与聘用 ……………………………………………………………… 67
　第一节　招聘概述 ……………………………………………………………… 67
　　一、招聘的含义 ……………………………………………………………… 67
　　二、招聘的意义 ……………………………………………………………… 68
　　三、招聘的原则 ……………………………………………………………… 69
　　四、招聘工作的程序 ………………………………………………………… 70
　第二节　招聘系统设计 ………………………………………………………… 71
　　一、工作分析 ………………………………………………………………… 71
　　二、选择招聘渠道 …………………………………………………………… 72
　第三节　招聘的组织与实施 …………………………………………………… 76
　　一、笔试 ……………………………………………………………………… 77
　　二、面试 ……………………………………………………………………… 80
　　三、心理测试 ………………………………………………………………… 83
　　四、录用决策 ………………………………………………………………… 84
　　五、员工入职 ………………………………………………………………… 87
　第四节　招聘效果评估 ………………………………………………………… 88
　　一、成本效益评估 …………………………………………………………… 88
　　二、录用人员评估 …………………………………………………………… 88
　　三、编撰招聘工作总结 ……………………………………………………… 89

案例分析 4-1　宝洁公司校园招聘概况 ·················· 89
　　案例分析 4-2　丰田公司人力资源招聘体系 ·············· 92

第五章　绩效管理 ·· 96
第一节　绩效管理概述 ··· 96
　　一、绩效的基本含义与特点 ····························· 96
　　二、绩效管理的基本含义与内容 ························ 97
第二节　绩效计划 ··· 98
　　一、设计合理的绩效目标 ······························· 98
　　二、建立可行的工作期望 ······························ 100
　　三、构建科学的评价体系 ······························ 101
第三节　绩效沟通 ·· 102
　　一、注重与员工的持续沟通 ···························· 102
　　二、做好绩效辅导与咨询 ······························ 103
　　三、关注绩效信息收集 ································ 103
第四节　绩效评估 ·· 104
　　一、绩效评估方法 ···································· 104
　　二、绩效评估注意事项 ································ 111
第五节　绩效反馈 ·· 114
　　一、绩效反馈面谈与实施 ······························ 114
　　二、绩效评估结果应用 ································ 116
　　案例分析 5-1　B 公司人力资源绩效管理概况 ············ 118
　　案例分析 5-2　A 公司的考核体系 ······················ 120

第六章　薪酬管理 ·· 124
第一节　薪酬概述 ·· 124
　　一、薪酬的含义 ······································ 124
　　二、薪酬基础理论 ···································· 125
　　三、薪酬的作用 ······································ 126
第二节　薪酬管理 ·· 128
　　一、薪酬管理的内涵 ·································· 128
　　二、薪酬体系 ·· 129
　　三、薪酬体系设计 ···································· 132
第三节　薪酬执行管理 ·· 138
　　一、薪酬执行管理环节 ································ 138
　　二、薪酬预算 ·· 138

三、薪酬成本控制···142
　　四、薪酬沟通···143
  第四节　员工福利管理··143
　　一、员工福利的概念、功能和原则··································143
　　二、员工福利制度设计——弹性福利计划····························147
  案例分析6-1　XX集团薪酬管理体系····································148
  案例分析6-2　诺基亚薪酬制度建设····································152

第七章　培训管理··156
  第一节　培训概述··156
　　一、培训的含义及战略地位·······································156
　　二、培训管理的基本流程···156
　　三、培训管理的组织基础···157
  第二节　培训需求分析··157
　　一、培训需求分析的内容···157
　　二、培训需求信息收集的方法·····································162
  第三节　培训的组织与实施··164
　　一、制订培训计划···164
　　二、实施培训···169
  第四节　培训效果评估··170
　　一、作出评估决定···170
　　二、实施培训评估···171
　　三、培训效果转化···178
  案例分析7-1　麦当劳的培训系统····································180
  案例分析7-2　ZYC公司人员培训案例研究······························183

第八章　职业生涯规划与管理······································187
  第一节　职业生涯规划与管理的内涵及意义··························187
　　一、职业生涯规划的含义···187
　　二、职业生涯管理的含义···187
　　三、职业生涯规划与管理的意义···································188
  第二节　职业生涯规划与管理的基本理论····························189
　　一、职业选择理论···189
　　二、职业发展理论···195
  第三节　职业生涯规划的步骤及阶段································198
　　一、职业生涯规划的步骤···198

二、职业生涯规划的三个阶段及注意事项 ……………………………………… 201
　　三、组织职业生涯规划与管理的一般步骤和程序 ……………………………… 205
　第四节　职业模型及职业生涯发展通道 …………………………………………… 208
　　一、组织员工职业发展模型的特征 ……………………………………………… 208
　　二、职业模型设计步骤 …………………………………………………………… 208
　　三、职业生涯发展通道 …………………………………………………………… 208
　　四、建立多维职业生涯发展通道 ………………………………………………… 210
　案例分析8-1　XX内衣公司职业发展通道设计 …………………………………… 211
　案例分析8-2　马丁的职业生涯 ……………………………………………………… 215

第九章　劳动关系与员工关系 ………………………………………………………… 218
　第一节　劳动关系概述 ……………………………………………………………… 218
　　一、劳动关系含义与特征 ………………………………………………………… 218
　　二、劳动关系的基本内容 ………………………………………………………… 219
　　三、劳动关系研究的不同学派和基本理论 ……………………………………… 221
　　四、影响劳动关系的因素 ………………………………………………………… 226
　第二节　劳动法 ……………………………………………………………………… 227
　　一、劳动法的概念和功能 ………………………………………………………… 227
　　二、劳动法的基本原则和特征 …………………………………………………… 228
　　三、附:《中华人民共和国劳动法》全文 ………………………………………… 230
　第三节　劳动合同 …………………………………………………………………… 239
　　一、劳动合同的概念及基本内容 ………………………………………………… 239
　　二、劳动合同不同阶段状态解读 ………………………………………………… 244
　第四节　员工关系 …………………………………………………………………… 247
　　一、员工关系概述 ………………………………………………………………… 247
　　二、员工关系管理的目的 ………………………………………………………… 248
　　三、员工关系管理的方法 ………………………………………………………… 249
　案例分析9-1　企业破产安置有方　职工无据诉请被驳回 ………………………… 251
　案例分析9-2　部门经理的工作日记 ………………………………………………… 253

参考文献 ……………………………………………………………………………… 256

第一章 人与组织匹配

学习要点

1. 人与组织匹配的思想来源
2. 人与组织匹配的含义
3. 人与组织匹配的模型与理论
4. 人与组织匹配的八种类型
5. 人与组织匹配的必要、充分条件
6. 人与组织匹配的四方格图
7. 组织改进以实现人与组织的匹配
8. 个人改进以实现人与组织的匹配
9. 文化整合以实现人与组织的匹配

当今市场上的人才多如牛毛,但对于单个的组织来说,很多人固然能力超群,但却与组织整体的战略目标不相符,这些人虽然是人才,却不能为我有用。还有一些人,或许符合组织的期望,但是这些人却无法习惯组织的氛围,无法融入组织的文化,随时有可能跳槽走人。招聘到符合组织要求的员工,并让员工融入组织的文化,与组织同心同德,这就是人与组织匹配理论旨在解决的难题。

第一节 人与组织匹配的思想来源

人是组织的基础,组织是人发展的平台。正因为人与组织相互需要,一种理念随之产生,那就是人与组织匹配。虽然自人类社会产生以来,人与组织就相互需要,但人与组织匹配理论却是一个十分晚近的概念。人们对于它的认识依然经历了一个漫长的过程,从泰勒(F. W. Taylor)的科学管理到梅奥(George Elton Mayo)的行为主义,再到组织行为学的发展,人们对于人与组织关系的理解不断加深,最终诞生了人与组织匹配这一思想。

一、科学管理:关注"组织"

19 世纪后期,因为工业革命的爆发,美国此时尚处于萌芽阶段的各个工业部门正以前所未有的速度进行着发展与变革。生产力的进步、市场的扩大给组织管理提出了新的要求。在这一时代背景下,很多规模较大的企业开始将他们的关注点放在如何增加工人效率、如何有效地进行管理上,应这些企业的需求,很多专家开始研究人与组织之间的关系。

最初对于人与组织关系的研究,源自工业效率方面专家们的一个愿望——提高工人的生产力。这些专家的中心问题直截了当:组织如何使人们花更少的时间做更多的工作,如何让人们心甘情愿地为组织的目标服务。

正是在这样的背景下,泰勒提出了科学管理理论。泰勒最初在一家钢铁厂工作,开始他只是一名工人,最后因为自己的才干而做到了首席工程师的职位。19世纪80年代,泰勒在费城一家钢铁公司担任工头时,就注意到了一些员工没有效率的行为。例如,泰勒在观察工人搬运生铁时,发现工人的有些动作是多余的,这些多余的动作大大浪费了工人的气力,降低了工作效率。为了提高效率,泰勒仔细研究了搬运生铁的步骤,并设计出他认为最好的工作方式。采用了泰勒的工作方式后,工人的工作效率比以前更高,使得组织的利润因此成倍增加。泰勒提出管理的目标在于"使雇主获得最大的成功,同时让每一个雇员也获得最大的成功"。

除了研究能更有效率地进行体力劳动的方法,泰勒的科学管理理论还研究了员工作为个体的作用以及其对组织所能产生的影响。泰勒在书中提出了两个观念:一是科学地挑选工人,并加以培训,将他们培养成企业的一流员工。二是实行合理的工资制度(差额计件工资制)可以提高工人工作的动机,从而提高工作效率,进而提高企业的利润。泰勒认识到了个人与组织之间的双向作用,即组织可以通过制度提高工人个体的积极性和工作能力,进而达到组织整体利润的增加。但限于当时人们以解决温饱为第一要务的大背景,泰勒依然将人仅仅作为"经济人"看待,把人与组织之间的关系依然看作物质利益间的交换,奉行"以物为中心"这一理性哲学。泰勒研究的全部内容,几乎全是组织如何利用工人的逐利而使组织利润最大化,没有意识到工人还有精神需求,而精神需求没得到满足的工人依然无法全力工作。由于时代的局限,泰勒仅仅是研究组织如何用制度和规范诱导工人的物质动机,却没有研究组织如何用自己的文化满足工人的精神需求。因此,泰勒的科学管理,虽然已经开始了对人的关注,但依然更为关注组织整体的制度以及规范,还没有意识到人作为"社会人"的属性。泰勒的科学管理对组织的研究是成功的,但对人的研究依然是残缺的、不完善的。

二、人际关系和行为管理时代——关注"人"

20世纪20年代后期,在泰勒科学管理"经济人"假设的基础上,通过物质激励,工人的工作效率相对于以前的确有所提高,但是尽管有些企业给工人建立了完善的福利制度,并给予其不菲的薪资报酬,工作绩效并没有明显提高。这种现象引起了很多研究者的困惑:除了物质因素外,是否还存在其他的因素在影响着工人的积极性?

泰勒的科学管理让我们认识到物质刺激对于工人的重要性,但是过于强调这些因素使人感觉自己如同机器中的齿轮。事实上,许多工人与理论家拒绝泰勒的思想,而偏爱一种关注工人自己的观点并强调个体尊重的方法。这种新方法的代表人物是梅奥,他的管理哲学拒绝主要强调物质刺激的科学管理,而强调在工作场所起作用的非经济的、社会的因素。梅奥意识到,影响工作绩效的不仅仅是物质利益,工作绩效同样受组织中社会条件的影响——员工彼此之间的关系及被组织对待的方式。

1927—1928年间,梅奥在芝加哥附近的西方电气公司所属的霍桑工厂开始了著名的霍桑实验。通过第三阶段的访谈实验,梅奥发现工人会因管理者允许他们畅所欲言、自由提出个人的看法和主张而备受鼓舞,从而持更加积极的工作态度。这一发现说明,仅仅用物质刺激来调动工人的积极性是远远不够的,物质刺激对提高生产效率的影响相当有限。在大量实验的基础上,梅奥发现工人除了关心和追求物质利益外,还关心他人对自己的认可与尊重。管理者应充分满足工人的心理和社会需要,搞好与工人的关系,提高他们的士气。梅奥的实验证明,人的诉求是多种多样的,不只有物质上的需求,要想提高工人的积极性,组织还应满足工人的其他需要。人与组织之间的关系,不仅要靠物质利益维系,还要依靠组织与员工之间良好的关系。

梅奥的实验,第一次论证了人不仅有"经济人"的属性,还有作为"社会人"的一面,自梅奥开始,众多的管理学家、心理学家和社会学家开始对人的"社会人"的一面展开研究。尽管他们分析问题的角度各有侧重,研究背景、兴趣各有不同,但都认识到人拥有"社会人"的属性,人的行为方式是多样化、复杂化的,而不仅仅是为了获取物质利益。因为关注人的行为的复杂性,所以这些后继的研究者被统称为行为主义学派。

在这些后继者中,美国心理学家亚伯拉罕·马斯洛(Abraham H. Maslow)无疑是十分出众的一位,他站在个人的角度,提出了著名的需要层次理论。这个理论认为人有五个层次的需要,分别是生理的需要、安全的需要、社交的需要、尊重的需要以及自我实现的需要。马斯洛认为这五个层次的需要是递进关系,人们会优先满足低层次的需要;当低层次的需要获得满足后,人们就会进一步追求更高层次的需要。根据马斯洛需要层次理论,一旦员工的生理、安全需要得到满足后,员工就会追求精神方面的需要,为了满足高层次的三种需要,企业就要为其提供良好的工作氛围以及自由发展的平台。虽然马斯洛的理论完美解释了个人的需要,但是却没有对人群做出区分,这五种需要虽然人人皆有,但是每个人对于每种需要的侧重点却不尽相同。比如最高层次的自我实现需要,有些人十分看重,有些人却并不在意,不然就无法解释为什么同一级别的员工,有些勤奋工作,寻求上进,有些则消极怠工。正是基于这种情况,另一位学者麦格雷戈(Douglas McGregor)提出了著名的XY理论。

麦格雷戈认为组织对人的管理方式应根据被管理者的人生观而调整,对不同人生观的员工,应采取不同的政策。麦格雷戈将员工大致分为两种情况,从而形成X理论和Y理论。X理论,假定员工只在意低层次的需要,一旦得到满足,便不会主动寻求高的需要。而Y理论则假定员工在满足低层次需要后会主动寻求高层次的需要,这种员工通常勤奋努力,上进心强,会主动追求尊重、自我实现等高层次的需要。因此,他强调要为Y类员工提供富有挑战性的工作,给他们参与决策的机会,并为之建立良好的人际关系,从而更好地调动他们的积极性。而对于 X 类员工,则不用像对待 Y 类员工一样大费周折,满足其基本的需求即可。

除了马斯洛与麦格雷戈,美国心理学家弗雷德里克·赫茨伯格(Frederick Herzberg)也为行为主义的研究做出了突出贡献。赫茨伯格修正了传统的认为不满意的对立面就是满意的观点,而认为满意的对立面是没有满意,不满意的对立面则是没有不满意。他通过研究调查发现导致人们工作不满意的因素多与他们的工作环境有关,他将这些因素称为保健因素;导致他们工作满意的因素通常是由工作本身所产生的,这些因素给职工很大程度上的激励,他将这些可以激励员工的因素称为激励因素。

梅奥、马斯洛、赫茨伯格等这些人际关系和行为主义学派的学者没有照搬科学管理关于人只是"经济人"的假设,而是借鉴社会学、心理学、人类学等其他学科的知识,提出了人是"社会人""自我实现人"的假设,从而使组织的哲学从"以物为中心"的理性主义哲学开始向"以人为中心"的人本主义哲学转变。

三、现代管理者思想——寻求人与组织的匹配

回顾人类管理思想的演变,早在 1776 年,亚当·斯密(Adam Smith)就注意到,劳动分工存在分工过度和失效的现象。针对这些组织制度上的缺憾,泰勒、亨利·法约尔(Henri Fayol)、马克斯·韦伯(Max Weber)等古典管理理论的学者把研究重点放在了如何改进工人的工作方法以及如何构建组织制度上,古典管理的学者们期待他们的理论能使工人更加聪明地工作而不是做一些无用功。这些学者希望他们的理论可以完善组织的架构,使得组织能更有效地管理,通过提高组织整体效率的方法来实现利润的最大化。到了行为主义学派时期,"人"作为"社会人"这一要素被发现和研究。人们越来越开始认识到"人"是工作的主体,"人"的需要是否满足决定了组织的成败。这一学派利用心理学和社会学的知识,强调管理中人的因素的作用,大量研究集中于人的"动机""满意度""需求"等因素,将人的地位提高到了前所未有的高度。

正如怀特·巴基(Wight Bakke)所提到的,人力资源是企业的一种特殊资源。然而,人力资源的核心并非是"个人幸福",而在于"提高生产率",最终还是要落实到利润上面。人的因素必须被整合到每个组织的整体任务中去。在关心员工满意度提高、职工职业发展通道建设等有关于"人"的因素的同时,必须建立行之有效的制度,将人的积极性转化为工作的高效率,进而转化为组织的利润。在这种大背景的要求下,人与组织匹配的理念正式诞生了。

20 世纪 80 年代中期以后,人与组织匹配的研究逐渐兴起。当时的美国学者施奈德尔(B. Schneider)把"人与组织匹配"宽泛地定义为人与组织之间的相容性。他提出了一个"吸引—挑选—摩擦"(Attraction-Selection-Attrition,缩写为 A-S-A)的模型。该模型认为:因为人和组织之间具有相似性而互相吸引。另一位学者爱德华(J. R. Edwards)则将人和组织匹配定义为个人能力和工作需要的匹配(需求—能力)以及个人要求与工作属性的匹配(要求—供给)。曼切斯肯(P. M. Muchinsky)和莫纳汉(C. J. Monahan)等人则进

一步细化了匹配的概念。他们认为,存在两种类型的匹配,即一致匹配和互补匹配。所谓一致匹配是指个体能够在组织中增补、修饰或拥有其他个体相似的特征;所谓互补匹配是指个体特征能够弥补组织的不足。克里斯托弗(A. L. Kristof)在总结了以往研究的基础上提出了人与组织匹配概念整合模型,人与组织匹配的理论由此正式确立并开始日趋完善。

第二节　人与组织匹配的理论

一、人与组织匹配的含义

人与组织匹配(Person-Organization Fit)简称 P-O Fit,和人与环境匹配(Person-Environment Fit,P-E Fit)这一概念有着近似的含义,一般定义为个人与组织环境的适应性,解释为个人和组织环境之间具有共同的基本特质或者二者之间能够满足对方的需要。其理论源于行为交互理论,强调人与组织双方互惠互利,各取所需,达到个人与企业之间利益的一致性、共通性。

二、人与组织匹配的模型与理论

(一) A-S-A 模型

A-S-A 模型最先由美国教授施奈德尔 1987 年在他的《人造就组织》(*The People Make the Place*)一书中提出。A-S-A 模型即为 Attraction-Selection-Attrition,意为相似互补匹配,这个模型为人与组织环境匹配的形成机制提供了解释。该理论认为,人受到相似于自身人格特征的组织的吸引,经过组织选择和自我选择而进入组织,经过组织社会化的历程,而产生留任或离职。A-S-A 模型强调的是个人目标和价值观符合组织创始人的价值观、目标及人格特质,因此后来有许多组织行为学者在价值观的一致性上进行了很多研究。

在施奈德尔之后,克里斯托弗出色地整理了前人的成果,将人与组织(代表环境)匹配概念解释为相似性匹配和互补性匹配模型。相似性匹配的含义为个体的基本特征(人格、价值观、目标及态度)与组织的基本特征(氛围、价值观、目标及规范)之间的一致性程度。互补性匹配的含义为组织(个体)的需求被个体(组织)的供给所满足。此模型认为 P-O Fit 是基于这些基本特征的连接及各自供给需求之间的满足,使 P-O Fit 概念在理论和现实层面的解释力大为增强,因此在两方面都影响深远,使 P-O Fit 逐渐和 P-J Fit[①] 一样成为组织招聘测试的流行内容之一。

(二) 三因素匹配理论

在 A-S-A 理论之后,美国的凯布尔(Cable)教授的研究试图将克里斯托弗的概念延伸并理清,认为在人与组织匹配的概念中,除相似性匹配外,互补性匹配的概念应再细

---

① P-J Fit(Person-Organization Fit),是指岗位和岗位工作者的对应关系。即,岗位要求与岗位工作者的知识、能力匹配,以及岗位薪酬与岗位工作者工作动机匹配。

分成两个概念:其一是组织工作要求与个人能力匹配(Demands-Abilities Fit,D-A Fit);另一个则是个人需求与组织供给匹配(Needs-Supplies Fit,N-S Fit)。该研究证明了三种匹配感知概念的独立性,三因素分别有不同的结果变量,因子分析的结果证实三因素匹配概念确实优于克里斯托弗的两因素匹配概念模型。三因素匹配模型为考察人与组织两个不同方面的匹配提供了理论依据。人与组织匹配研究从A-S-A模型到三因素匹配的发展,逐步解决了A-S-A模型中没有明确说明的"人与组织"的特点究竟是什么,具体怎样测定匹配,对什么事件进行这些处理等问题。对于P-O Fit含义的理解层次更丰富了,解释现实的能力也更强了。

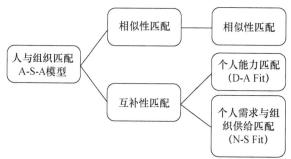

图1-1 改进后的A-S-A模型(三因素匹配理论)

三、人与组织匹配的理论标准

(一)人与组织匹配的八种类型

根据人与组织匹配的三因素匹配理论,个人与组织匹配的结果取决于:第一,双方价值观与目标一致;第二,组织工作要求与个人能力匹配(D-A Fit);第三,个人需求与组织供给匹配(N-S Fit)的共同作用。在这三个相对独立的因素作用下,可演绎出八种人与组织匹配的类型,见表1-1。

表1-1 人与组织匹配的八种类型

人与组织匹配因素	人与组织匹配类型
因素①、②、③均匹配	人与组织完全匹配
因素①、②匹配,因素③不匹配	高组织低个人匹配
因素①、③匹配,因素②不匹配	低组织高个人匹配
因素①匹配,因素②、③不匹配	低个人低组织匹配
因素①不匹配,因素②、③匹配	互补性匹配
因素①、②不匹配,因素③匹配	个人需要组织
因素①、③不匹配,因素②匹配	组织需要个人
因素①、②、③均不匹配	人与组织完全不匹配

注:①指双方价值观与目标一致;②指组织工作要求与个人能力匹配(D-A Fit);③指个人需求与组织供给匹配(N-S Fit)的共同作用。

(二) 好的匹配与差的匹配

奥特里（Autry）等学者认为，若组织的特性和整体目标与个人的期望能够相互配合，则具备良好的一致性或适配度；反之，若员工个人与组织匹配程度低，将会影响到员工对于组织的留职意愿与离职倾向。按照这个标准，显然，表 1-1 中前四种基于双方价值观与目标一致的匹配结果为较好的人与组织匹配，而后四种则为较差的匹配。较好的人与组织匹配总是与更多的积极结果相联系。相比于前四种情况，固然部分员工可能能力超群，但是由于其期望与志趣总体上与企业相异，则很有可能会中途跳槽。由于匹配的因素越多，在某个因素匹配程度越高，其结果变量的综合分值就越高，因此，综合来看，将较低的匹配改进为更好的匹配，对于个人和组织都有正面的意义。只要达到了合适的人与组织相匹配，纵然某些员工可能在能力与供给方面不孚组织的期望，但是从大局来看，由于员工的个人期望、目标与企业的战略目标高度合一，其对于企业的忠诚度毋庸置疑。对于这样的员工，企业还可以付出一定的精力进行培养而不用担心辛辛苦苦培养的人才出现跳槽的情况。

第三节　人与组织匹配的条件

要想做到人与组织匹配，解决组织面临的实际问题，首先要清楚实现人与组织匹配的条件是什么，只有满足了这些条件，人与组织匹配才真有可能从理论变为现实。

一、人与组织匹配的必要条件

区分某个企业的人与组织匹配的好坏标准中最重要的一条是个人与组织的价值观和目标是否一致。就算员工的能力不能满足企业的要求，只要员工的价值观和目标能与组织高度重合，企业也愿意欣然接受（如蒙牛集团的"有德无才，培养使用"）。反之，如果个人与组织的价值观及目标不一致，企业可能只是与员工形成"准交易契约关系"，组织对员工的高额投入很有可能无法获得期望的回报，甚至可能出现辛苦培养的员工跳槽，导致企业人财两空的情况。虽然这一理论的有效性被很多企业的实例证实，但是仅仅做到这一点还不足以做到人与组织匹配，换句话说，它只是人与组织匹配最核心的部分，仅仅是必要条件，而非充分条件，更非充要条件。在组织中，也有些员工或许并不赞成组织的价值观，不关心企业目标，但还是愿意留在组织内。组织在招聘和评价员工时，仅仅有价值观和目标一致是远远不够的。

二、人与组织匹配的充分条件

结合前面的内容我们可以看到，一个好的匹配除了具备个人目标与组织相匹配之外，还需要组织工作要求与个人能力匹配（D-A Fit）以及个人需求与组织供给匹配（N-S Fit）。两个因素匹配中至少有一个是高匹配，当个人的需求和组织的要求都得到满足，则双方具有高一致性和高互补性。

在三因素中,匹配的因素越多,每个因素匹配的程度越高,则人与组织匹配的整体性越好。如果三因素都是高匹配,则达成个人与组织完全匹配,因此这成为人与组织匹配的充分条件。因此要做到人与组织匹配,除了应具备个人价值观和目标与组织相匹配这个大前提,还应至少具备三因素理论中后两个因素之一,只有在具备大前提又具备一个小前提的条件下才能导致好的匹配,进而真正做到人与组织的匹配。

三、人与组织匹配的四方格图

前面讨论了做到人与组织匹配的必要条件与充分条件,除此之外,我们还需要运用互惠理论。互惠理论的研究表明:个人与组织二者之间存在互惠的交换关系,由此形成一个心理契约框架。互惠关系的平衡可以让双方达成积极的结果(如后期的组织承诺等),单方受惠只能导致单方的积极结果。著名华人管理学家徐淑英(英文名 Anne S. Tsui)提出,用企业期望员工的贡献和企业提供的激励两个维度来解释不同的雇佣关系,并认为相互投资型雇佣组织关系与员工投入和组织承诺相关。D-A Fit 与 N-S Fit 两个匹配分别代表组织和个人的需求,正是这样的一种互惠交换关系。因此可以将这两个因素作为两个维度,体现人与组织匹配的四种结果类型,如图1-2所示。

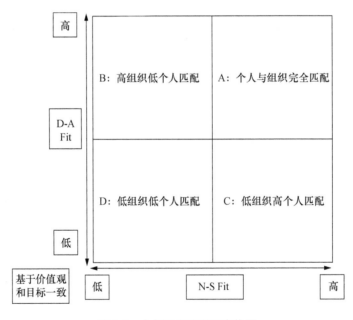

图1-2 人与组织匹配四方格图

由图1-2可知,各方格所示匹配结果及其预测的结果变量如下。(1)方格A:个人与组织完全匹配,意味着不仅个人与组织价值观和目标一致,而且还具有高 D-A Fit 和高 N-S Fit。这种结果是个人和组织都满意的理想状态,P-O Fit 和 P-J Fit 也都较高,意味着上述各种积极的结果变量都是可以预期的。(2)方格B:低 N-S Fit,高 D-A Fit。这表示个人的需要从组织这里得不到满足,而个人的技能却能够满足组织的要求,即这种匹配结果令组织较为满意而个人不满意,形成基于组织视角的人与组织匹配。各种实证研究和管理实践都表明这种情境下个人满意度不高,职业承诺低,离职意愿与行为上升,其结果正如一位经理所抱怨的:"能干的都走了!"(3) 方格 C:高 N-S Fit,低 D-A Fit。这表示个人需要从组织这里得到满足,而个人的技能却不足以满足组织的要求,形成基于个人视角的高 P-O Fit,然而对组织来说,低 D-A Fit 意味着低 P-J Fit。这种匹配结果类型可以解释为个人适应组织,却不胜任工作要求,这种现象在组织不具备有效选拔和裁汰员工机制的情境中颇为常见。当组织中充斥着太多不为组织需要的人时,组织就会表现得效能低下,顾客满意度很低。(4) 方格 D:低 N-S Fit,低 D-A Fit。这意味着个人与组织之间仅仅有价值观和目标一致而已,个人不具备组织需要的技能,而组织的供给也无法满足个人的需求。这种情境下只有双方价值观和目标一致所能预测的积极结果(如组织认同等)。受较低的 N-S Fit 和 D-A Fit 影响,P-O Fit"综合体验"下降,从而导致其整体的积极结果不显著。

由此可见,最为理想的状态就是方格 A 的内容,也就是三因素理论的三个因素全都满足,完全符合人与组织的匹配。有了这一标准,我们就可以进一步探究如何让个人与组织的利益相统一,如何实现人与组织的匹配。

第四节 实现人与组织的匹配

纵观整个人力资源管理的发展史,我们不难发现,人与组织始终是贯彻其中的两大主题。到了现代,由于实际生产的需要,企业与管理学家开始寻求人与组织的匹配。为了达到人与组织的匹配,现代的学者提出了 A-S-A 模型和三因素理论,以求达到人与组织的匹配。但我们也应该看到,在企业的实际运转过程中,这二者在本质上是存在冲突的。假设人是常量,组织本身就是一个系统,解决组织效率问题必须解决其功能化问题。而要实现这一目标,必须要依靠分工。专业化分工越细,效率越高。而在人的层面上,就有了另一个问题——每个人都是有着复杂的个性与心理的,但如果在组织中过分尊重员工的个性,反而会使得整个组织步调不一致,效率反而会降低。因此,组织必须实现人的去我化——员工必须忘却自己,使其融入组织当中。但是在去我化的同时,也不能完全抹杀掉员工的个性,使其丧失创意与独立思考的能力,在共性与个性,创新与服从间找到平衡,构建好人与组织两大平台,使其联动起来,共同发挥作用,将是实现人与组织匹配的关键一步。

一、组织改进

管理学家巴纳德(Chester Irving Barnard)把一个组织定义为:"有意识地加以协调的两个或两个以上的人的活动或力量的系统。"从根本上说,组织的存在就是由于个人不能完成所有的活动或功能,而这些活动和功能对于实现其目标又是必需的。为了完成这些活动或功能,组织中的人就需要有所分工,每个人或一部分人都在实现复杂目标的过程中承担一部分工作或任务。一旦工作被分割开来,每个人就在做自己专业化的工作,组织就需要一定的方法来协调组织成员的活动,以保证我们能够最终实现组织的目标。那么怎样才能建设一个架构完整,可以充分发挥员工潜力的组织呢?如果要做到人与组织匹配,应该进行哪些改进呢?

(一) 构建高效的组织,完整的系统

要想实现人与组织的匹配,首先要构建一个高效的组织作为前提与基础。关于如何构建一个高效的组织,巴纳德曾经提出过专门的理论,那就是巴纳德系统论。

巴纳德系统论的核心思想是:任何系统都是一个有机的整体,它不是各个部分的机械组合和简单相加,系统的整体功能是各要素在孤立状态下所不具备的特质。从广义上来讲,组织本身就是一个系统。要研究组织,就需要分析组织的要素。组织的系统观首先强调组织中各要素的相互作用和相互依存的关系。组织作为一个整体如果要有效运作,其中的每一个要素就必须依赖其他的要素。

早在20世纪30年代,巴纳德就提出,组织是个协作的系统,它是由不同的人组成的,因此维持组织的平衡,关键是要搞清组织的本质是什么、人在组织中是怎样行动的。巴纳德管理理论的核心就在于,它与行为科学的不同之处在于他认为构成现代工业社会的基本单位——企业——是正式组织,只有正式组织才能被看成是人类社会发生相互作用的社会过程和社会系统。关于组织的本质,巴纳德提出了一个与前人迥然不同的说法:组织不是集团,而是相互协作的关系,是人相互作用的系统。组织的产生和存续只有通过以下三个要素的结合才能实现,如图1-3所示。

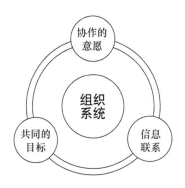

图 1-3　巴纳德组织系统示意图

第一,要有协作的意愿。组织中人的行为是动机产生的结果,因此组织成员的协作意愿对组织来说是不可缺少的要素之一。协作意愿是指个人要有为组织目的贡献力量的愿望,意味着个人的自我克制,交出对自己行为的控制权和个人行动的非个人化。协作意愿的强度和持续的时间,随个人感受或预期的满足程度而经常变动,组织为获取成员的协作意愿,通常采用金钱、权力刺激或说服教育的方法以达到目的。

第二,要有共同的目标。没有目标就没有协作,这是协作意愿的前提条件。组织目标和个人目的是不完全一致的,组织目标为适应环境的变化还要不断变化或更改,这就

需要组织目标不仅要得到各个成员的理解,而且必须为每个成员所接受。因此,经营者要妥善解决好协作目标与成员主观目的之间的矛盾,不断调整个人目标与组织目标,使全体职工相信组织中一个共同的目标确实存在。

第三,要有信息联系。有了组织目标,但如果不为组织成员所知晓那就毫无意义。建立和维护组织信息系统是经营者的重要职能,其作用就是使信息联系的渠道被组织的成员明确了解;明确规定每个人员的权利和责任;使信息联系的路线尽可能直接、快捷等。

因此,巴纳德提出,一个优秀的管理者首先要善于招募和选拔有一定才能并能尽心尽力工作的人员,使这些人协调地、高效率地进行工作。其次要设立一个共同认可的目标,规定组织的任务,在协作系统内部阐明权利和责任,使每个人都能知道怎样为共同目标做出贡献。为保证组织系统正常运转,还要建立和维持一个信息联系系统,如此才有可能构成一个完整的、高效运行的组织系统。

(二) 组织社会化

有关学者认为,影响个人匹配的两个途径之一就是组织社会化,组织社会化不只是组织管理员工及影响员工感知匹配的工具,更是使组织成员在各个方面适应组织的最佳途径。组织社会化被定义为"个体获得工作相关技能、对组织的基本了解、同事支持及接受组织已建立的法则的一种历程",将组织社会化分成四项基本内容:工作训练、了解组织、同事支持和未来期待。这四项分别与价值观和目标一致、个人的工作技能和组织要求的满足相关,其间有重叠,也可整合成一个完整的概念,因此可以预期组织社会化可以影响人与组织匹配之三因素匹配,并影响人与组织匹配的综合体验。

(三) 人力资源管理实践

巴内(Barney)教授认为,向员工传达清晰、持续的组织文化信息对于企业获取持续竞争优势至关重要,而人力资源管理(Human Resource Management,简称 HRM)实践对于组织成员的意义是:对于组织价值观的认识主要是通过"不是看你(组织)怎么说的,而是看你怎么做的"。研究发现,HRM 实践向雇员传递组织期望、支持以及奖励的行为信息,雇员利用该信息来定义工作环境的心理意义,进而会做出相应的反应。另一项研究发现,HRM 实践会影响员工对他们与组织匹配的评估,并因此影响其行为。鉴于此,HRM 实践会对个人与组织的价值观与目标匹配,以及个人的需求与组织的供给匹配产生影响。沃伯(Werbel)教授把 HRM 实践的功能分为四项:确定选择标准、培训和发展个人、绩效评价以及薪酬设计。第一项属于雇用前工作,本书不做讨论;第二项即为组织社会化的主要内容。另外,适时的工作轮换等可以带动企业内部的人员流动,更新组织的寿命,激发组织的活力,因此,工作轮换被认为是个人发展的主要 HRM 策略之一,对个人和组织可能都会有益。

(四) 建立学习型组织

复杂多变、充满竞争的环境会对企业形成各种压力,促使企业学习处理这些挑战性的问题。德鲁克(Peter F. Drucker)指出:基于 20 世纪的经济和社会发展主要依赖于产业工人劳动生产率的极大提高这一事实,21世纪最大的管理挑战是如何提高知识工人的劳动生产率。自从1990年彼得·圣吉(Peter Senge)的《第五项修炼》出版以来,构建以终身学习观念为核心的学习型组织成为共识,组织学习和个人发展日益受到重视。组织学习的主要内容中,自我超越和改善心智模式有助于改善个人能力与组织期望相匹配,而建立共同愿景和团队学习更是对人与组织匹配的整体改善有直接的正面影响。对中小企业的研究发现,技术学习和组织氛围之间的匹配对组织绩效有积极影响。因此,组织与个人一起发展,其最可能的结果是更好的匹配。

二、个人改进

每个人在刚出生的时候都只是一个自然人,受先天遗传和后天生活经历的影响,形成了不同的价值观和人格,具有非常明显的个性化,从出生到接受家庭、学校等社会学习之后才成长为一个社会人。在这个过程当中,人们形成了基本的世界观、人生观和价值观,完成了社会化的过程。然而当人们即将进入一个组织工作或者生活时,自身的价值观与组织的共同价值观出现差异,这种差异使得人们不得不重新调整自己,以使得自己能够符合组织文化的要求,这一个体将组织价值观内化并由社会人成长为组织人的过程就称为个体的组织化。

我们对组织的定义强调组织是由人组成的。从这个事实出发,我们可以从单个组织成员的角度来研究组织问题。每个人在进入组织之前都有着不同的经历,而管理者面对的正是这些有着不同社会经验的人。人们在组织中很少单枪匹马地工作,大多数工作都是通过组织成员的协调合作完成的。组织目标的实现,不可能只依靠一两个个体的行为。

更值得注意的是,组织与个人之间的影响并非完全是单向的,一方面个体在不断地适应组织的文化和行为规范,同时另一方面新加入组织的成员其自身所带的价值观与理念也在影响着组织本身的文化。从个体的角度提升人与组织匹配的方法如下。

(一) 具备组织期望的特质

人与组织匹配通常来说有四个方面的内容,其中包括人与组织的特质匹配这一形式。这一点可以用人与组织匹配理论中的"要求—能力"观点来进行解释,即当个体拥有了组织所要求的特征和能力时,就实现了人与组织的匹配。特质相容通常被定义为组织成员的个人特质与组织特质间的相容性,强调个人与组织分享共同特质,关注个人与组织的价值、目标、使命等的匹配。因此,现代企业管理中所说的"去我化",已经不是大规模生产时代的完全"祛魅"和要求员工彻底丧失自己的个性,而是强调员工能够具备与组织匹配的特质。

新员工在进入组织时,一般都带有自己的一套价值观、态度、期望以及生活习惯。开始组织生活后,一般会面对期望与现实不相符的情况,而组织特性是不容易甚至不可能被个体改变的,因此大多数情况下应当通过改变自己的特质来适应组织。关于这一点,我们可以用之前的四方格理论进行分析,见表1-2。

表 1-2　人与组织匹配的改进途径

途径	组织备选方案	个人备选改进方式
途径 1： 从方格 B 到方格 A	HRM 实践（重新评价绩效，如有必要则加薪、提升、工作轮换、支持个人发展等），社会化（促进个人了解和认同组织的价值观、未来期待、同事支持等）	主动融入组织，调整期望和要求
途径 2： 从方格 C 到方格 A	社会化（价值观和工作培训），组织学习（基于个人发展的组织学习，如自我超越和改善心智模式）、HRM 实践（岗位轮换等）	主动学习提高，追求个人发展成长
途径 3： 从方格 D 到方格 A	社会化、组织学习、HRM 实践（可配合应用）	学习成长，自我调适，主动融入组织环境
从方格 D 到放弃	裁员	离开组织

1. 从方格 B 到方格 A

越来越多的企业为了获取竞争优势和保持核心竞争力而设法吸引和招聘人才，而为了留住人才就必须改善 P-O Fit。然而在国内的雇佣情境中，组织大多过于本位主义，对员工的 N-S Fit 重视不足。组织视角中理想化的个人"德才兼备"，在个人视角中可能只是高组织低个人的匹配而已。激励的基本原理就是满足人的需要，组织可以通过社会化、HRM 实践和组织学习（当学习已经成为一种需要时）来改善个人较低的 N-S Fit，以期促进个人积极结果的产生。

2. 从方格 C 到方格 A

解决问题的办法是改善个人较低的 D-A Fit 状况，如提高个人技能等。研究证明，社会化能够促进员工情感的 P-O Fit，而工作训练与认知的 P-O Fit 正相关。在有些情境中，根据个人的能力和组织的需要调换员工的工作岗位可能会改善其 D-A Fit，所谓"人挪活"。而组织学习的途径，也是基于人本理念的学习型组织标准，对于改善员工的 D-A Fit 作用是显而易见的。

3. 从方格 D 到方格 A

显然，完成这一跨越并非易事。建议方案是先通过改善个人较低 D-A Fit 的办法从方格 D 到方格 B，再从方格 B 到达方格 A，当然这两个步骤也可同时进行，配合应用。员工不要期望先从方格 D 到方格 C，再到达方格 A 的途径，因为这不但不合乎组织的利益，而且也不合理。另外，方格 D 还可以选择一种看似消极的改进方式，即双方中有一方放弃对方。其实在有些情境下，如组织外部环境恶化，组织判定改进 P-O Fit 的成本大于收益或难度太大等，这样的选择未必是消极的，完全有可能给组织和个人带来积极的结果。

以上人与组织匹配的四方格图及其改进途径是关于四种较好匹配结果的。在中国目前的用工环境中，由于就业压力导致组织的强势地位，后四种差的匹配颇为普遍，因此关注和讨论具有重要的现实意义。要实现后四种差的匹配向较好的匹配变革，首先就是要达到后者的必要条件——个人与组织价值观和目标一致，然后在此基础上依照上述改进途径进行变革，这也就是为什么组织文化成为组织唯一不可复制与不可替代的竞争优势的原因。

（二）遵循组织的既定规范

个体去我化的实现要依靠规范。所谓规范,是指人们共同遵守的一些行为规范。广义的规范包括社会制度、法律、纪律、道德、风俗和信仰等,这些都是一个社会里多数成员共有的行为模式。所有组织都形成了自己的规范。组织通过自己的规范让群体成员知道自己在一定的环境条件下,应该做什么,不应该做什么。对于每位成员来说,群体规范就是在某种情境下组织对他的行为方式的期望。一旦规范被组织成员认可并接受,就成为一种影响组织当中人的行为的有效手段了。简单说,规范是指群体所确立的行为标准。它们可以由组织正式规定,也可以是非正式形成。其中,正式规范是写入组织手册和规章制度的,规定着员工应当遵循的规则和程序。还有一些规范是非正式的,并非明文规定。一般来说,规范可以被划分为绩效、形象、社交、资源分配等几个方面。

规范不是一天两天就形成的,它的形成是一个产生—强化—固化的过程,是需要一段时间的。一般来说,组织规范是在组织成员掌握使组织有效运作所必需的行为过程中逐步形成起来的。大多数组织规范是通过以下三种方式中的一种或几种形成起来的。

- 重要人物明确的陈述。陈述者通常是群体的主管或某个有影响力的人物。
- 群体历史上的关键事件。有的规范是因为某些事件发生后才制定出的。
- 过去经历中的保留行为。以往的经历会对人的某些行为进行强化,人们习惯性地认为自己应该这样或那样做。所以很多工作群体在添加新成员时,会关注新成员以往的背景和经历,他们喜欢与群体其他成员有相似背景的人,这样的新成员很可能有很多与组织成员相似的规范。

组织规范作为组织内员工的行为规范,是每个成员都必须遵照执行的行动准则,如果谁违背了这些准则,便会受到集体舆论的谴责,或者批评和处分。事实上,组织规范已经是组织文化的一个剪影。组织规定了员工行为规范,希望能够实现员工规范行为,提高素质,从而促进工作效率的提高。在尊重员工才能和个性的同时,组织倡导员工自觉、自律、自重,用规范来约束每一位员工的日常行为。一般来说,组织规范主要有基本行为规范和工作行为规范两个方面。

- 基本行为规范。基本行为规范主要涉及:遵纪守法、崇尚道德、文明礼貌、注重仪表、诚信严谨、真诚沟通、厉行节约、乐于助人、注重健康等。
- 工作行为规范。工作行为规范主要涉及:热爱事业、遵守制度、规范着装、团队协作、服务热诚、首问负责、严格保密、敢为人先、作风严谨、高效办公、规避风险、恪守职规等。

三、文化整合

人与组织匹配最核心的一点就是个人的价值观与组织文化相匹配,因此人与组织匹配的最高层次就是文化上的整合。华为集团的总裁任正非曾说:"世界上一切资源都可能枯竭,只有一种资源可以生生不息,那就是文化。"正如任正非所说,文化对于一个组织来说至关重要,组织文化几乎影响到了组织的方方面面,一个好的组织必然有一个好的文化,可以说,文化就是组织发展的原动力。从制度经济学的角度来看,文化的功用在于它是信息的载体,在于由它所生成的习惯势力,在于生长在同一文化氛围内的人们共享着它所负载的信息——而交易成本亦由此而降低。如果把人比喻成珠子,那么文化就是串起珠子的细线,一个良好的组织文化可以将各自分散的个人串联起来,将他们个人的成就最大化地转化为组织的成就。组织文化的好坏直接决定了组织能否将人才物尽其用,直接决定了组织利润的多少。

(一) 组织文化的定义与作用

组织文化,就是指在组织管理领域范围内产生的一种特殊的文化倾向,即一个组织在长期发展过程中,把组织内部全体成员结合在一起的行为方式、价值观念和道德规范。它反映和代表着该组织成员的整体精神,共同的价值标准,合乎时代的道德,追求发展的文化素质;它可以增强组织的凝聚力、向心力和持久力,规范组织成员的行为,推动组织的成长与发展。组织与个人的文化整合是组织发展最大的驱动力,也是其不断追求的终极目标。

组织文化对于组织内的员工有着巨大的引导和约束作用,可以重新塑造成员的价值观。换句话讲,组织文化就是一套帮助组织内的成员理解什么行为是可以被接受的,什么行为是不可以被接受的价值观。组织文化中的核心理念,会在不经意间对组织中的每一个成员的心理和行为产生一种规范的作用,这种规范引导塑造着成员的态度和行为,使得组织成员的信念、行为与组织的要求尽可能一致,而一些不符合公司核心价值观和公司战略目标的行为则受到抑制,进而消除。组织文化弥补了管理制度的缺陷,是一种深入程度高、影响范围大的高层次管理,它追求的是文化形成后无为而治的境界。

(二) 组织文化的三个层面

通常来讲,组织文化分为三个层面:一是精神文化层。精神文化层是组织文化的深层,是组织文化的核心与灵魂,是形成组织文化制度层和物质层的基础。精神文化层包括组织价值观、组织精神、组织哲学等。其中,组织价值观是精神文化层的核心。二是制度文化层。制度文化层是组织文化的中间层次,是指组织的规章制度、公约、纪律等制度形态的东西,集中体现了组织文化对员工组织行为的要求,规定组织成员在共同工作中应当遵循的规范性和行为准则,它主要包括组织的工作制度、责任制度以及一些非程序化制度和活动。三是物质文化层。物质文化是组织文化的表层,是形成前两者的条件,它往往能折射出组织的经营思想、管理哲学和审美意识。对于一个企业来讲,它主要包括企业的面貌、产品外观、技术工艺、企业标识等。

企业的精神文化层为企业的物质文化层和制度文化层提供思想基础,是企业文化的核心;制度文化层约束和规范精神文化层和物质文化层建设;而企业的物质文化层又为制度文化层和精神文化层提供物质基础,是企业文化的外在表现和载体。三者互相作用,互相支撑,共同组成了组织文化。

(三) 组织文化的建立

组织文化的建立是一项复杂的系统工程,它几乎囊括了组织的方方面面,包括组织员工的情况、组织的发展情况以及组织面临的外部环境。因此要想建立组织文化,就必须考虑这三个方面,并逐个阶段地进行完善。总体来讲,组织文化的建立往往要经历六个阶段,如图1-4所示。

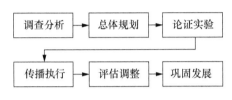

图1-4 组织文化建立流程图

一是调查分析阶段。组织在该阶段要全面地调查组织内部及外部的情况,做到"知己知彼,百战不殆"。组织在调查中应该充分分析组织成员的心态,并征求他们的意见,以求建立一个符合自己成员期望的组织文化。除此之外,组织还应了解外部社会崇尚的价值观和文化,以求能最大限度地得到社会的认可,避免水土不服的情况发生。另外,还应对组织内部的"硬件"和"软件"进行分析,找准自己在市场上的定位,明确方向。

二是总体规划阶段。该阶段的目的是规划和设计组织文化的思路和框架,旨在增强建设组织文化过程的有效性和计划性。在该阶段,组织应该确定今后建设工作的方向,拟定组织文化的目标和思想,提出准确的组织价值观,并制订出可行的方案。

三是论证实验阶段。在完成基本的制定工作后,组织还不能将已制定好的组织文化在组织内推广,而是应该先在一部分员工中予以验证,确保组织文化能得到员工的认同。如果出现问题,也可以及时修正。通过反复的验证,组织可以不断完善自己的成果,并在最终建立起符合组织大多数人期望的组织文化。

四是传播执行阶段。这一阶段是建立组织文化的核心环节,旨在将组织的规划变为现实,将已经制定好的组织文化推广到员工中去。在这一阶段,组织应利用各种方式加强宣传,并有针对性地开展教育,以求将组织的规划转变为现实。在这一阶段,组织应重视组织高层与员工的双向沟通,以求得到上下一致的认同。

五是评估调整阶段。组织在该阶段对规划实行的效果进行评估,并根据评估的结果不断调整方案,使之后组织文化的推进更加顺利。

六是巩固发展阶段。在这一阶段,组织在已经建立的组织文化基础上,采用多种途径贯彻已经取得的成果,进行对组织文化的维系。

(四) 组织文化的维系

组织文化建立后只有采取一定的措施加以维系,才能保证有效性。在组织文化维系的过程中,有三个因素起着核心的作用,即甄选过程、高层人员的模范作用和员工的组织化。

1. 甄选过程

组织在聘用员工时,除了考虑应聘者的能力,还应考虑应聘者与组织的价值观是否一致。组织可以在甄选过程中给应聘者提供一些组织信息,如发现应聘者与组织价值观不符,则可以及时拒绝,避免应聘者入职之后因为与组织理念不一致而导致水土不服。甄选过程是一个双向过程,应聘者可以及时认识到自己与组织的匹配度,可以避免入错行。而组织则可以借此筛掉与组织文化不符的人,避免组织文化受到挑战和威胁。

2. 高层人员的模范作用

组织文化维系的另一个方法在于高层人员的模范作用。组织高层往往是组织的创建者和核心主力,他们能否遵守组织的规范,是否认同组织的价值观,直接决定了组织文化的权威性与影响力。如果高层人员在日常生活中,通过自己的举止和习惯表现出组织文化的特点,那么下面的员工出于趋利避害的考虑也会上行下效,但如果高层人员举止不当,则会使企业文化形同虚设,导致上梁不正下梁歪的情况出现。

3. 员工的组织化

组织化是指当个体加入组织时,当自身价值观与组织价值观产生冲突时,个人可以根据组织的期望而重新调整自己,使得自己更能满足组织文化的要求。组织可以通过对员工的入职教育完成对员工的组织化。在入职教育中,组织可以传播组织的成长历程和核心价值观,增强员工对组织的认同感。

四、总结

前面探讨了人与组织匹配的理论、标准以及如何实现人与组织的匹配。综合来看,要想实现人与组织的匹配:一是要组织改变,组织要建立高效的制度,完成组织社会化并建立学习型组织,给员工一个施展才能的机会和发展的平台。作为个人则要尽量贴近组织的要求,并尽力遵守组织规范。二是要有个人价值观和目标与组织匹配这一大前提。因此如何构建一个适应于时代与广大员工心理的组织文化,将是组织建设的重中之重。只有建立完善的组织文化,才能让组织招到合适的员工,员工找到合适的组织,也只有完善的组织文化,才能将个人与组织结合在一起,将个人的成就转化为组织的成就,进而实现组织利润的最大化。

案例分析 1-1

富士康跳楼事件

台湾最大上市公司鸿海精密集团(下属富士康科技集团)创办人郭台铭,2010年被列为"福布斯富豪榜"台湾首富。郭台铭1950年10月8日出生于台北,祖籍山西省晋城市。曾在台湾服兵役,作风强硬,个性好胜。自1974年在台湾肇基建厂,特别是1988年在深圳地区建厂以来,富士康迅速发展壮大,拥有60余万员工及全球顶尖IT客户群,为全球最大的电子产业专业制造商。2008年富士康依然保持强劲发展、逆势成长,出口总额达556亿美元,占中国大陆出口总额的3.9%,连续7年雄居大陆出口200强榜首;跃居《财富》2009年全球企业500强第109位。但是从2010年开始,富士康却频发员工自杀事件,引得舆论哗然,大大降低了企业的形象与业绩,在公司内部更是引起了极大的恐慌。究竟是什么使得在这个前途大好的企业工作的员工频频轻生,放弃生命?富士康集团内部的管理,到底出了哪些问题?

背景:员工自杀事件频发,舆论哗然

在2010年,富士康发生了一系列震惊世人的员工自杀事件,引起社会的广泛关注:

2010年1月23日:19岁员工马向前死亡。

2010年3月11日:一李姓员工从宿舍楼坠地身亡。

2010年3月17日:龙华园区一名田姓女员工从宿舍楼跳下摔伤,其本人表示跳楼原因为"活着太累"。

2010年3月29日:23岁湖南籍男员工从宿舍楼坠亡。

2010年4月6日:饶姓女员工坠楼,仍在治疗,18岁。

2010年4月7日:一云南籍女员工坠楼身亡,18岁。

2010年4月7日:一湖北籍男员工身亡,22岁。

2010年5月6日:男员工卢新从阳台跳下身亡,22岁。

2010年5月11日:一河南籍女员工跳楼身亡,24岁。

2010年5月14日:一名安徽籍男员工7楼坠亡,21岁。

2010年5月19日深圳市相关部门组成联合专题调查组进驻富士康,深圳副市长、公安局局长李铭等也前往富士康进行调查,并与该集团高层商讨防范措施。深圳市相关部门发挥职能作用,以各种方式支持和指导企业应对员工频繁坠楼问题。

2010年5月24日郭台铭在台北出席一项论坛时,一反之前的低调态度,首度回应富士康一系列自杀事件,否认富士康是苛刻员工的"血汗工厂"。

2010年5月25日:一名湖南籍男员工坠楼身亡,19岁。

2010年5月26日:一名男员工坠楼身亡。

2010年5月27日:凌晨又有一名员工自杀。

2010年7月21日,富士康旗下一家子公司奇美电子一名18岁暑假实习员工在周二从广东佛山一栋宿舍楼六楼坠落身亡,引发股价下跌,并再度引起媒体关注。

2010年5月26日消息,香港《明报》今天发表文章分析富士康深圳厂跳楼事件。文章说在物质层面,富士康是待遇优渥的公司,所以吸引很多人进入,但在精神层面,富士康是"血汗工厂"。一般而言,血汗工厂是指一间工厂的环境恐怖,工人在危险和困苦的环境工作,包括与有害物质、高热、低温、辐射为伍,兼且工时长、工资低等。如果是在工作上精神压力大,管理上存在一些非人性化做法,就是精神层面上的血汗工厂,称为"精神血汗工厂"。

在富士康内部,在生产线上最普通的一道工序是贴胶纸:在主板上贴18张胶纸,两分钟内完成。每个工人每天要完成220块这样的主板,他们每天10个小时的时间,都是在这样简单而又重复的工作中度过的。每个工人每天都在重复着同样的动作。这些工人每天工作8个小时,每个月只能拿到900元的底薪,如果他们想赚取更多的钱,就不得不选择多加班,不得不选择放弃自己休闲娱乐的时间,进行简单而又重复的劳动。富士康员工称,每天加班两个小时。要打工的话,平时肯定喜欢多加一点班,多赚一点钱。富士康员工童小燕说,赚的钱里面,加班赚的比重有一半。

"在富士康,安管经常打人,员工见了他们都怕。"一名不愿透露姓名的员工称,他们把保安称为安管。安管拿的工资也许没有普通员工多,但权势却很大,经常打骂员工,员工多是敢怒不敢言。该员工说,在门禁处被保安骂过。他的朋友晚回宿舍,被安管拉到一个屋子打了一顿,关了一晚上。员工们敢怒不敢言,也未报警。

媒体披露,"组装苹果iPad每台费用11.2美元,仅为成品售价的2.2%"。一台iPad平板电脑最低售价499美元,而苹果支付给中国的代工费却仅为每台11.2美元。这个数字甚至不到欧美代工厂的五分之一。有媒体称,廉价的代工费用是导致富士康员工接连轻生的诱因。

全国都在反思富士康悲剧发生的原因,富士康采用的是一种发展到极致的现代化代工企业的管理模式,半军事化的集体宿舍生活,表面上自愿但实际上难以摆脱的加班加点,永不停息的流水线上个人的简单渺小和人情淡薄,都助推了悲剧的发生。

现状:成功开展危机公关,但"血汗工厂"的名号再难抹除

在遭受重大公关危机后,富士康集团召开紧急会议,并立即采取措施,试图改善企业"血汗工厂"的污名。富士康主要采取了三项措施来改善自己的形象。

(一)危机沟通,真诚道歉。富士康管理层在短暂的混乱后找准了方向,真诚地进行了公开致歉,并对遇难者家属予以慰问和补偿,富士康集团总裁郭台铭更是亲赴深圳向媒体公众道歉,并带媒体参观了富士康的办公大楼。虽然仍有部分媒体认为富士康还不够真诚,但这次公关还是起到了一定的效果,重拾了公众的信任。

(二)提高员工薪金待遇,并给予员工心理疏导。2010年6月1日,富士康科技集团宣布全面上调薪酬标准,基层员工上调薪资30%以上,其中作业员从原来每月基本薪资900元上调至1200元,线组长在原有薪资标准基础上调升30%以上。6日晚,富士康再次发布公告称,自10月1日起,对富士康集团深圳地区各厂区经考核合格的作业员及线组长的标准薪资再度上调为每月2000元,调薪幅度超过66%。另一方面富士康聘请了大批心理医生和专家驻厂解决员工的心理问题;又在员工内开展了互帮互助、相亲相爱"关爱"小组,增强人际关怀,快速为员工补缴公积金等。通过这些措施,大大缓解了员工的工作压力。

(三)与政府合作,借政府公信改善形象。在马向前案件中,富士康第一时间通报了警方,政府部门出具的权威性尸检结果的公布替企业洗脱了罪名。在关于富士康是否

是"血汗工厂"的问题上,深圳市政府发言人表示"员工连续跳楼事件涉及员工、企业和社会多个方面的因素,情况比较复杂"。这些从政府的角度来为企业澄清,相对而言公众更容易接受一些。最后,应对接连不断的跳楼事件,富士康一方面继续依靠地方政府,依靠中央政府国台办等有关部门,同时还聘请专家驻厂进行调研监督企业的用工情况来证明清白。这些专家和政府的调研结果则远比自己的一面之词具有更大的可信度和说服力。事实也证明,这些办法实施之后富士康在网络上和报纸上的言论有了更多的正面报道。

虽然富士康的努力一定程度上改善了企业形象,但"血汗工厂"的称号时至今日依然是人们对于富士康的"刻板印象",2010年一系列的员工自杀事件为企业的名誉留下了永远的污点。

反思:因不重视人与组织间的关系,终留下无法抹去的污点

富士康因为员工自杀事件再难抹去名誉上的污点,背上了"血汗工厂"的称号,那么究竟是什么导致了这一系列的悲剧?这背后又有哪些深层次的原因?

在报道中,媒体着重于报道富士康的工作繁重而枯燥,缺乏人文关怀,使得员工承受了巨大的压力与疲劳,再加上并不高的薪水与少之又少的福利,最后不得不做出了轻生的举动。但是原因却远没有这么简单,富士康在崛起之初就已经采取了这种"血汗工厂"式的管理方式,集团总裁郭台铭从一开始就采用了严格的军事化管理。郭台铭认为"真正的英雄,是战死在沙场上的人,而不是来领勋章的人"。就像他在一次会议中所说的"哪一次行军的时候不昏倒几个人呀!难道下雨天或大太阳就不出操了吗?"在管理方式上,郭台铭更是典型的集权管理,是个地地道道的独裁者。靠着像狼一样的凶残与毅力,他带领富士康杀出了一片天地,并深得老一辈富士康人的敬重。正是因为老一套的方法曾如此有效,才使得富士康在事情刚发生时竟然如此迟缓。郭台铭在开始很难相信,自己以前的方法会不灵。郭台铭忽视了一个很重要的因素,组织还是那个组织,但人早已不是当初的那些人。富士康过去的管理方法只适用于吃苦耐劳,能够忍受专制的老一辈中国人,但对于新生的80后、90后来说,只会适得其反。富士康跳楼事件背后隐藏的问题,并非仅仅关乎富士康一家企业,而是恰如一面明镜折射出中国当代企业缺乏人文关怀,不了解新生代员工特点与痛楚的无知。

相对于老一辈的中国人,以80后、90后为代表的中国新生代有着以下几个特点。一是思想开放,充满活力。相对于他们的父辈,中国新生代具有更高的知识水平与专业技能,且具有较强的学习能力。加上深受西方文化的影响,他们思维更加灵活,不像他们的父辈般墨守成规,富有想象力和创造力。二是漠视传统的职场文化,敢于挑战权威。顾及领导颜面,服从领导的权威是职场中的一种传统规则,而新生代员工对此却嗤之以鼻,更多见的是直来直去,直抒己见,真诚待人。三是相对于他们的父辈,缺乏吃苦耐劳的精神。四是强调自我意识,维权意识强烈。中国的新生代由于文化素质较高,且受西方自由主义文化影响,因此较为重视自己的个人权益,不愿牺牲自己的休息时间去加班,而且在遭受不公正的对待后,新生代往往不会像他们的父辈一样忍气吞声,而是会据理力争,在权益遭到侵犯时更是会拿起法律的武器。五是心理承受能力略差。因为生活境遇比他们的父辈要好得多,因此新生代的心理承受能力普遍较弱,比他们的父辈更易产生轻生的念头。因此,对待新生代,民主温和的管理就显得尤为重要。

面对与上一辈有着极大不同的新生代,富士康没有及时认识到这个变化,更没有针对新生代的特点调整管理制度进行适应。无可否认,这种典型的半军事化管理给企业带来了高效率、高扩张速度。但是对员工来讲,自己仅仅是企业里的小配件而已,无足轻重。有媒体形容,富士康员工只是封闭、孤立自足体中的一个微型元器件,一段指令符号。所谓"半军事化管理"和工人的"机器配件似的生存",已经透露了富士康的"核心价值观"。富士康这种对人进行物化的文化氛围,有一些老一辈的员工都无法接受适应这种管理方式,更不用说承受力较弱、自主意识更强的新一代了。总的来说,富士康正是由于不了解新一代的心理与需求,因此没能让组织的文化与价值观做出改变,来迎合新一代年轻人的心理,也就间接导致了大批的自杀事件。富士康虽然名列全球化工业第一,但在文化及商业模式上至今仍然带有非常原始、粗放的特征,在企业层面,它忽略了人与组织之间关系的重要性,没有做到人与组织的匹配。忽略员工与组织文化的契合程度,轻视员工的社会需要,忽略人文关怀和心理疏导,不仅是富士康的问题,更是中国企业共同的问题。

思考与讨论

1. 富士康跳楼事件的起因是什么?富士康的内部管理存在着哪些问题?
2. 如今80后、90后新生代的心理与前代人相比有什么特点?企业该如何调整自己的政策来适应他们的需求?

案例分析 1-2

联想公司如何让新员工"入模子"

经过30多年的风风雨雨,很多当年和联想同期创立的企业如今已经消失在了历史的长河中,那么究竟是什么原因让联想公司脱颖而出,长久不衰呢?联想成功的原因有很多,但其中很重要的一点,就是联想的"入模子"项目。所谓"入模子",就是通过企业的文化培训,使得员工的价值观以及行为方式与企业的整体氛围与要求相一致,帮助员工融入企业文化,进而达到人与组织的匹配。

背景:重视企业文化的创建,开展"入模子"项目

联想于1984年由柳传志创建,之后一直在中国的电脑市场中占据主导地位。如今,联想控股的业务继续扩大,逐渐从电脑、数码产品扩展到投资、地产、医疗服务和农业等领域,旗下的成员公司包含联想集团、君联资本、神州租车等10多家不同的企业。伴随着集团规模的扩大,其员工总人数也从当初的11人猛增至如今的近7万人。如今的联想,呈现出极为明显的多元化态势。那么联想控股是如何做到跨行业投资与业务扩张的呢？它又是如何让这些不同企业形形色色的员工接受自己的文化呢？

联想控股的多元化经营之所以能取得如此成绩,离不开它对企业文化的重视以及在文化培训上的有效做法。当一个企业推行多元化战略时,尤其是通过并购实现多元化经营时,它们往往面临着相似的管理窘境：一方面,新业务导致员工人数剧增,企业面临新员工培养和管理的压力；另一方面,新并入企业已有既有文化,双方难以顺利磨合。即便对于有着30多年发展历史的联想控股而言,当选择走上多元化战略之路时,也面临同样的困扰。联想控股人力资源部总经理兼联想管理学院执行院长高强说："企业没有文化基础是难以长远发展的,一个团队究竟该谁负责,出了问题究竟是什么原因造成的,要回答这些问题并不难,但是在探求答案的过程中不同企业反映出的价值观和方法各有不同,得出的结论也会不一样,这从一个侧面说明了文化统一的重要性。"早在20世纪90年代,柳传志就明确了文化建设对企业发展的重要性,并成立管理学院进行"入模子"等文化培训项目的开发。在柳传志看来,所谓企业文化,就是一群人学会在一起怎么合作做成事。所谓"入模子",就是通过企业文化培训,促进公司员工的价值观以及行为方式的统一。

现状："入模子"成绩斐然,效果显著

"入模子"项目创立于1991年,也就是联想管理学院成立之时。如今,打开联想控股网站的"企业文化"的子页面,我们能在醒目的位置看到这样一句话："在联想,我们将文化比喻为模子。"具体来说,所谓"入模子",意即企业像一个模子,有独特的企业管理和文化要求；所有加入公司的员工,都要进到模子里熟悉公司的企业文化。不同于一般的拓展训练或新员工培训,"入模子"并非简单的内容灌输,而是用体验的方式,让参与者能够真切感受到企业文化的可信性和实用性。具体做法上,"入模子"呈现出三大特点,带有明显的强导入性。

(一) 采用小组制。"入模子"项目为期4天3夜,全程采用封闭式管理。受训对象既包含总部的新员工,也包括控股旗下各个成员公司分管企业文化建设的负责人,以及人力资源部具体负责文化建设的人员。管理学院对参加人数严加控制,成员公司的参与者最多五六人,少则一两人,从而保证每期总人数在50～60人。所有参与者会被分成5～6个小组,每组10人左右。在3天的培训中,所有任务都以小组的形式进行,不计个人成绩。这在无形之中增加了成员的团队协作的要求。管理学院对培训时长和人数进行了严格把控,以便保证培训效果。

(二) 加大体验性教学的比重。管理学院不采用填鸭式的灌输方式,而是将理论知识与实践相结合,令受训者不仅掌握价值观、方法论,还通过完成团队任务并全程进行竞赛的方式,让他们学以致用。具体而言,管理学院老师讲授的三门核心课程——"联想的历史""联想的文化""联想的管理"的时间只约占"入模子"的1/3,余下时间用于让老员工和高管与受训人员进行面对面交流,及各种团队任务竞赛。管理学院将联想的价

值观(企业利益第一、求实、进取和以人为本)、方法论(目的性极强、分阶段实施和复盘),以及管理三要素(建班子、定战略和带队伍)的学习与运用全部融入每个任务中,让学员在完成任务的过程中用管理三要素自建团队、制定目标,通过复盘团队任务的执行结果,自己感悟核心价值观、方法论以及联想管理理念所起的作用。

比如,所有学员会被打乱排组,小组成员来自控股公司的不同部门或成员企业。组长由管理学院统一指定,并事先接受集中培训。通过民主推举或自荐的方式,每个小组选出3人担任干部,与组长组成组委会。组委会即"班子",负责本组的各项活动和执行。小组"班子"会设定培训3天的目标,并带领小组实现这一目标,即定战略和带队伍。管理学院对小组在3天里参加的每一项活动打分,但并不计个人成绩,以便让团队成员形成团队(企业)利益第一的意识。在此基础上,小组成员会在晨间拓展的竞赛后,以及每天晚上进行"复盘会"。小组"班子"会带着成员对当天的团队表现进行分析和反思。"复盘"的重要意义在于,这不仅是巩固培训内容的重要方法,也是联想控股希望员工掌握的一种日常行为方式。通过反复的复盘活动,受训人员能更好地掌握复盘这一方法。

(三)用考核强化记忆。在培训的三大类内容中,除新老员工进行交流之外,文化课和拓展训练项目都要进行考核打分。文化课以知识竞赛的方式考核,题目均来自三门文化课上传授的内容。在培训行将结束时,各小组还要综合本小组的讨论和复盘会的情况,向全体人员做总结汇报,由评委打分,结果纳入团队竞赛总成绩。高强度的竞赛非但没有引起学员的反感,反而将他们的积极性充分调动了起来。

"入模子"在联想以往的发展中效果显著,而在联想于2010年提出多元化战略以来,曾经屡试不爽的"入模子"又一次挑起了大梁。自2010年联想控股提出多元化战略以来,联想要用购建并行的方式打造一些新的资产,使公司实现跨越式增长。在新的战略中,联想管理学院承担了向新的成员企业输出联想文化要求和管理经验的重任,"入模子"再次成为完成这一重要使命的有力武器。为此,联想管理学院对"入模子"做了进一步改良和创新。在控股公司层面,"入模子"继续成为新员工加入联想的"必修课",让受训员工快速了解联想文化的核心内容。在成员公司层面,针对新成立和新并购的企业,"入模子"用"文化+战略"相结合的方式,成为解决成员企业问题的抓手。"入模子"项目核心观点见表1-3。

表1-3 "入模子"项目核心观点

核心观点		
对于那些奉行多元化战略的公司而言,它们面临的共同难题是:一,新业务导致员工人数剧增,企业面临新员工培养和管理的压力;二,新并入企业已有既有文化,双方难以顺利磨合。	与其去创造一种新的解决方案,不如利用现有工具让其发挥新能量。联想就用"入模子"这一在企业内实行了20年的文化培训工具,通过企业文化培训,促进公司员工的价值观以及行为方式的统一。事实证明,通过寻求共同价值观,有助于解决新旧业务融合的难题。	通过控股公司层面的"入模子",对新员工进行企业文化的硬导入。通过成员公司层面的"入模子",用"文化+战略"的软导入方式,既传播控股公司文化,又帮助成员公司解决战备业务难题。

2011年,在一年的实践后,管理学院又针对成员公司,推出了定制化的"入模子"项目。针对成员公司的"入模子"主要以贴近业务的文化传播为主。联想控股对成员公司开展的"入模子",更多是以成员公司的需求为出发点,考虑到企业的行业特点、发展阶段、队伍结构以及CEO个性等因素来设计有针对性的方案。具体来说,成员公司的"入模子"表现为以下三个特点。

(1) 量身定做。由于成员公司"入模子"的学员规格较高,主要为中层以上领导者,为了抓住他们的需求,管理学院的人通常会提前一个月做深入调研,对所有中层以上管理者做全面访谈,了解他们及其员工当前的心态、该公司发展的特点,以及企业原本的文化情况。最后,有关人员还会与CEO做深入的一对一访谈和沟通,了解公司目前关心的是什么,然后挑选一个现任CEO最关心的问题,组织员工一起讨论,让公司上下了解管理的瓶颈在哪儿,或者公司需要解决的重要困惑和挑战在哪儿,公司该如何行动。

(2) 文化＋战略。成员企业的"入模子"一半内容沿袭了控股公司"入模子"的内容和形式,保留了三门关于文化的理论课,压缩了拓展训练项目;另一半内容则是结合企业的新战略,让成员企业的CEO或董事长与员工进行战略沟通,以便让公司上下明晰未来发展方向。以酒业公司丰联集团的"入模子"为例,学员要上3门理论课,参加拓展训练并随时复盘。除此之外,"入模子"还囊括了该公司学员更为关注的业务相关内容,比如白酒发展趋势、丰联业务规划等,通过对业务内容的讲解,让学员了解集团的战略布局。

(3) 注意尺度和时机。为了防止"入模子"在文化导入上过于强势而起到反作用,管理学院非常注意把控尺度。高强表示:"文化是不是让人信任和接受,有用是前提。所以,我们并不过分强调宣贯,而是证明文化确实对战略业务发展有切实的帮助。"此外,管理学院对成员公司进行"入模子"的时机也极为重视。为了取得更好的效果,他们不会选在成员公司被并购后就立刻展开,而是等到双方有一定了解后,再让企业"入模子"。

在"入模子"项目的开展下,联想控股新近增加的成员公司顺利接受了联想的文化,其下的员工在"入模子"的培训下也实现了人与组织的匹配,联想的多元化战略,由此得以顺利实施并发扬光大。

思考:"入模子"不是洗脑,模子也在被改造

经过多年的发展,控股公司层面的"入模子"项目已取得良好的成果。不少学员在事后的培训反馈中表示,自己对联想的企业文化有了真切的认识,在培训中学到的管理三要素、价值观与方法论也让自己在日常工作中受益不少。联想控股财务部的金朝就说,"入模子"带给他的是全方位的震撼,他在老一代的联想人身上,看到了求实、进取的联想核心价值观的自然流露,看到了以身作则将联想文化代代相传,看到了联想成功的基因。君联资本的杨云霞则表示:"'入模子'对于我的投资业务有帮助。去武汉看项目,对方企业创始人要我谈谈柳总是如何做到今天的。自己能够就文化和管理侃侃而谈,赢得对方团队的认可。此外,通过'入模子'也认识了一批新朋友。"

然而,并非每个人都愿意接受这种方式,尤其是追求个性的年轻员工,往往容易把这种培训看成"洗脑"。这同样也是联想管理学院面临的挑战。在高强看来,"入模子"包含两个核心——选择和塑造。"模子"是一个双向选择,联想把模子摆在这里,告诉员工联想的做法和经验,员工可以选择接受,也可以选择离开。这种塑造也是双向的。"我们的模子是可以改的,新进来的员工也在塑造联想。"不过,改模子的前提是先入模子。

……

从培训后受训员工对"入模子"项目的反馈来看,他们的确对公司的企业文化有了更为精准的认识,并能将培训中掌握的价值观与方法论应用于实际工作中。他们的工作效率得以提高,并能够借助复盘,反思自己在工作中的经验和教训。

总体来看,联想集团的"入模子"还是成功而有效的,不失为一剂促进人与组织匹配、安定企业内部的良药。但这并不意味着"入模子"就是放之四海而皆准的真理,要想真的在企业的实际操作中发挥作用,还应根据企业自身的实际情况和员工的心理进行一些必要的调整。不过,有一点是可以确定无疑的,那就是也许忽视企业文化建设并不会立即看到由此造成的恶果,但重视企业文化一定是企业基业长青的秘诀。

思考与讨论

1. 简单概括联想公司的"入模子",并指出"入模子"让你印象最深刻的一点。

2. 你从联想公司"入模子"的做法中得到了怎样的启示?你认为要想让员工融入企业文化,最重要的是做到哪一点?

第二章 人力资源管理

学习要点

1. 人力资源的概念
2. 人力资源的性质与作用
3. 人力资源管理的含义及内容
4. 人力资源管理的体系、制度与方法
5. 人力资源管理的历史演变
6. 战略的含义及对组织的意义
7. 战略选择对组织管理模式的影响
8. 战略性人力资源管理的含义及特点
9. 战略性人力资源管理的构建步骤
10. 战略性人力资源管理和传统人事管理的区别

第一节 人力资源管理概述

一、人力资源概述

现代企业人力资源管理的对象是企业所拥有的人力资源。因此,要研究人力资源管理,必须首先对人力资源的概念进行明确的界定。由于不同的学者从不同的角度来对其进行界定,因而各自界定的概念呈现出较大的差异。鉴于此,本书从概念、性质和作用三个角度对人力资源进行概述。

(一) 人力资源的概念

人力资源就是指人所具有的对价值创造起贡献作用,并且能够被组织利用的体力和脑力的总和。这个解释包括以下几个要点:(1)人力资源的本质是人所具有的脑力和体力的总和,可以统称为劳动能力。(2)这一能力要能对财富的创造起贡献作用,成为财富形成的来源。(3)这一能力还要能够被组织利用,这里的"组织"可以大到一个国家、地区,也可以小到一个企业或作坊。

（二）人力资源的性质

1. 能动性

人力资源是劳动者所具有的能力，而人总是有目的、有计划地使用自己的智力和体力，这也是人与任何其他动物的本质区别。"蜜蜂建筑蜂房的本领使人间的许多建筑师感到惭愧，最蹩脚的建筑师从一开始就比最灵巧的蜜蜂高明的地方，是他在用蜂蜡建筑蜂房以前，已经在自己的头脑中把它建成了。劳动过程结束时得到的结果，在这个过程开始时就已经在劳动者的表象中存在着，即已经观念地存在着。"正因如此，在价值创造的过程中，人力资源总是处于主动的地位，是劳动过程中最积极、最活跃的因素。人，作为人力资源的载体，和自然资源一样是价值创造的客体，但同时它还是价值创造的主体。它的能动性表现为主体，即人，能够自我强化、选择职业、积极劳动等。自然资源则相反，它在价值创造过程中总是被动的，总是处于被利用、被改造的地位，自然资源服从于人力资源。

2. 时效性

人力资源是以人为载体，表现为人的智力和体力，因此它与人的生命周期是紧密相连的。人的生命周期一般可以分为成长发育期、成年期、老年期三个阶段。当人们进入成年期以后，体力和智力的发展都达到了可以从事劳动的程度，可以对财富的创造做出贡献，因而也就形成了现实的人力资源。成年期是人力资源开发和利用的最佳时期，必须在此时期对其进行有效的开发和利用，否则就浪费了宝贵的人力资源。人力资源的这种时效性，说明了人力资源无法储存。如果现在不及时应用人力资源，就不能得到人力资源的价值。同时也不能保留人力资源以待日后使用，社会知识、技术的飞速发展使得闲置人力资源逐渐流失其价值与特性。因此，闲置人力资源是对人力资源的巨大浪费，唯有前瞻性、有计划与适时地运用人力资源，才能发挥人力资源的作用。自然资源则不同，自然界的物质资源如果不能被开发利用，它还会长久地存在，不会出现"过期作废"的现象，对自然资源而言，只存在开发利用的程度问题。

3. 增值性

与自然资源相比，人力资源具有明显的增值性。一般来说，自然资源是不会增值的，它只会因为不断地消耗而逐渐"贬值"；人力资源则不同，人力资源是人所具有的智力和体力，对单个人来说，他的体力不会因为使用而消失，只会因为使用而不断增强，当然这种增强是有限度的；他的知识、经验和技能也不会因为使用而消失，相反会因为不断使用而更有价值，也就是说在一定的范围内，人力资源是不断增值的，创造的价值会越来越多。

4. 社会性

自然资源具有完全的自然属性，它不会因为所处的时代、社会不同而有所变化。人力资源则不同，人所具有的体力和智力明显受到时代和社会因素的影响，从而具有社会属性。社会政治、经济和文化的不同，必将导致人力资源质量的不同。例如，古代整体的人力资源质量远远低于现代，发达国家整体的人力资源质量明显高于发展中国家。

5. 可变性

与自然资源不同,人力资源在使用过程中发挥作用的程度可能会有所变动,从而具有一定的可变性。人力资源是人所具有的智力和体力,它必须以人为载体,因此人力资源的使用就表现为人的劳动过程,而人在劳动过程中又会因为自身心理状态不同影响到劳动的效果。例如,当人受到有效的激励时,就会主动工作,尽可能地发挥自身的能力,人力资源的价值就能得到充分的发挥;相反,人们就不愿意工作,人的智力和体力就不会发挥出应有的作用。所以,人力资源作用的发挥具有一定的可变性,在相同的外部条件下,人力资源创造的价值大小可能会不同。人力资源的可变性还表现在人力资源生成的可控性。人力资源的生成不是自然而然的过程,需要人们有组织、有计划地培养与开发。自然资源则不同,在相同的外部条件下,它的价值大小一般不会发生变化。

6. 可开发性

人力资源像自然资源一样,具有可开发性。但不同的是,人力资源开发的途径和方式方法不同于自然资源。教育和培训是人力资源开发的主要手段,也是人力资源的重要职能。此外,人力资源开发具有投入少、产出大的特点。正如著名经济学家舒尔茨(Theodore W. Schultz)所说,人力资源是效益最高的投资领域。人力资源由于它的再生性,具有无限开发的潜能与价值。人力资源的使用过程也是开发过程,可以连续不断地开发与发展。

(三) 人力资源的作用

1. 人力资源是财富形成的关键要素

人力资源是构成社会经济运动的基本前提。人力资源是能够推动和促进各种资源实现配置的特殊资源。它和自然资源一起构成了财富的源泉,在财富形成过程中发挥着关键性的作用。人力资源在自然资源向财富转化过程中起了重要的作用,它使自然资源转变成社会财富,同时人力资源的价值也得以转移和体现。人力资源的使用量决定了财富的形成量,在其他要素可以同比例获得并投入的情况下,人力资源的使用量越大,创造的财富就越多;反之就越少。

2. 人力资源是经济发展的主要力量

人力资源不仅决定着财富的形成,随着科学技术的不断发展,知识技能的不断提高,人力资源对价值创造的贡献力度越来越大,社会经济发展对人力资源的依赖程度也越来越重。经济学家认为知识、技术等人力资源的不断发展和积累直接推动物质资本的不断更新和发展。统计数据表明,知识和技术在发达国家的国民收入中占的比重越来越大。目前世界各国都非常重视本国的人力资源开发和建设,力图通过不断提高人力资源的质量来实现经济和社会的快速发展。

3. 人力资源是企业的首要资源

企业是组成社会经济系统的细胞单元,是社会经济活动中最基本的经济单位之一,是价值创造最主要的组织形式。企业要想正常运转,就必须投入各种资源,而在企业投人的各种资源中,人力资源是第一位的,是首要的资源;人力资源的存在和有效利用能够充分激活其他物化资源,从而实现企业的目标。

二、人力资源管理概述

人力资源管理是指根据企业发展战略的要求,有计划地对人力资源进行合理配置,通过对企业中员工的招聘、培训、使用、考核、激励、调整等一系列过程,调动员工的积极性,发挥员工的潜能,为企业创造价值,确保企业战略目标的实现,是企业的一系列人力资源政策以及相应的管理活动。这些活动主要包括企业人力资源战略的制定、员工的招募与选拔、培训与开发、绩效管理、薪酬管理、员工流动管理、员工关系管理、员工安全与健康管理等。即,企业运用现代管理方法,对人力资源的获取(选人)、开发(育人)、保持(留人)和利用(用人)等方面所进行的计划、组织、指挥、控制和协调等一系列活动,最终达到实现企业发展目标的一种管理行为。

20 世纪 60 年代,美国经济学家沃尔什(Walsh)发表《人力资本论》,开辟了人类关于人的生产能力分析的新思路。这种理论不再把人力单纯作为经济发展的外在因素,而是注重人的能力形成和发展对于社会经济发展的决定作用,把人力作为经济发展的内在因素加以研究。按照这种观点,人类在经济活动过程中,一方面不间断地把大量的资源投入生产,制造各种适合市场需求的商品;另一方面以各种形式来发展和提高人的智力、体力与道德素质等,以期形成更高的生产能力。这一论点把人的生产能力的形成机制与物质资本等同,提倡将人力视为一种内含于人自身的资本——各种生产知识与技能的存量总和。

(一) 人力资源管理的思想体系

1. 人力资源管理的载体——人

每个人在刚出生的时候都只是一个自然人,受先天遗传和后天生活经历的影响,形成了不同的价值观和人格,具有非常明显的个性化,从出生到接受家庭、学校等社会学习之后才成长为一个社会人。在这个过程当中,人们形成了基本的世界观、人生观和价值观,完成了社会化的过程。然后,当人们即将进入一个组织工作或者生活时,自身的价值观与组织的共同价值观出现差异,这种差异使得人们不得不重新调整自己,以使得自己能够符合组织文化的要求,此个体将组织价值观内在化并由社会人成长为组织人的过程就称为个体的组织化。

我们对组织的定义强调组织是由人组成的。从这个事实出发,不难想到我们可以从单个组织成员的角度来研究组织问题。每个人在进入组织之前都有着不同的经历,而管理者面对的正是这些有着不同社会经验的人。人们在组织中很少单枪匹马地工作,大多数工作都是通过组织成员的协调合作完成的。组织目标的实现,不可能只依靠一两个个体的行为。要注意的是,组织文化与个人之间的影响并非完全是单向的,一方面个体在不断地适应组织的文化和行为规范,同时另一方面新加入组织的成员其自身所带的价值观与理念也在影响着组织原有的文化。

2. 人力资源管理的支撑——组织

有关学者针对组织及其管理进行研究后发现:把需要组织完成的复杂工作尽可能分解成最小的单元;工作被分解到标准化的流程中去完成;工作职能是清楚的;工作流程是明确的;工作结果标准是清晰的;在这一系列的职能、流程和标准面前,复杂的工作被转化成简单的行为。因此,面对简单的工作,也就不需要更高的能力和更多的努力,工作的效率自然就会显现出来。所以,同样素质的员工,工作的效率具有明显的不同。

在同样条件下(相同的目标、资源、回报),有组织地工作方式可以提高工作的效率。因此,从一开始,组织的产生是为了解决效率问题。所谓有组织地工作就是通过劳动分工的方式,以有效的组织职能划分,通过分工与协作,最终达成组织的目标。

(二)人力资源管理的方法支撑

研究人力资源管理应当首先从战略出发,战略是组织形成与发展的指引和方向。企业的发展战略能确保企业的行为适应市场竞争的需求,而按照企业战略确定的宗旨和方针设计和实施相应的人力资源管理,保障了企业的管理行为能够按照战略确定的方向前进。

组织是实施战略的载体。一个企业要有效地实施战略,必须建立适宜的组织管控模式和组织结构,使其与战略匹配。从一个关于组织的简单定义来看,组织就是指对完成特定使命(战略)的人力资源进行系统性安排。

人力资源是支持组织达成战略目标的条件和资源保障。人永远是组织的核心,组织没有人就不会存在,而大多数成功组织之所以能够成功的关键也就在于能依靠不同人群的通力协作来实现共同的目标。毕竟,无论是对市场情况的判断、根据判断制定相应战略,还是将这些战略付诸实践,人的因素都是至关重要的。因此,对于组织中的人如何进行有效的管理、如何让人成为真正能带来价值增值的资源,就成为企业界所共同关心的话题。

同时,制度设计解决了组织发展过程中的管理提升问题。战略、组织、人力资源构成了组织管理制度设计的基础平台。如何使三个互相关联的要素更好地支持组织的发展成为企业经营管理者最为关心的议题。制度作为提升组织管理水平的关键性要素,发挥了其在组织管理制度设计中的核心作用。

最后,文化整合是组织管理的最高层次。忽视了企业的文化建设就等于失去了组织的筋骨。缺乏足够的成长机制,企业未来发展一定会出现问题。因此,可以把组织管理的文化整合看成组织成长最原始的驱动力,也是其不断追求的终极目标。

(三)人力资源管理的物质载体——制度管理

制度作为提升组织管理水平的关键性管理要素,也是整合企业战略、组织和人力资源的纽带。可以说组织制度是实施战略的载体,组织制度设计的好坏直接影响到战略的实施。制度整合了战略、组织和人力资源等要素,随着战略的调整,调整组织、调整人力资源,促进企业发展。

1. 制度管理的性质

(1) 权威性。制度一经形成,确定下来,所有成员都必须执行,违反规定要受到必要的惩罚。制度是企业当中的"法"。

(2) 系统性。企业组织中各方面、各层次均有完整配套、具体严密的制度。它们具有内在一致性,互相衔接和补充,形成一套严密完整的制度体系。

(3) 科学性。制度建立在科学合理的基础上。有的直接是技术规律要求;有的充分体现事物客观规律;有的合情合理。它反映了企业经营管理中科学、成熟、合理的一面。

(4) 无差别性。制度作为一种带有法规性质的管理手段,具有无差别性的特点。它不对具体情况和具体人分别对待,在规范约束范围内一律平等对待,没有变通的余地。它是一套理性的、非人格化的体系,是一系列抽象的、封闭的准则,往往以成文的形式确定下来,具有明确的、是非分明的特征。

(5) 借助强制力。制度作为现实地约束和规定组织中活动和行为的管理手段,需要借助强制力。强制力是制度发挥作用的力量,没有强制力的制度,只是一纸空文。在企业组织中,强制力主要表现在行政处分、降职降薪、开除等惩罚措施上。

(6) 稳定性。管理制度往往都是在长期管理实践基础上,经过分析研究、总结经验、提炼上升形成的理性准则。它在相当程度上反映了企业组织活动和管理过程的内在要求,具有较强的稳定性。在条件未发生较大变化的前提下,一般不做改动。只有在条件发生较大变化的情况下,才做相应调整。稳定性也是维持权威性的手段之一。更重要的是,唯其稳定,才能现实地发挥制约作用。频繁变动的制度不易贯彻执行,更难巩固。

2. 制度管理的主要特征

从制度的内容和制度管理的实质来看,制度管理的主要特征有以下几点。

(1) 在劳动分工的基础上,明确规定每个生产要素提供者的权利和责任,并且把这些权利和责任作为明确规范而制度化。

(2) 按照各机构、各层次不同职位权力的大小,确定其在企业中的地位,从而形成一个有序的指挥链或等级系统,并以制度形式巩固下来。

(3) 以文字形式规定职位特性以及该职位对人应有素质、能力等要求。根据通过正式考试或者训练和教育而获得的技术资格来挑选组织中所有的成员。

(4) 在实行制度管理的企业中,所有权与管理权相分离。管理人员不是所管理企业的所有者。管理人员只是根据法律制度赋予的权力暂时处于拥有权力的地位,原则上企业中所有人都服从制度的规定,而不是有权力的人。

(5) 管理人员在实施管理时有三个特点:一是根据因事设人的原则,每个管理人员只负责特定的工作;二是每个管理者均拥有执行自己职能所必要的权力;三是管理人员所拥有的权力要受到严格的限制,要服从有关章程和制度的规定。这些规定不受个人情感的影响,普遍适用于所有情况和所有的人。

(6) 管理者的职务是管理者的职业,他有固定的报酬,具有按资历、才干晋升的机会,他应该忠于职守,而不是忠于某个人。

3. 制度管理的基本要求

各项制度的制定和形成,需要满足下述几个基本要求。

(1) 从实际出发。制定制度,要从企业组织实际出发。根据本企业业务特点、技术类型、管理协调的需要,充分反映企业组织活动中的规律性,体现企业特点,保证制度具有可行性、实用性,切忌不切合实际。

(2) 根据需要制定。即制度的制定要从需要出发,不是为制度而制度。需要是一项制度制定与否的唯一标准,制定不必要的制度,反而会扰乱组织的正常活动。在有些非正式行为规范或习惯能很好发挥作用的前提下,就没有必要制定类似内容的行为规范,以免伤害企业组织成员的自尊心和工作热情。

(3) 建立在法律和社会道德规范的基础上。法律和社会一般道德规范是在全社会范围内约束个人和团体行为的基本规范,是企业组织正常生存发展的基本条件和保证。企业制定的各种制度,不能违背法律和一般道德规范的规定,必须与之保持一定程度的一致性。否则,企业组织整体在环境中的生存发展,对组织内部各方面的约束,都会受到严重影响。

(4) 系统和配套。企业制度要全面、系统和配套,基本章程、各种条例、规程、办法要构成一个内在一致、相互配套的体系。同时要保证制度的一贯性。不能前后矛盾、漏洞百出,避免发生相互重复、要求不一的现象,同时要避免疏漏。要形成一个完善、封闭的系统。

(5) 合情合理。制度要体现合理化原则。即一方面要讲究科学、理性、规律;另一方面要充分考虑人性的特点,避免不近情理、不合理等情况出现。在制度的制约方面,要充分发挥自我约束、激励机制的作用,避免过分使用强制手段。

(6) 先进性。制度的制定要从调查研究入手,总结本企业经验,同时吸收其他先进经验,引进现代管理技术和方法,保证制度的先进性。

(四) 人力资源管理的历史演变

人力资源管理可具体分为以下几个阶段:科学管理阶段、工业心理学阶段、人际关系管理阶段。

1. 科学管理阶段

20世纪初,以泰勒等为代表,开创了科学管理理论学派,并推动了科学管理实践在美国的大规模推广和开展。泰勒提出了"计件工资制"和"计时工资制",提出了实行劳动定额管理。1911年泰勒发表了《科学管理原理》一书,这本著作奠定了科学管理理论的基础,泰勒因而被西方管理学界称为"科学管理之父"。

2. 工业心理学阶段

以德国心理学家雨果·芒斯特伯格等为代表的心理学家的研究结果,推动了人事管理工作的科学化进程。雨果·芒斯特伯格于1913年出版的《心理学与工业效率》标志着工业心理学的诞生。

3. 人际关系管理阶段

1929年美国哈佛大学教授梅奥率领一个研究小组到美国西屋电气公司的霍桑工厂进行了长达九年的霍桑实验，真正揭开了对组织中人的行为进行研究的序幕。

人力资源管理阶段又可分为人力资源管理的提出和人力资源管理的发展两个阶段。

"人力资源"这一概念早在1954年就由德鲁克在其著作《管理的实践》提出并加以明确界定。20世纪80年代以来，人力资源管理理论不断成熟，并在实践中得到进一步发展，为企业所广泛接受，并逐渐取代人事管理。进入20世纪90年代，人力资源管理理论不断发展，也不断成熟。人们更多地探讨人力资源管理如何为企业的战略服务，人力资源部门的角色如何向企业管理的战略合作伙伴关系转变。战略性人力资源管理理论的提出和发展，标志着现代人力资源管理的新阶段。

第二节 战略性人力资源管理概述

一、战略概述

战略是企业要明确自己是做什么的，然后研究怎么做这件事情。它包括三个要素：远景、目标和方法。不难发现，那些生命力强大的企业大都是一些专业化公司，它们具有明显的专业化特征。当这些企业充分、合理地利用有限的组织资源为社会提供专业化服务的同时，企业自然地完成其发展的过程。这就是通常所说的基于企业核心产品的核心竞争力。

(一) 战略的定义

关于战略的定义，学术界有许多种不同的描述。其中，明茨伯格(Henry Mintzberg)战略5P模型(Plan，计划；Ploy，计策；Pattern，模式；Position，定位；Perspective，观念)较为全面，他把战略定义为五个方面。

(1) 战略是一种计划：强调企业管理人员在有意识地进行领导，凡事谋划在先，行动在后。

(2) 战略是一种计策：强调战略是为威胁或击败竞争对手而采取的一种手段，重在达到预期竞争目的。

(3) 战略是一种模式：强调战略重在行动，否则只是空想。

(4) 战略是一种定位：强调企业应当适应外部条件，着力形成一个产品和市场"生长圈"。

(5) 战略是一种观念：强调战略是人们思维的产物，战略过程的集体意识，要求企业成员共享战略观念，形成一致的行动。

哈佛大学战略管理教授潘卡·盖莫沃特(Panka Ghemawat)的解释是，因为每个企业的投入和承诺不同，按照盖莫沃特的观点，战略是一种坚持不懈的承诺和投入，是一种义无反顾的献身。承诺是战略本身固有的性质。战略之所以必须坚持不懈,是因为它投资的要素具有持久性、专用性、不可交易性,对于企业战略来说,过去的选择约束着目前的选择,而目前的选择又约束着未来的选择。盖莫沃特强调,战略承诺的不可逆转性,意味着必须在战略制定和抉择中坚决克服近视症。他还进一步指出,承诺和投入是对企业之间存在持久差异的唯一的一般性解释。从这个意义上说,关键成功因素对企业的成功并非是最关键的。当同一行业中相互竞争的企业都认识到该行业的关键成功因素时,最终的成功就取决于承诺和投入的决心和持久性。企业在制定战略时可能面临多种选择,但战略的承诺理论引导企业家和经理人只专注于少数战略性的选择。如果某项选择包含大量的沉入成本、机会成本、要持续很长的周期、其成败对企业关系重大,那它就是战略性的。所以,凡是获得巨大成功的企业家都依赖于有限资源条件下的有限决策,只关注少数投入密集型的决策造就了成功的企业和企业家。

上述观点和理论对中国的企业和经营者极具指导意义。它揭示了为什么改革开放四十多年后,中国企业仍然在许多关键领域中与世界级竞争对手存在巨大的技术差距的原因:我们在那些技术密集和要求长期大量投入的领域中,缺乏义无反顾的决心和承诺。对中国企业来说,重要的不仅在于制定战略,更在于实施战略的决心和承诺。

其实,对于处于追赶地位的中国企业来说,发展的方向往往是清楚的,西方成熟和发展中的产业就是中国企业未来的发展方向。因此,企业的战略选择并不是最困难的。关键在于不同的企业实施战略的决心、投入的强度和速度,而速度又取决于投入强度,投入强度又取决于决心。妨碍我国企业领导人做出长期的战略承诺的一个客观原因是我们的企业规模小,实力不足,许多企业长期为生存所困扰,无暇顾及长远的发展。市场的中高端产品利润丰厚,但要开发中高端产品,必须从低端产品一点一滴地做起,慢慢积累技术和运行经验,这是我们的现实。要解决这个问题,只有缩短战线,先从点上突破。

(二) 战略对组织的意义

1. 战略的重要性

战略管理关系到企业的生死存亡,把握着企业的发展方向。它基于对未来经济、技术和文化趋势的预测而着眼于未来的发展;它强调主动性和进攻性;它建立一种强大而灵活的态势;它强调一种理念或思维方式;它以变革为实质。

美国管理学者高登·葛瑞德利(Gorden Greendley)在《战略规划改善公司运作》一书中指出,战略管理呈现下列四方面的利益。

(1) 战略管理考虑到机会的鉴定。提供了一个管理问题的目标观点,并构筑一个框架,改善活动的协调和控制。

(2) 战略管理使相反的条件和变化所产生的影响达到最小。促进主要决策更好地支持已建立的目标;促进机会选择以更有效地分配资源和时间;并使用较少的资源和很少的时间专门用于纠正错误,或做出特别的决定。

(3) 战略管理创造一个在人际之间协调交流的框架。肯定每个人做出的进入整体的努力;提供一个明确雇员责任的基础;鼓励管理决策人员超前思考。

(4) 战略管理以积极态度对待难题和机会,鼓励人们面对变化采取进取行动并有序地管理业务。

由此可见,战略管理如同企业的航标和指路灯,指引着企业向正确的方向运作。企业的发展应当以战略作为原则。如果企业在战略目标的制定和执行中出现失误,企业由此形成的损失将是不可估量、不可挽回的。因此,企业家们不仅要认识到战略管理的重要地位和作用,还要把握企业战略的实质,正确地认识战略,以便更好地利用企业战略。

2. 战略的建立

在制定战略时,企业要分清战略决策和业务决策的区别。企业的战略决策是通过所制定的战略,回答涉及现有产品与市场、新的市场、新的产品以及现有企业与环境之间的联系问题。同时,企业战略涉及企业的未来,要对环境做出反应,并能发展与环境的关系。因此,企业所制定的战略涉及企业的效能,考虑的是企业的利益、效益和前途。相对的,企业管理人员做出库存系统、组织机构或分销系统的变换等业务决策时,只是涉及提高企业运营的效率问题,这与企业的战略决策有很大的区别。总之,在进行战略决策时,企业的经营者是变化的寻找者,敢于冒险,具有解决发散型问题的能力,并且善于引导他人探索新的、未曾尝试的管理途径。在进行业务管理时,管理人员总是变化的吸收者,总是小心翼翼地避免冒险,解决的是收敛型问题,扮演的是诊断者、协调者和控制者。他们所做的只是激励人们去解决问题,而不是改变企业的方向。

因此,在进行战略决策时,应该注意以下问题。

(1) 决策目标要具体明确,不能含糊不清或抽象空洞。否则,企业的战略决策就不能起到应有的指导作用。

(2) 制定战略决策要考虑获利能力,选用能以最小的投入获得最大的产出或以最小的成本获得最大的收益的方案。

(3) 战略决策必须可行。即能够为内部各部门和外部环境所允许,并能顺利地实施。

(4) 制定战略决策必须考虑社会责任。企业的存在与发展离不开社会的支持和制约,应该把企业利益和社会利益结合起来。

(三) 战略选择对组织管理模式的影响

战略是企业生存的核心,组织管控则是实现集团战略目标的重要措施。集团总体战略不同,会要求采用不同的管控模式。管控体系的建立是以完成集团特定的战略目标为目的的,它是为实现集团的业务战略目标服务的。不同的管控模式又决定了企业应当采取不同的组织结构形式。组织结构设计为一个组织的运作提供了载体和支撑。企业集团组织结构设计是集团管控体系的重要组成部分,影响着集团管控措施的落实和功能实现。合理的组织结构设计是企业核心竞争力的一大来源,是企业集团生命力延续的保障,也是企业战略实现的基础。

组织管控模式是指组织总部在管理下属企业中的定位,对企业集团管控模式的分析是实现集团企业管理提升的前提。集团管控类型划分流传最为广泛的是"集团管控三分法"理论,即财务控制型、战略控制型和操作控制型。

1. 财务控制型

财务控制型管控模式是指集团对下属子公司的管理控制主要通过财务手段来实现,集团对下属子公司的具体经营运作管理基本不加干涉,也不会对下属公司的战略发展方向进行限定,集团主要关注财务目标的实现,并根据业务发展状况增持股份或适时退出。一般适用于没有明显主导产业的无关多元化企业。

2. 战略控制型

战略控制型管控模式是指集团的核心功能为资产管理和战略协调功能。集团与下属子公司的关系主要通过战略协调、控制和服务而建立,但是集团总部很少干预子公司的具体日常经营活动。集团根据外部环境和现有资源,制定集团整体发展战略,通过控制子公司的核心经营层,使子公司的业务活动服从于集团整体战略活动。一般地,这种情况比较适用于相关产业企业集团的发展。适用于企业多元化发展到一定阶段,但更多是相关多元化,子公司之间存在关联交易的集团。

3. 操作控制型

操作控制型管控模式是指通过母公司的业务管理部门对控股子公司的日常经营运作进行直接管理,特别强调公司经营行为的统一、公司整体协调成长和对行业成功因素的集中控制与管理。大部分房地产开发公司都是属于这种情况,比如房地产公司和下属项目子公司的管控就是这样,大型房地产集团公司的区域中心和下属项目公司之间也属于这种情况。值得注意的是,我国国有大型企业在发展集团化的初期,往往要经历这个阶段。一般而言,操作控制型管控模式适用于母公司直接从事生产经营,母子公司关系密切,人员配备较多。一般适用于单一产业或企业在多元化的初期。

二、战略性人力资源管理

在新经济条件下,人力资源管理与组织战略实现之间的关系日渐密切。快速变化的竞争环境,使得企业人力资源经理人必须正视人力资源管理领域的变革,积极地进行职能转变与角色定位。已经有越来越多的企业认识到建立自身的竞争优势关键是如何去建立并运行有效的人力资源管理,企业高层管理者对此寄予很大希望。《今日美国》和德勤会计师事务所在2001年的调查中表明,将近80%的公司总裁认为,人力资源管理在他们公司里其重要性比过去10年有了大幅增长,并且2/3的人认为,人力资源在当今世界被看成是一种成本最有限的战略投资。因为员工的技巧、知识和能力是一种最特殊的可再生资源,因此,对于这种资源的管理就更为重要。就像IBM创始人托马斯·J.沃森(Thomas J. Watson)所说:"你可以拿走资本和厂房,但只要拥有员工就可以建立经营业务",所以"通过人的竞争"成为人力资源管理的主旋律。这种主旋律现在更被发扬光大,和战略紧密相连,以至于管理者们要用"战略性人力资源管理(Strategic Human Resource Management)"来强调人力资源管理在当今企业和竞争中的重要地位与关键作用。

(一)战略性人力资源管理的定义

我们谈战略性人力资源管理,首先要明确的就是它与人力资源战略的区别。虽然所用的文字是相同的,但反映的意义却大相径庭。所谓战略性人力资源管理就是系统地把企业人力资源管理同企业战略目标联系起来,其核心在于通过有计划的人力资源开发与管理活动,增强企业战略目标的实现。这意味着战略性人力资源管理必然涉及人力资源管理系统中的方方面面,从工作分析到招聘甄选,从薪酬福利到绩效考评,每一个环节都要体现与企业战略目标的联系,都要支持战略目标的实现。而人力资源战略指的是人力资源规划与战略的制定实施,它只是属于人力资源管理的一部分,和前文所述的工作分析、招聘甄选等共同构成系统的人力资源管理体系。因此,战略性人力资源管理实际上就是战略在人力资源管理各个方面的映射。人力资源管理体系中的各个组成部分并没有什么结构上的变化,只是现在每一部分的内容都变得更加重要,覆盖的期限更加长远,影响力更大。

(二)战略性人力资源管理的特点

所谓战略性人力资源管理体系是指在企业总体战略框架下对人力资源进行使用、管理、控制、监测、维护和开发,藉以创造协同价值,达成企业战略目标的方法体系。因此,战略性人力资源管理实际上就是战略在人力资源管理各个方面的映射。它有以下几个特点。

1. 关键性

随着知识经济的到来,生产力的关键要素更多地依赖脑力,人力已成为企业获取竞争优势的关键性资源。因此,企业高层管理者在研究企业目标、战略时,应同步思考未来五年、十年的人力配置,从战略的角度来研究人力资源的开发、培养和使用,使企业的人力资源成为企业真正的核心资源。

2. 开发性

人力是组织的核心资源,是一项投资,企业要舍得对人力资源进行开发投资,以激发员工的潜能,去赢得长期、持久的实力。

3. 整体性

以整合的方式统筹环境、战略及情境因素,从组织整体、跨部门的角度去思考对人的管理这一问题。在现代企业管理中,管理者有义务指导、教育、约束、激励下属人员,提高他们的职业境界与进取精神,提升他们的人力资本价值。

4. 系统性

人力资源管理的各个部分应有机地结合起来,进行系统化管理,以创造出一种协同效果。各种人力资源管理方法的一致性使员工明确可以期望什么,得到什么回报,以及什么事是重要的,从而增强员工的投入,帮助企业利用自己的独特竞争能力来对付竞争对手。

5. 竞争性

人力资源管理的重点应在发展企业可持续竞争优势上,其目的是利用人力资源管理在制定和执行战略中的战略合伙作用,帮助企业制定竞争战略,并采取与企业竞争战略相配合的人力资源管理制度和政策,使企业能有效地开发和利用人力资源,从而提高企业经营绩效和市场竞争力。

战略性人力资源管理所具有的关键性、开发性、整体性、系统性和竞争性等特点,恰恰符合知识经济时代的要求,符合人们对知识本位的追求,迎合了当今企业和市场竞争的特征,而且众多企业在实践中所取得的战略性的成功,都同时说明了战略性人力资源管理在组织中已经具有举足轻重的地位,它的管理水平和执行能力的好坏,直接反映在股东的利润分红上,反映在公司的财务报表上,反映在企业的员工离职率上,反映在整个公司的文化氛围中。这些既然都是企业所有者所重视与关心的问题,那么战略性人力资源管理的作用就不言而喻了。

美国管理学者高登·葛瑞德利认为,战略管理考虑到机会的鉴定;提供了一个管理问题的目标观点,并构筑一个框架,改善活动的协调和控制。战略管理使相反的条件和变化产生的影响达到最小,并创造一个人际之间协调交流的框架,肯定每个人进入整体的努力,提供一个明确雇员责任的基础,同时鼓励管理决策人员超前思考。战略管理以积极态度对待难题和机会,鼓励人们面对变化采取进取行动并有序地管理业务。

另一方面,一个企业若想获得相对其竞争对手的优势,就必须提供高区分度、低成本的产品或服务。在企业中,竞争优势的形成同样是多因素合力作用的影响,其中最重要,而且越来越重要的一个因素就是人力资源。愈来愈多的研究表明,人力资源管理的水平对竞争优势的产生有强烈的影响。

(三)战略性人力资源管理的构建

战略性人力资源管理是要在日常的人力资源管理活动中渗透企业高层决策的影子。如何将战略和具体的人力资源管理活动相结合,有以下几个步骤。

1. 预测商业趋势

战略的制定必然是以一定的商业预测为前提的。没有任何一家企业会无视外部经济、政治及社会文化多方面因素的影响而闭门造就一个企业战略。相对于计划来讲,战略关注的东西可能更长远一些,所以可能在近期中难以获利,但对于企业的长远发展意义重大。

2. 决定战略方向

战略方向是在预测的前提下制定的,因此不可避免地带有一定的风险性。战略一旦制定并非不可修改,战略不是命令,而是一种责任和承诺。战略并不决定未来,只是一种调动企业资源和能量以创造未来的手段。无论是否发生了问题,都要不断地改进它——使它变得更好。对产品是这样,对战略也是如此。

3. 人力资源工具和战略行动相结合

将战略落实到人力资源管理中,就是要让人力资源管理的各个活动体现企业的战略。在工作分析中要反映出某工作岗位未来发展所必需的一些技能与知识,即使暂时并非急需;招聘甄选的过程所设立的选择标准也要力求着眼于未来,发现面试者的潜力大小,而非目前掌握的技能;在绩效考评和薪资制定中也要与有助于战略实现的考核标准挂钩,使员工从现实利益中体会到自身利益与企业战略的密切联系。

三、战略性人力资源管理与传统人事管理的区别

战略性人力资源管理,是指公司为了达到战略目标,系统地对人力资源各种部署和活动进行计划和管理的模式,是公司战略不可或缺的有机组成部分;传统人事管理则指为完成公司任务,对公司中涉及人与事的关系进行专门化管理,使人与事达到良好的匹配。

第一,战略性人力资源管理以"人"为核心,视人为"资本",强调一种动态的、心理的调节和开发,属"服务中心"。管理出发点是"着眼于人",达到人与事的系统优化,使公司取得最佳的经济和社会效益之目的。传统人事管理以"事"为中心,将人视为一种成本,把人当作一种"工具"。强调"事"的单方面的静态控制和管理,属"权力中心",其管理的形式和目的是"控制人"。

第二,战略性人力资源管理作为公司的核心部门,是公司经营战略的重要组成部分,主要通过促进公司长期可持续发展来实现对经营战略的贡献;涵盖团队建设、文化建设与系统建设各个方面,通过企业文化整合战略、团队和系统,保证公司战略的执行和实现、推动公司长期稳定地成长。传统人事管理属于公司的辅助部门,对公司经营业绩没有直接贡献,主要的工作是负责员工的考勤、档案及合同管理等事务性工作。

第三,战略性人力资源管理可以灵活地按照国家及地方人事规定、制度,结合公司的实际情况制定符合公司需求的各种人力资源政策,从而建立起系统的人力资源体系,确保公司实现经营战略目标。传统人事管理则主要是制度的执行,即按照国家人事政策和上级主管部门发布的劳动人事管理规定、制度对员工进行管理,人事部门基本上没有制度的制定和调整权;最多只是"头痛医头,脚痛医脚",难以根据实际情况对管理政策和制度进行及时调整。

第四,在具体职能方面,战略性人力资源管理和传统人事管理也有着明显的区别,见表2-1。

表 2-1　战略性人力资源管理和传统人事管理的区别

HR 职能	战略性人力资源管理	传统人事管理
人力资源规划	结合公司发展战略，科学合理地制定	按行政命令执行
招聘与选拔	关注人岗匹配外，更关注应聘人价值观	仅关注人岗匹配
培训与开发	与员工职业生涯发展双赢	主要负责新员工入职培训
绩效管理	包括绩效计划、绩效考核、绩效评估、绩效反馈与绩效激励等过程	关注绩效考核与惩罚，扮演警察的角色
薪酬管理	确保薪酬政策吸引优秀人才，留住核心人才	主要负责工资及社保管理

第五，战略性人力资源管理体现全员参与人力资源管理的特色，因为人力资源工作要想切实有效，没有各职能部门的执行、配合是不可能实现的。传统人事管理基本上是单兵作战。

第六，战略性人力资源管理价值的体现是通过员工能力和组织绩效来实现的，而提升员工能力与组织绩效要结合公司整体战略和人力资源战略。传统人事管理价值的体现主要是规范性及严格性，即是否将各项事务打理得井井有条、是否看得住和协调好员工等，绝大部分工作还只停留在事务的表层。

第七，战略性人力资源管理侧重于变革管理和人本管理，属预警式管理模式，即采取前瞻态度，防患于未然。传统人事管理侧重于事务管理，属事后管理。

综上所述，我们可以看到，战略性人力资源管理有清晰的传导路径：公司的整体战略，确立相应的人力资源管理战略，制定合适的人力资源政策，员工满意度提高，生产率/服务提高，客户满意和忠诚，公司的可持续发展。

之所以存在这些差异，根本原因在于社会的转型，是企业战略意识觉醒和人力资源管理模式变革相互影响、相互作用的共同结果。由于社会转型，战略的功能越发突出。外部环境的复杂多变以及卖方市场变成买方市场的市场需求的转变，导致企业间的竞争日益激烈，企业运营所承担的风险更大，企业承受的压力更重。基于对外部环境的机遇与挑战及企业内部资源的优势与劣势的分析、战略规划和战略指导对企业的生存、发展与成长所发挥的重要作用越发突出，企业的其他业务活动均须从战略的高度进行规划。人力资源部门不能再忙于应付日常的行政管理职务，要求从传统的职务中释放出来，从企业战略的高度来进行人力资源的规划与激励，为企业竞争战略的实现提供所需的人力资源、能力与知识。战略性人力资源管理立足于动态变化的现实商业竞争环境，坚持长期效益与短期效益的结合，突出人力资源管理部门功能转换，强调人力资源管理模式与企业发展战略的有机衔接。战略性人力资源管理是 21 世纪企业人力资源管理发展的趋势。

案例分析 2-1

苹果公司人力资源管理的显著特点

一、企业概况

苹果公司(Apple Inc.)是美国的一家高科技公司,由史蒂夫·乔布斯(Steve Jobs)、斯蒂夫·沃兹尼亚克(Stephen Wozniak)和罗·韦恩(Ron Wayne)等人于1976年4月1日创立,并命名为美国苹果电脑公司(Apple Computer Inc.),2007年1月9日更名为苹果公司,总部位于加利福尼亚州的库比蒂诺。

苹果公司1980年12月12日公开招股上市,2012年创下6235亿美元的市值记录,截至2014年6月,苹果公司已经连续三年成为全球市值最大公司。苹果公司在2016年世界500强排行榜中排名第9名。2013年9月30日,在宏盟集团的"全球最佳品牌"报告中,苹果公司超过可口可乐成为世界最有价值品牌。2014年,苹果品牌超越谷歌(Google),成为世界最具价值品牌。

2016年4月22日,苹果公司证实苹果两大互联网服务——iTunes Movies和iBooks Store在中国区关闭。7月20日,《财富》发布了最新的世界500强排行榜,苹果公司名列第九名。2016年苹果秋季新品发布会于北京时间2016年9月8日凌晨1点在美国旧金山的比尔·格雷厄姆市政礼堂举行。10月,苹果公司成为2016年全球100大最有价值品牌第一名。

二、人力资源管理体系

(一)人力资源的专业化和制度

苹果公司运用的是专业的iHR人力资源管理系统。

iHR人力资源管理系统是基于先进的软件系统和高速、大容量的硬件的新型人力资源管理模式。通过集中式的人事核心信息库、自动化的信息处理、员工自助服务桌面、内外业务协同以及信息共享,从而达到降低管理成本、提高管理效率、改进员工服务模式,以及提升组织人才管理的战略地位等目的。差异化战略的实施,特别需要创新型人才。为此,苹果公司在人力资源建设方面独树一帜,倾力打造了iHR人力资源管理系统。

1997年,乔布斯重掌苹果公司时,互联网热潮已经兴起。乔布斯敏锐地洞察到互联网热潮中蕴含的商机。与此同时,为了扭转亏损,乔布斯开始大刀阔斧地改革苹果公司的管理体制。在这样的背景下,苹果公司的iHR人力资源管理系统应运而生。

起初,苹果公司在企业内联网(intranet)上运行人力资源管理系统,替代了原来烦琐的书面登记系统,取得了显著成效。后来,随着业务的全球扩展,苹果公司开始运用互联网(internet)进行人力资源管理,从而实现了全球范围内人力资源管理的网络化。

(二)人本管理

1. 以人为本的员工帮助中心

苹果公司专门设立员工帮助中心,处理员工的日常学习和咨询事宜。员工在工作、学习中碰到了任何问题,都可以随时通过iPod、iPhone、iPad向员工帮助中心求助。接到员工的求助信号后,帮助中心将及时做出解答。员工对答复不满意时,可以进一步追问,直到问题彻底解决为止。这为员工的学习、工作、生活带来了极大的便利。

由于员工帮助中心的高效运作,人力资源管理终于有比较充裕的时间来进行战略思考和全局规划。另外,员工帮助中心也成为人力资源部新员工的入职培训基地,新员工在帮助中心可以快速地学习到人力资源部的日常工作内容。

2. 自我管理的员工福利计划

1996年,苹果公司首次在公司的内联网上运行福利登记系统FBE(Flex Benefit Enrollment),替代了原来烦琐的书面登记系统,向员工提供了高效、准确、交互式的登记办法。

此后,苹果公司开始强调员工的自我管理,而非依赖人力资源代表进行管理。这一转变使绝大多数员工逐步养成了习惯,把网站作为主要信息来源和交易场所,并对自己进行福利管理产生了浓厚的兴趣。苹果公司不断推出新的在线应用软件,包括家庭状况变化登记软件、退休计划登记软件等,以强化员工自助操作的软件环境。例如,如果一名员工选择一项成本较低的医疗计划,或是改选另一项比较昂贵的医疗计划,他马上就能看到不同医疗计划对其工资薪资的不同影响结果。

再后,苹果公司重新设计了人力资源的FBE软件和福利网站的外观设计,有了这些改进,登记工作就变得更加简便易行,苹果公司的投资初见成效。调查结果显示,员工对在线获取信息、做出选择感到满意,员工也乐于自己上网选择福利方案。

(三)专业化人才培训制度

生产最有创意的产品,需要最有创意的员工。为了激励公司员工大胆创新,苹果公司创立了"苹果公司研究员计划"(Apple Fellows Program)。"苹果公司研究员"是苹果公司给予电子科学家的最高荣誉,授予那些为苹果公司做出杰出贡献的员工。

"苹果公司研究员"不仅仅是一项荣誉,同时,也意味着高额的薪酬和大量的股票期权。而且,"苹果公司研究员"拥有自由做事的权利,可以做任何感兴趣的事情,从而最大限度地激发研究员的创造性。

通过实施"苹果公司研究员计划",苹果公司给研发人员提供工作上、生活上的一切便利。因为苹果公司知道,稳住这些技术人员,不让他们跳槽,是苹果公司将来研发新产品的关键。

(四)注重企业文化建设

企业文化和人力资源管理相互联系,不可分割。企业文化作为一种企业管理模式,高度重视发挥人的作用,在人力资源管理活动的内容中,又包括企业文化的建设,两者相互促进、相互制约。如果将两者有机地结合起来,将会给企业带来强大的核心竞争力。

乔布斯很好地打造出了一个技术至上的企业文化。在苹果内部,绝对看不到官僚主义和严苛的管理条例。他们强调工程师主导、强调激情与开放,这种文化便是苹果作为一个创新型企业能获得巨大成功的关键环节。

三、案例点评

苹果公司的产品赚足了人们的眼球。但今天,我们要从另一个角度来看苹果公司——关于它的人力资源管理。苹果公司的人力资源管理是应全球化人力资源管理的新趋势,完全以科学管理为核心的美国专业化的管理模式。

不过,没有一种管理制度是真正完美的,苹果也不例外。乔布斯的逝世引发了苹果股价大跌,这也让我们从另一方面进行反思:没有乔布斯的苹果,还会成为世人追捧的对象吗?

从人力资源管理来看,在企业的发展过程中,领袖的地位至关重要,但却不能仅仅依赖领袖。从苹果来看,大到企业战略定位,中到产品创新和竞争手段,小到产品的研发和市场推广以及人才招聘,乔布斯都要亲身参与。而如果一个企业家,无论是战略层面还是执行层面,甚至到了操作层面都要亲自参与的话,无疑会削弱下级的管理能力。

因此,每个企业都应当建立自己的人力资源风险控制体系,培养起优秀的管理团队,把精英们从繁杂的企业高速运转的日常事务中解放出来,让制度管理取代人的管理。

思考与讨论

1. 你认为苹果公司人力资源管理体系的发展有哪些需要改进的地方?
2. 你认为苹果公司人力资源管理体系的特色在哪里?

案例分析 2-2

海尔按单聚散的新型人力资源管理模式

一、企业概况

海尔集团是世界白色家电第一品牌、中国最具价值品牌。30多年创业创新,张瑞敏始终以创新的企业家精神和顺应时代潮流的超前战略决策引航海尔,引领海尔经历了五次发展战略变革,带领海尔从一家资不抵债、濒临倒闭的小厂成长为全球知名白色家电品牌。2018年,海尔集团全球营业额达到2661亿元,同比增长10%,全球利税331亿元,同比增长10%。2018年海尔集团实现全年生态收入151亿元,同比增长75%。世界权威市场调查机构欧睿国际发布2018年全球大型家用电器调查数据显示,海尔大型家用电器连续十年超其他品牌。2017年,海尔集团第12次入选《财富》"最受赞赏的中国公司"榜单。

二、按单聚散的新型人力资源管理模式

(一)按单聚散模式的内涵

按单聚散的前提是要有"单",然后才能围绕"单"来聚人、聚资源一起做事,事情做完以后,也才能依据"单"来散人、散资源。所以,实施按单聚散的首要条件是要明确"单"。聚散的对象不仅包括人才,也包括其他各类资源。聚散的范围是无边界的,因为全球化的资源是无边界的。

1. 聚散的联接:按单聚散并不是孤立独行的,它与按单预酬、按单发展是有机结合的。汇聚过来的人才也追求自身价值的肯定、最大化挖掘自己的潜能,成为创业者,做自己的CEO。这些也是以人为本管理的体现。

2. 聚散的过程:按单聚散过程机会均等、机制公开透明。在按单聚散时,会结合考虑按单预酬、按单发展这些方面,并且,每个人都有机会参与。从抢单到PK等各个环节,都确保公平公正。这也是尊重人、汇聚人、发展人的重要前提。

3. 聚散的发展:按单聚散不是固化封闭的,也不是被动地等着安排,而是自驱动,不断地挑战高目标,追求卓越和引领,也就是持续动态优化。

(二)按单聚散模式的流程

按单聚散的目标是在开放的组织下,打破组织边界,让外部优秀的人和资源可以无障碍进入,相当于引入"负熵",让组织保持持续的活力。以上流程已经在海尔信息化平台里闭环落地,并可以实时显示,实时操作,具体解构成四个部分。

第一部分,明确了人力资源需求来源于战略和市场目标。

第二部分,构建了开放的人力资源交互平台,解决了人力资源来源问题,这个交互平台可以快速挖掘和搜索各类社交网站、各类专业领域网站等,把上面的人和资源动态聚集在交互平台上,同时可以对这些人和资源进行"画像",然后匹配战略和目标的需要,进行优先级排序,显示在平台上,小微组织可以自主用人。另外,这个平台可以实现资源、人和小微组织之间的实时动态交互。

第三部分,解决了人和资源如何进入到海尔平台上的问题,主要通过自主申报、开放抢单、PK"三预"(预算,即竞争力目标;预案,是指完成预算的差异化路径;预酬,即达成目标应得到的报酬及利益分享机制)竞单上岗、签订契约四个小流程来实现。

第四部分是动态优化,人和资源进入平台以后,不是一劳永逸的,而是动态变化的,基本上可以分成三个情形:第一个情形,发展的趋势非常好,可以实现高单高酬;第二个情形,抢了市场目标,单是周期性的项目工作,完成这个单之后可以去抢其他的单,也就是说在企业内部,每个人都是节点,这个节点不是静态不动的,而是基于目标的需要聚散;第三个情形,抢单之后,发展趋势和竞单上岗时的目标承诺有差异并且不能限期关差,这时会启动"官兵互选"的机制。

通过按单聚散平台,企业由原来的科层制部门转变为动态的小微公司,主要解决了三个问题:第一,官兵互选让团队能够持续保持活力,并且让更优秀的人持续动态进入到海尔平台上;第二,PK"三预"竞单上岗的机制,解决了员工主动抢大目标和员工快速发展的问题;第三,通过开放接入一流的资源,解决了现有人的能力和更大目标之间差距的问题。

(三)按单聚散模式的落地

1. 开放的吸引平台

HR招人猎人,系统封闭,人员指定,招来的人不能创造超值。通过搭建开放的人才吸引平台(PC端&移动端),将原有的封闭系统颠覆为开放的人才生态圈,吸引能够创造超值的创客。

整合内外部资源,搭建PC端&移动端的"人才吸引平台",为小微企业、创客及资源方提供自我展示、吸引人才的平台,平台的差异化价值如下:(1)超值机会展示:吸引一流资源无障碍抢入;(2)丰富的创客资源:在平台上快速配置资源、变现价值;(3)创客全流程服务:支持小微能产生、能运营、能演进的能力(对赌机制、规则、HR大数据、三权,可以驱动小微自优化、自演进);(4)契约平台:提供各类在册、在线资源对赌契约;(5)动态解约平台:小微自优化;(6)创客沙龙/论坛/行业资讯:小微优化、发展。

2. PK"三预"竞单上岗

PK"三预"是一个有组织、有计划、有标准、机会均等、结果公平的竞聘过程。PK结束后会进行结果公示,公示期满后,竞聘成功的人员就会签订人单合一双赢承诺书,正式上岗。具体步骤如下。

(1) HR和举单者通过海尔人才漏斗至少漏出2个候选人进行PK。团队组建时的成员,不再像过去那样按照资历资质由上级指派,而是打破了职能和部门限制,员工可以自发地跨部门竞聘到经营体中去,充分展现个人的工作能力和激情。

(2) HR组建评议小组,由纵横连线上的用户、举单者、利益攸关方组成,不少于5人。根据合理设计的统一的《PK"三预"评分表》进行评分。

(3) 候选人制定"三预",通过述职PK,候选人各自呈现自己的述职方案,展现各自的竞争优势、自信心与潜在价值。

(4) 由HR组织公议结果,选出能够承接单的最佳人选、最佳资源以及最优方案。

3. 官兵互选

通过建立在"三公"(公开、公正、公平)基础上的官兵互选机制,确保企业目标的实现、保持团队的活力、激发个人的潜能,鼓励接口优秀资源,实现人单合一双赢。官兵互选是动态优化的主要方式,选的方式也采用PK"三预"。按照官兵互选的两个流程及评议表,包括关差启动流程和常态化启动流程:(1)关差启动。(2)常态化(一般每年2次)。官兵互选有五种形式:其一是官选兵,其二是兵选官,其三是兵互选,其四是市场用户选,其五是一流资源团队选。

三、案例点评

海尔经过了名牌战略阶段、多元化战略阶段、国际化战略阶段、全球化品牌战略阶段,目前进入网络化战略阶段。每个战略阶段都是一脉相承、方向一致的,即都是创造用户需求,为用户提供满意的体验。其战略目标是探索从"规模型企业"到"平台型企业",因此需要与战略相适应、相匹配的人力资源管理体系。为了快速适应互联网时代的颠覆式发展趋势,海尔构建了按单聚散的人力资源体系,这也是承接海尔"人单合一"双赢模式的一项重要创新与实践。

随着移动互联网、物联应用、大数据等新兴技术的快速发展,全球产业发展结构正在发生翻天覆地的变化。海尔的互联工厂知识型员工的转型承接海尔员工创客化战略,转型过程中互联工厂的HR和小微主们为员工搭建了自主创新的平台、机制,寻找员工的兴趣点、兴奋点、利益点,为员工提供学习、竞比、跨界等多种形式的资源支持,帮助员工快速转型,激发出员工的活力和潜力,帮助员工在创客化的舞台上发挥最大的能动性,创造用户价值的同时实现个人价值。对于互联工厂的HR来说,开放吸引和动态培养追求自主性、个性化、多样化、跨界思维和创新精神的知识员工任重而道远。

思考与讨论

1. 请分析"按单聚散"人力资源模式产生的背景。
2. 海尔集团"按单聚散"模式落地的几条措施带给你什么启示?

第三章 人力资源规划

学习要点

1. 人力资源规划的含义
2. 人力资源规划的内容
3. 人力资源规划的作用与意义
4. 人力资源规划与人力资源管理其他职能的关系
5. 人力资源规划的程序
6. 人力资源需求分析与预测
7. 人力资源供给分析与预测
8. 人力资源供需平衡的原则与方法

第一节 人力资源规划概述

一、人力资源规划的含义

人力资源规划是指根据组织的发展目标、战略及组织内、外环境的变化,科学地预测、分析组织的人力资源需求,再结合组织现状,制定人力资源管理政策和措施,来确保组织在需要的时间和职位上能获得所需的人力资源的过程。简单来说,人力资源规划就是对组织某个时期的人员需求和人员供给进行预测,并根据预测的结果,采取相应的措施来实现组织内部人力资源的供需平衡。

准确理解人力资源规划的含义需要从以下几个方面入手:第一,制订人力资源规划的目的是实现企业的战略目标,保证企业的可持续发展。确保人岗匹配是保证企业的可持续发展的重要因素。在现代社会中,人力资源是企业最宝贵的资源,拥有充足数量和良好素质的人力资源,是企业实现战略目标和可持续发展的关键。第二,制订人力资源规划是企业运用科学的方法,在对企业未来的人力资源需求与供给进行分析的基础上对现有的人力资源数量、质量结构等方面进行盘点。企业外部的政治、经济、法律、文化等环境因素一直处于动态的变化之中,而这会相应地引起企业内部员工队伍结构与员工需求的变化,因此,必须对这些变化进行科学的预测与分析,为企业招聘恰当的人才。第三,人力资源规划的实质就是在人力资源供求预测的基础上,制定出正确清晰有效的人力资源政策和措施,以实现人力资源的供求平衡,满足企业对人力资源的需求。人力资源规划根据目标阶段时间的长短不同,划分为长期规划、中期规划、年度规划和短期规划四种。

二、人力资源规划的内容

人力资源规划的内容主要包括以下两个方面。

(一)人力资源总体规划

人力资源总体规划是对计划期内人力资源规划结果的总体描述,包括预测的需求和供给分别是多少?做出这些预测的依据是什么?供给和需求的比较结果是什么?企业平衡需求与供给的指导原则和总体政策是什么?等等。这类人力资源总体规划具体包括三个方面的内容:人力资源数量规划、人力资源素质规划和人力资源结构规划。

1. 人力资源数量规划

人力资源数量规划是依据企业未来业务模式、业务流程、组织架构等因素来确定未来企业各部门人力资源编制以及各类职位人员配比关系,并在此基础上制订企业未来人力资源需求计划和工资计划。

2. 人力资源素质规划

人力资源素质规划是依据企业战略业务模式、业务流程和组织对员工能力的需求来规划各类员工的任职资格,包括人员素质要求、行为能力要求以及标准等。素质规划具体包括企业人员的基本素质要求、人员素质提升计划以及关键人才招聘、培养和激励计划等。

3. 人力资源结构规划

人力资源结构规划是依据行业特点、企业规模、未来发展、战略重点以及业务模式,对企业人力资源进行分层、分类,同时设计和定义企业职位种类和企业职权界限等,从而理顺各层次、各职位上的人员在企业发展中的地位、作用以及相互关系。

(二)人力资源业务规划

人力资源业务规划是总体规划的分解和具体化,包括人力资源补充计划、人力资源配置计划、人力资源接续计划、人力资源培训与开发计划、工资激励计划、员工关系计划和退休解聘计划等内容,见表3-1。

表 3-1　人力资源业务规划

	目标	政策	预算
人力资源补充计划	类型、数量、层次，人员素质结构改善	人员资格标准，人员来源范围	招募甄选费用
人力资源配置计划	部门编制人力资源结构，优化职位匹配，工作轮换	任职条件工作轮换的范围和时间	按使用规模类别和人员状况决定薪酬预算
人力资源接续计划	后备人员数量，保持人员结构改善	选拔标准，提升比例，为提升人员安置	职位变动引起的工资变动
人力资源培训与开发计划	培训的数量和类型，提供内部的供给，提高工作效率	培训计划的安排，培训时间和效果的保证	培训和开发总成本
工资激励计划	劳动力供给增加，使其提高绩效改善	工资政策激励政策，激励方式	增加工资奖金的数额
员工关系计划	提高劳动效率，改善员工关系	民主管理，加强沟通	法律诉讼费用
退休解聘计划	劳动力成本降低，生产率提高	退休政策及解聘程序	安置费用

三、人力资源规划的作用与意义

在信息时代的今天，科学技术突飞猛进，产业结构不断调整，组织变革速度加快，组织人力资源变动也复杂多变，在不确定性的环境中，人力资源规划的必要性也凸显出来。

（一）人力资源规划有助于组织制定并实施长远的战略目标和发展规划

任何企业在制定战略目标时，首先需要考虑的是组织内拥有的，以及可以挖掘的人力资源。一套切实可行的人力资源规划有助于企业管理层全面深入地了解企业内部人力资源的状态状况，即能科学地、合理地确定企业的战略目标。此外，人力资源规划有助于人力资源在数量、效率和制度上与企业战略要求保持一致，使人力资源管理体系能够有效支持企业战略，并获得竞争优势。

（二）人力资源规划有助于人力资源管理活动的有序化

人力资源规划是组织人力资源管理的基础性工作，它为人力资源管理活动，如员工招聘、职业生涯设计、员工培训、绩效管理与薪酬管理等提供可靠的相关信息依据，以保证管理活动的有序进行。此外，人力资源规划是通过对组织的人力资源状况进行系统的分析并采取有效措施，使组织对自己的人力资源需求、供给有所了解，降低人力资源不足或过剩的风险，进而在日趋激烈的市场环境中减少人事震荡，并保证人力资源管理系统的正常运转。

（三）人力资源规划有助于企业有效控制人工成本

企业的人工成本中最大的支出是工资和工资总额，这在很大程度上取决于企业中的人员分布状况。人员分布状况是指企业中的人员在不同职务、不同级别上的数量状况。当企业处于发展初期,是低层职位的人多,人工成本相对便宜;随着企业的发展,人员职位上升,工资成本增加,在没有人力资源规划的情况下,未来的人工成本是未知的,难免会出现成本上升、效益下降的趋势。因此,根据人力资源规划中所做的预测,细化调整人员分布状况,将成本(员工工资)控制在合理支付范围内是十分重要的。

(四) 人力资源规划有助于满足员工需求和调动员工的积极性

人力资源规划展示了组织内部未来的发展机会,使员工能充分了解到自己的哪些需求可以得到满足以及满足的程度,如果员工明确了可以实现的个人目标并努力追求,就会在工作中表现出积极性、主动性、创造性;反之,员工在前途和利益情况不明朗的状况下,就会表现得干劲不足,甚至有能力的员工还会采取更加直接、高效的方法——跳槽——来实现自我价值。对组织来说,有能力的员工流失过多,就会削弱组织实力、降低士气,从而进一步加速员工流失,使组织的发展进入恶性循环。

四、人力资源规划与人力资源管理其他职能的关系

人力资源规划是战略性人力资源管理整体构架中的一部分,也是人力资源管理的一项重要职能,它与人力资源管理的其他职能之间存在非常密切的关系。

第一,与工作分析的关系。人力资源规划的一个重要内容是进行工作分析规划,而工作分析所得到的职位描述与职位规范,为人力资源的数量和质量要求提供了明确的信息,进而为人力资源的供需预测提供了依据。

第二,与员工招聘的关系。在人力资源规划中,具体规定了员工的需求数量、人员结构、需求的时间等项目,这就为员工招聘提供了科学依据。员工招聘的完善,不仅能满足规划对员工数量的要求,还能够达到规划对所聘人员的素质要求。

第三,与员工配置的关系。员工配置就是在企业内部进行人员的晋升调动和降职的人力资源规划,是员工配置决策的一个重要因素。员工配置的一项很重要的作用,就是对组织内部某个层次人力资源的需求与供给进行预测,而当预测结果出来后,企业就可以根据现有的人员状况,制订相应的员工配置计划,以实现供需平衡。

第四,与职业生涯管理的关系。人力资源规划包含了职业生涯发展规划。职业生涯发展规划为员工指明了职业发展目标和通道,员工明确了自己将来的职业发展目标与方向,就会去努力追求,进而在工作中表现出积极性与主动性。

第五,与员工培训的关系。人力资源规划与员工培训的关系更多地体现在员工的质量方面。企业培训工作中最关键的一项内容就是确定培训的需求,只有培训的需求符合企业的实际,培训才有可能发挥效果。供需预测的结果则是培训需求确定的一个重要来源,通过比较现有员工和所需员工的质量,就可以确定出培训的需求,这样通过培训就可以提高内部供给的质量。此外,健全的培训模块能够在短时间内提高员工的职业技能,进而对人力资源规划的实施具有推动作用。

第六,与绩效管理的关系。在人力资源规划中,绩效评价是进行人员需求和供给预

测的一个重要基础。通过对员工工作业绩以及态度能力的评价,企业可以对员工的状况做出判断,如果员工不符合职位的要求,就要进行相应的调整,这样造成的职位空缺,就形成了需求预测的一个来源;同时,对于具体的职位来说,通过绩效评价,可以发现企业内部有哪些人能够从事这一职位,这也是内部供给预测的一个重要方面。

第七,与薪酬管理的关系。人力资源需求的预测结果,可以作为企业制订薪酬计划的依据。由于需求的预测既包括数量又包括质量,因此企业可以根据预测期内人员的分布状况,并结合自身的薪酬政策进行薪酬总额的预测,或者根据预先设定的薪酬总额调整薪酬的结构和水平。此外,企业的薪酬政策也是预测供给时需要考虑的一个重要因素,人员供给的预测是针对有效供给来进行的。比如,就外部供给而言,如果企业自身没有吸引力,那么再大的外部供给市场对他来说也是没有意义的,因此在进行外部供给预测时,需要衡量企业自身的吸引力,而薪酬就是衡量吸引力的一个重要指标。

第八,与员工解聘的关系。人力资源规划与员工解聘的关系是比较明显、直接的。从长期来看,如果需求小于企业内部的供给,就要通过对人员的解聘或辞退实现供需的平衡。

五、人力资源规划的程序

人力资源规划为了达到预期的目的,应该按照一定的程序来进行具体的规划。规划程序一般包括四个阶段:准备阶段、预测阶段、实施阶段和评估阶段。

(一) 准备阶段

资料信息的收集是人力资源规划的重要依据,因此,准备阶段的工作主要是收集和调查人力资源规划所需要的各种信息资料,并为后续阶段做实物方法和工具的准备,这些信息资料主要包括以下几个方面的内容。

1. 企业战略

由于人力资源规划必须与企业的战略保持一致,要为企业的整体战略服务。因此,搞清楚企业的战略是制订人力资源规划的前提。企业的经营战略主要包括企业的使命与战略目标、经营领域、竞争优势、战略选择及战略重点等。这些因素的不同组合对人力资源规划的要求是不一样的,因此,在制订人力资源规划时,要搞清楚企业的战略信息。

2. 企业的外部环境

企业的人力资源规划必然会受到企业外部环境的制约。例如,相关的政治与法律、经济文化、人口受教育情况,劳动力市场的供求状况,劳动力的择业期望,竞争对手的人力资源管理政策等。随着知识经济时代的到来,市场变化越来越迅速,产品生命周期越来越短,消费者的偏好日益多元化,导致企业面临的外部环境越来越难预测,这对人力资源管理工作特别是对人力资源规划提出了更高的要求。如何使企业的人力资源规划适应其外部环境变化导致的人力资源需求变化,又能摆脱传统的人力资源管理框架造成人力成本过高的缺陷,已成为人力资源规划面临的一个重要问题。此外,对企业外部环境进行细致、深入的分析,是提高人力资源规划质量的重要环节。

3. 现有人力资源信息

现有人力资源信息其实是对企业现有的人力资源数量、质量结构和潜力等数据信息进行盘点，盘点的内容应当包括现有的人力资源数量、素质、结构、使用状况、发展潜力及流动比例等，只有及时准确地掌握企业现有人力资源的状况，人力资源规划才有意义，为此需要借助完善的人力资源信息系统，以便及时更新修正和提供相关的信息。

（二）预测阶段

在收集和研究了相关信息之后，需要选择合适的预测方法，对人力资源的需求和供给进行预测。预测的目的是要掌握企业对人力资源在数量和质量上的需求，以及能充分了解企业内外部人力资源供给状况，得出人力资源的需求数据。在这一过程中，内部供给预测是重点，外部供给预测应侧重于关键人才。

人力资源需求和供给预测具有较强的技术性，是人力资源规划中最关键的一部分，也是难度最大的一部分，直接决定了规划的成败，只有准确地预测出需求与供给，才能采取有效的措施进行平衡。

（三）实施阶段

在设定供给和需求预测以后，就要根据两者之间的比较结果，通过人力资源的总体规划和业务规划，制定并实施平衡供需的措施，使企业的人力资源的需求得到正常的满足。在制定相关的措施时要注意，应当使人力资源的总体规划和业务规划与企业的其他计划相互协调，只有这样制定的措施才能够有效实施。

（四）评估阶段

人力资源规划实施结束后，最后一步是对人力资源规划进行评估。由于预测与实际会不可避免地产生出入，人力资源规划需要根据实际状况经常性地进行调整和动态评估与反馈。企业可以广泛听取管理人员和员工对人力资源规划的意见，充分调动广大管理人员和员工参与人力资源规划的积极性。在发达国家的大中型企业中，人力资源规划的评估工作通常是由人力资源管理委员会完成的，该委员会一般由一位副总裁、人力资源部经理以及若干专家和员工代表组成，委员会的职责是定期评估各项人力资源政策的执行情况，并对相关目标和政策的修改提出意见，由董事会审批，这一做法值得我国企业借鉴。

第二节 人力资源需求、供给规划与平衡

一、人力资源需求规划

人力资源需求预测是指对企业在未来某一特定时间内所需要的人力资源数量、质量以及结构进行评估，它的主要任务是预先确定组织在什么时候需要人、需要多少人、需要什么样的人……为此，规划人员首先要了解哪些因素可能影响到组织的人力资源

需求,然后根据这些因素的变化对组织人力资源需求状况进行分析和预测。

(一) 人力资源需求分析

进行人力资源需求分析,主要从以下几个影响因素入手。

1. 企业发展战略和经营规划

组织的发展战略和经营规划直接决定了组织内部的职位设置情况及人员需求数量、质量与结构。当组织决定实行扩张战略时,未来的职位数和人员数肯定会有所增加,如果企业对原有经营领域进行调整,未来组织的职位结构和人员构成也会相应地进行调整。

2. 市场需求

一般在生产技术和管理水平不变的条件下,市场需求与人力资源需求成正比关系,当市场需求增加时,企业内设置的职位和聘用的人数也会相应地增加。

3. 生产技术与管理水平

不同的生产技术和管理方式,在很大程度上决定了企业内部的生产流程和组织方式,进而决定了组织内职位设置的数量和结构。因此当组织的生产和管理技术发生重大变化时,会引起组织内职位和人员情况的巨大变化。当企业采用高效率的生产技术时,同样数量的市场需求可能只需要很少的人员就可以满足,同时新的技术可能还要求企业用能够掌握新技能的员工来替代原有的员工。新的技术也可能会有一些新的职位的要求,从而在一定程度上增加对某一类员工的需求。

4. 人员流动比率

人员流动比率是指由于辞职、解聘或合同期满后终止合同等原因引起的职位空缺规模。人员流动比率的大小以及这个比率的内部结构状况,会对企业的人力资源需求产生直接的影响。

影响企业人力资源需求的因素有很多,因此需求分析预测应该依据企业的具体情况,分析和筛选出那些最重要最关键的因素,然后根据这些因素的变化,对人力资源需求状况进行预测。

(二) 人力资源需求预测的方法

在各种复杂的内外环境下,人力资源需求预测变得非常困难,因此在进行需求预测时,可以结合定性方法和定量方法共同进行。常用的定性方法有主观判断法、德尔菲法;常用的定量方法有总体预测法、工作负荷法、趋势预测法、多元回归预测法等。

1. 常用的定性方法

(1) 主观判断法

主观判断法主要依据管理人员的以往经验,主观地对人力资源影响因素的未来变化趋势进行判断,自下而上地确定未来所需人员。具体的做法是先由基层管理者依据自己的经验和对未来业务量的估计,提出本部门各类人员的需求量,再由上一层管理者估算平衡,直至最高层管理者做出决策,然后由人力资源管理部门制订出具体的执行方案,这是一种最简单的预测方法,主要适用于较短期的预测。如果企业规模小,生产经营稳定,发展比较均衡,一般会采取这样的方法。

(2) 德尔菲法

德尔菲法也是常用的一种主观预测方法。该方法采用问卷调查的形式,依靠专家的经验、学识和综合分析能力,通过多回合不断反馈和修正讨论意见,来得出预测结论。德尔菲法的优点是能充分利用专家的智慧和经验,集思广益,取长补短。主要缺点是结论形成的时间较长,过程较为复杂。

2. 常用的定量方法

运用数学和统计学的方法进行预测,较为常用简便的有以下几种。

(1) 总体预测法

同时考虑内在因素和外在因素。

N——N 年后预测的劳动力的数值

L——目前企业活动的总值

G——企业活动在 N 年后的成长总值

X——N 年后劳动生产力的增加比率

Y——目前企业活动对人力资源的转换总值

Agg——总体数字

(2) 工作负荷法

工作负荷法是按照历史的数据,先计算对某一特定的工作而言,单位时间内每人的单位工作量,再根据未来的生产目标计算所完成的工作量,然后根据前一标准折算所需的人力资源数。

(3) 趋势预测法

趋势预测法是基于过去一段时间的历史数据用最小平方法求得趋势曲线,然后将这个趋势线延长,预测未来的数值。

该方法是根据已知的时间序列,找出趋势线并将其向外延伸,以用于中长期的预测。趋势预测法的优点是实用性较强,缺点是后期会受到诸多动态因素的影响,一般只能用于初期预测。

(4) 回归预测法

回归预测法,是指根据数学中的回归原理,对人力资源需求进行预测。基本思路是确定与企业中的人力资源数量和构成高度相关的因素,建立回归方程。然后根据历史数据,计算出方程系数,确定回归方程。这时只要得到了相关因素的数值,就可以对人力资源的需求量作出预测。回归模型包括一元线性回归模型、多元线性回归模型和非线性回归模型。实践中往往是多个因素共同决定企业人力资源需求量,而且这些企业人力资源需求量呈线性关系,所以企业多采用多元线性回归预测法。此法在预测人力资源需求方面应用非常广泛,而且比趋势预测法准确。回归预测法的基本步骤如下。

第一步:确定适当的与人力资源需求量有关的组织因素,组织因素又与组织的基本特征相关,而且它的变化必须与所需的人力资源需求量变化成比例。

第二步:找出历史上组织因素与员工数量之间的关系。

第三步:计算劳动生产率。

第四步:确定劳动生产率的变化趋势以及对趋势的调整。要确定过去一段时间中劳动生产率的变化趋势,必须收集该时期的产量和劳动力的数据,因此算出平均每年生产率变化和组织因素的变化,这样就可以预测下一年的变化。

第五步:预测未来某一年的人员需求量。

回归预测法除了考虑时间的因素,更参考了组织内外多个因素对人力资源需求的影响,预测结果要比趋势预测法更贴合实际。

二、人力资源供给规划

人力资源供给预测是指对在未来某一特定时间内,能够供给企业的人力资源的数量、质量以及结构进行估计。人力资源供给预测主要包括内部人员供给预测和外部人员供给预测,重点在前者,而且要侧重于对关键人物和核心员工的预测。

(一) 人力资源供给分析

人力资源供给分析首先要从分析影响企业内部供给与外部供给的诸多因素入手。

企业内部人力资源供给通常是企业未来人力资源的主要来源,所以企业人力资源需求的满足,应优先考虑内部人力资源供给。影响企业内部人力资源供给的因素主要包括以下三点。

第一,员工年龄结构。员工年龄结构关系到企业发展过程中新老员工的接替是否能够顺利进行。不同年龄的员工对不同的职位有不同的优势和作用,根据年龄结构是否合理,可以做出科学的补充计划。年龄结构分析可按以下方法进行:一是计算平均年龄,若平均年龄大约四十岁,表示人力资源供给不足,应该采取刚性措施;二是将年龄组的统计资料以表格的形式或以在坐标轴上画曲线图的形式表示出来,从而使员工年龄结构与分布状况一目了然,并以此作为内部人力资源供给的一个基本依据。

第二,员工队伍状况。通常用人力资源流动率来考察员工队伍稳定状况。人力资源流动率是一定时间内某种人力资源变动员工总数的比率。适度的人力资源流动率是保持企业新陈代谢的条件,人力资源流动率通常分为人力资源流出率与人力资源新进率。人力资源流出率与未来企业人力资源供给成反比,人力资源新进率与未来企业人力资源供给成正比。

第三,员工素质状况。企业员工素质可划分为员工的知识技能水平、思想技术和文化价值观、员工群体的知识技能、层次结构等几个主要维度。在其他条件不变的前提下,员工素质的变化会影响内部供给。两者通过劳动生产率这个中间变量进行调节,也就是说,一般情况下,员工素质越高,劳动生产率就越高,内部人力资源供给就会增加;反之,内部人力资源供给就会减少。员工素质状况的改善与工资水平的提高、教育培训机会的增多以及各种激励措施的实施都可能相关,因此对企业内部员工素质状况进行分析时必须对这些因素的变化给予高度重视。

(二) 外部供给影响因素分析

影响企业外部人力资源供给的因素是多种多样的,在进行人力资源外部供给的预测时,主要应该考虑以下五个方面。

第一,宏观经济状况。一般来说,宏观经济形势越好,失业率越低,劳动力供给越紧张;宏观经济形势越差,失业率越来越高,劳动力供给就越充足,就越容易招聘到企业所需的人力资源。

第二,政府的政策法规。政府的政策法规是影响企业外部人力资源供给不可忽视的一个因素。各地、各个层级政府机关依据各自的发展情况,为保护本地劳动力的就业机会,都会颁发一些相关的政策法规,包括不准歧视女性就业、保护残疾人就业、禁止雇用童工、员工安全保护法规等,影响到组织外部人力资源供给的状况。

第三,劳动力市场状况。劳动力市场状况良好,有利于劳动力自由进入市场,由市场工资率引导劳动力进行合理的流动;当劳动力市场状况不好,势必会影响人力资源的优化配置,也给组织对外部人员供给的预测规划带来一定困难。

第四,人口状况。人口状况是影响企业外部人力资源供给的重要因素,主要包括两个方面:一是人口总量。人口总量决定了人力资源供给的总量,人口总量越大,人力资源供给越充足。二是人力资源的总体构成。主要包括人力资源的年龄、性别、受教育程度,这些因素决定了在不同层次和类别上可以提供人力资源的数量和质量。

第五,社会就业意识。社会就业意识是影响外部人力资源供给的主要因素,比如一些城市失业人员宁愿失业,也不愿意从事苦、累、脏的工作;大学毕业生普遍对职业期望值过高等。

(三) 人力资源供给预测的方法

1. 技能清单法

技能清单法,即利用清单、列表的形式明确地、直观地反映员工的能力与特征的方法,这些特征包括员工的培训背景、工作经历、持有的资格证书、工作能力等。一般来说,技能清单应该包括七类信息。

第一类:个人数据,包括年龄、性别、婚姻状况等;

第二类:工作技能,包括受教育经历、工作经验、培训经历等;

第三类:特殊资格,比如曾是某专业团体成员或者有特殊成就;

第四类:薪酬与工作历史,现在和过去的薪酬水平、加薪日期、承担过的工作责任和职位;

第五类:公司数据,福利计划数据、退休信息和资历;

第六类:个人能力,在心理或其他测试中的测试成绩和健康信息;

第七类:个人特殊爱好,地理位置和工作类型。

清单的主要优点是，它提供了一种迅速和准确地估计组织成员各种可用技能的工具。随着计算机和网络技术的广泛使用，技能清单的制作和应用越来越便利，除了在危机时候给调动决策提供帮助之外，技能清单还可以用来规划未来培训甚至员工招聘的工作。技能清单可以用于所有员工，也可以仅包括部分员工，当然根据不同员工类型，其技能清单的具体项目可以有所修改和调整，目的是为了反映该员工在该职位或者未来所想从事的职位上的优势和主要特征。

2. 人员替补图法

人员替补图法是记录员工的工作、绩效、晋升的可能性和所需要训练等内容，然后来决定哪些人员可以补充组织的重要职位空缺。这种方法对现有员工的状况做出评价，然后对他们晋升或调动的可能性做出判断，来预测企业存在的内部供给可能性。同时也可以及时发现可能出现的空缺职位，预测企业员工的需求。人员替补图法是预测企业内部管理人员供给的一种简单有效的方式，步骤如下。

第一步，确定计划范围，即确定管理人员晋升计划包括的管理职位。

第二步，确定各个管理职位上可能的接替人选。

第三步，评价各位接替人员的当前绩效和提升潜力。根据评价结果，当前绩效可以划分为：突出、优秀、一般和较差四个级别。提升潜力可以划分为可以提拔、需要培训以及与现在职位不合适三个级别。

第四步，确定接替人选。在确定接替人选时，要将个人目标与组织目标结合起来。这就是说，从企业重组之目标出发，根据评价结果所做的人事安排，应尽可能与接替人员的个人目标相吻合，可以使他尽快地胜任从事的工作。

3. 马尔科夫模型

马尔科夫模型是指以企业人员移动的历史数据为基础，预测企业未来十多年后人员分布状况的一种动态预测技术。它的基本思路是找出过去人力资源流动的比率，以此来预测未来人力资源供给的情况。马尔科夫模型预测方法实际上是一种转换概率矩阵，使用统计技术预测未来的人力资源变化，它不仅可以解决员工类别单一的企业中人力资源供给问题，同样也可以处理员工类别比较复杂的大型企业中的内部人力资源供给预测。

三、人力资源供需平衡

在人力资源供需预测的基础上，使人力资源实现供需平衡，是人力资源规划的工作核心和目的所在。

人力资源供给和需求预测比较，一般会有几种情况：一是供给和需求在数量及结构等方面皆较好；二是供给与需求在数量上平衡，但在结构上不匹配；三是供给需求在数量上不平衡，包括供大于求、供小于求两种情况。当供给与需求数量和结构不平衡时，就需要对现有的人力资源在结构上进行调整，并制定一些策略，以确保组织发展的各时间点上供需平衡。

人力资源结构不平衡是指组织内某些职位的人过多,而另一些职位的人员短缺。对于人力资源结构的不平衡可以采取以下措施:一是通过企业内部人员的晋升和调任满足空缺职位对人力资源的需求;二是对于某些岗位供过于求的职员进行有针对性的培训,在提高他们的知识和技能的基础上,将其补充到空缺的职位上;三是招聘与裁员政策同时实施,一方面从企业外部招聘企业所急需的人员,另一方面对企业内部的员工进行裁减。

由于企业人力资源供给与需求的不平衡,不可能是单一的供给大于需求,或者供给小于需求,往往会交织在一起,在实际工作过程中应该从实际出发,综合运用这些方法,使人力资源达到供需平衡。

案例分析 3-1

A公司人力资源状况分析

一、A公司人力资源状况分析

首先对A公司的组织和人力资源两个方面进行了分析和诊断。

在企业的组织结构上,由于缺少横向连接的部门和组织,各单位组织基本是各自为政,遇到交叉的问题都直接反映到最高决策者——总经理——那里,造成互不交往、压力上传的局面。

在企业人力资源方面,针对A公司的员工进行了问卷调查,调查问卷的反馈显示,大多数员工对于公司的人力管理工作不满,主要表现在几个方面。

1. 人员与岗位不匹配

基于缺少战略的前提,对于现有人员的分析、预测以及调整的动态规划不足,造成公司用人找不到、找到了用不好、想换换不了的情况。

2. 公司薪酬结构不合理

公司在创业初期,人员的薪酬都是由总经理决定。薪酬没有明确的标准,总经理只是根据讨价还价的结果决定薪酬的多少,人治行为严重。此后随着部门的增加、岗位的增多,薪酬的发放变得越来越混乱。薪酬结构也比较单一,只有基本工资和奖金,同时基本工资也没有一定标准,标准不一致,无法体现公平性。而奖金更是由总经理说了算,造成"发奖金也众多人不满,不发更多人不满"的现象。

3. 公司缺乏考核体系

公司在创业初期没有任何考核依据,全凭家族人员的自觉性工作,工作性质也难以界定。对于不同人员进行考察,通过考评来择优劣汰,就成了必不可少的工作。

二、人力资源管理点评

(一)在企业的组织结构方面

考虑到A公司资金项目情况、项目类型的特性,提出了以下的组织结构调整的建议:将原有的职能部门划分为三个职能中心——财务中心、人力资源中心和企业监督中心,由三个副总经理分管,压缩、减少指挥管理制度幅度,降低管理成本。过去,公司有诸多管理层级,部门下设科级,科级下还有不同的分工,造成层次过多,指挥流程过长。经过精简后取消不必要的层级机构,成立专业性强的独立部门,使管理职能专业化、直接化。

(二) 在人力资源方面

在对 A 公司现状调查了解的基础上,提出一些建议,进行人力资源管理制度的建立与完善,具体包括:招聘制度的规范化,员工绩效考核、测评程序化,员工培训系统化等。

1. 进行人力资源的规划

在现有的公司战略的基础上,对现有人员的素质、能力进行分析,对于未来所需人员进行预测,制订人员引进、培养的计划,通过有效的规划来降低人力成本。

2. 进行薪酬体系的设计

根据公司的企业特性,在薪酬拉开差距、公正考评的原则下,将 A 公司的人员按照直系进行划分,划分出四到五个直系,从不同的员工中选取代表对岗位的重要性进行打分。通过薪点评价的方法得出岗位重要性的排序,岗位的重要性划分是整个薪酬体系的基础。通过第三方公证的方式得出员工认同的排序,再将生产划分为可变和非可变两种,在这两类中进行不同方式的设计。

3. 进行考核体系的设计

根据现有的管理水平,设计传统的考核方法和平衡计分卡,在考核的方法上采用对于业绩、态度、能力的考核;而在指标建立上又揉进平衡计分卡的指标模式。

(三) 人力资源管理体系的建立

人力资源规划的任务是预测企业发展中人力资源的供给与需求状况,并采取相应的措施,确保企业在需要的时间获得所需的人选,以实现人力资源的最佳配置,并从一定程度上降低人力资源的成本。

A 公司在多年的发展经营中,对于管理,尤其是人力资源管理相对忽视,在产生众多相关问题之后,企业逐渐认识到人力资源管理的重要性。在建立合理的人力资源管理体系前,进行人力资源规划是必要的步骤。公司进行人力资源规划时,要结合公司信息资料以及发放问卷的反馈结果,设计规划流程,基本分为四个步骤。

第一步,针对现有人员的结构数据,初步分析认识问题;第二步,对于企业的人员需求进行预测分析;第三步,对于内外部供给进行预测分析;第四步,经过综合平衡后制订措施和计划。

整个人力资源规划的过程是如实回答问题和解决问题的过程,需要公司人力资源规划体系制定者回答的问题是:我们现在的人员结构是什么样的?我们未来的人员结构将是什么样的?我们需要哪些人?我们怎么样找到这样的人,我们怎样才能让这些人发挥才能和作用?怎样才能使员工为企业创造最大效益?等等。

1. 对现有的人员结构进行分析

根据资料显示,在人员分布上,公司现有人员 157 人,高层管理人员 8 人,占 5%;中层干部及管理人员 74 人,占 47%;其他技术工人 75 人,占 48%。

中层管理人数相对过多,其形成的原因是公司对人员的引进没有控制,公司领导安排了许多自己的亲戚熟人,多数没有完全发挥作用,而辞退又碍于情面。根据统计管理和工作分析,按一个中层可以领导和控制 15—20 名员工计算,有 10 名左右的中层就够了,或者由于企业特性和工作不熟练,人员增加一倍,中层管理人员数量在 20 人左右就基本合适。

① 学历教育

公司没有硕士及以上人员,本科学历 10 人,占 6%;大中专学历 40 人,占 25%;其他人为中学学历,占 69%。公司高层只有 4 人受过高等教育,中层管理干部有 35 人接受过大中专教育,占中层管理干部的 47%。

人员学历教育素质相对偏低,是影响公司发展的一大障碍。提高公司人员的素质,尤其是管理人员的专业素质,是提高管理水平的重要内容之一。

② 年龄结构

30 岁以下的人员 98 人,占 62%;30—38 岁人员 46 人,占 29%;38—48 岁人员 9 人,占 5%;48 岁以上的人员占 4%,高层领导平均年龄 31 岁。

从年龄结构看,公司人员的年龄较年轻,对于组织的稳定性有一定影响,但同时有一定可培养、可发掘的潜力。

2. 对企业人员需求进行预测分析

A 公司在未来 2 到 3 年内实现企业战略的基础上,总人数由现在的 157 人减少一些,其中中层管理人员由现在的 74 人减少到 34 人,管理部门由原来的 5 个增加到 7 个,需要增加 5 位左右的中高层管理领导。需要剥离一个分工厂出来,技术人员数目维持不变,但是整体素质要求达到 50% 以上的人接受过大专以上教育。总体看来,集团的需求状况是发展的、变化的,同时要精简、替换人员。

3. 对于人员的供给进行预测分析

人员空缺会直接影响预测分析,对于人员供给有直接影响的是企业内部和外部的环境,影响外部人员供给的主要因素有行业因素和地区因素。

正常情况下影响企业内部供给的主要是病休、升迁、解聘、主动辞职等因素。A 公司所处的区域只有为数不多的几所高校,外部人才相对匮乏,因此人才需求主要依靠企业内部解决。

内部人员供给预测,主要使用方法有人工调查法、人员接替法和马尔科夫法。马尔科夫法在人员不变的情况下使用效果较好,对于变化性较大的企业有一定局限性,建议采取实用性较强的人员接替法。

人员接替法是通过建立人员接替图表,对重要人员建立基本档案。其中,注明员工的可接替人选的主要职位及基本业绩,并注明其可升迁调任的相关职位,这样可以清楚地看到后备人员的接替,并清晰地了解内部人员的供给状况。人员替补图如图 3-1 所示。

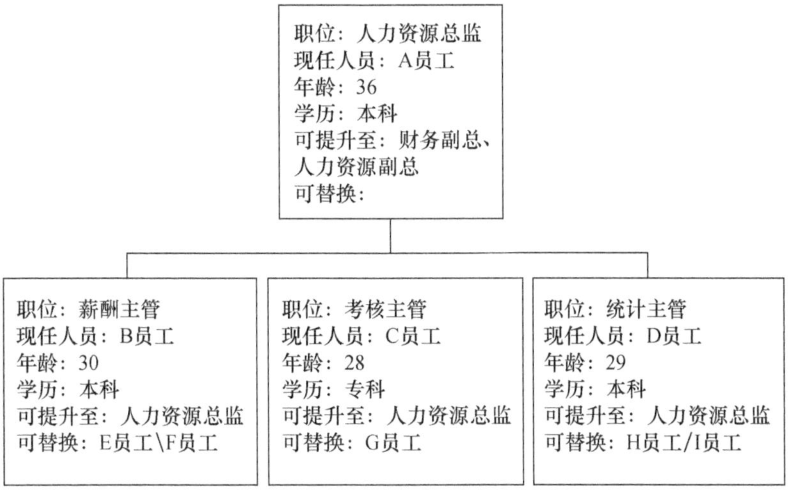

```
         ┌─────────────────────┐
         │ 职位：人力资源总监  │
         │ 现任人员：A员工     │
         │ 年龄：36            │
         │ 学历：本科          │
         │ 可提升至：财务副总、│
         │   人力资源副总      │
         │ 可替换：            │
         └─────────────────────┘
```

┌──────────────────────┬──────────────────────┬──────────────────────┐
│ 职位：薪酬主管   │ 职位：考核主管   │ 职位：统计主管   │
│ 现任人员：B员工   │ 现任人员：C员工   │ 现任人员：D员工   │
│ 年龄：30   │ 年龄：28   │ 年龄：29   │
│ 学历：本科   │ 学历：专科   │ 学历：本科   │
│ 可提升至：人力资源总监│ 可提升至：人力资源总监│ 可提升至：人力资源总监│
│ 可替换：E员工\F员工 │ 可替换：G员工   │ 可替换：H员工/I员工 │
└──────────────────────┴──────────────────────┴──────────────────────┘

图 3-1　人员替补图

结果显示，公司在未来 2 到 3 年内完成企业发展战略的基础上，有综合部、人力资源中心、企管监督中心、财务中心、置业部、物业管理部、项目策划等 7 个部门，12 个重要职位，主要是中高层的管理人员，中高级的技术人员难以供给，因此需要通过外部引进，但主要还是依靠内部培养、接替。

(四) 制订综合措施和计划

根据上面的分析，形成人力资源规划方案，该方案的重点内容包含现有人力资源状况的分析和在战略目标下对人力资源状况的预测分析，还有具体规划内容，规划内容要有明确的计划，包括具体的时间、负责人、检查人以及基本预算。

思考与讨论

1. 针对 A 企业即将进行的员工结构调整工作，能否有减少解雇人数的方法？
2. 针对 A 企业现有员工的年龄、学历结构，思考 A 企业对人力资源的需求。

案例分析 3-2

B 银行人力资源规划情况分析

一、B 银行背景

B 银行于 1996 年在北京正式成立，是国内领先的股份制商业银行。成立 20 多年来，B 银行充分发挥"新银行，新体制"的优势，从当初资本金为 13 亿元的小银行，发展成为一家核心资本超过 3200 亿元、资产总额超过 5.2 万亿元、分支机构近 3000 家、员工近 6 万人的大型商业银行。

二、B 银行人力资源状况分析

(一) 总行员工队伍状况

总行的员工队伍目前都是根据临时需要而配置的，缺乏长期的规划。目前来说，B

银行正处于快速发展期,进行总行员工规划的需求尚不强烈,但明确银行总行的职能和对分支行的管理控制模式是非常必要的。

(二)分支行员工队伍状况

B银行基于业务量制定了《分支机构人员动态配置管理办法》,这一政策在确定分支机构人员配置和控制工资费用方面发挥了重要作用,但在实际操作过程中,出现了根据该办法配置的人数超过薪酬预算(基于利润)所能承担的人数的现象。可以发现该方案缺乏战略层次的考虑,缺乏业务变化对员工需求尤其是关键员工需求的预测,因此不可能做到未雨绸缪。当新业务出现时,经常出现关键人员短缺,外部招聘成本高,效果不理想的现象。

(三)关键人员状况

B银行有《客户经理制实施办法》等关键人才的管理办法,已制定了业绩考核和能力考核的标准,目前处于准备实施阶段,但是缺少对不同能力层次的关键人才进一步的分析和预测的办法。

(四)人力资源管理状况

《B银行五年发展规划纲要(2003—2008)》提出了多渠道引进人才、实施员工职业生涯规划、加强培训和培育B银行企业文化的人力资源战略目标。但是该规划缺乏对人力资源管理理念的关注,高层管理人员继任计划以及关键人才的管理计划,对未来的人力资源管理提升方向缺乏确切的规划。

三、案例点评

(一)建议

1. 人力资源规划建议

参照B银行的历史数据,根据未来发展对总行的管理、控制模式进行规划。

根据未来五年的发展战略要求,识别关键人才,关键人才的配置着眼于发展,进行适当储备和培养,而对非关键人才的配置着眼于成本费用的控制。

根据战略需要,分析出不同能力层级的关键人员的配比,制订更确切的招聘、培养和淘汰计划。

建议明确公司人力资源管理的理念,制订高层管理人员继任计划和关键人才的管理计划。制订未来五年的人力资源管理提升计划,实现人力资源管理工作从事务层次向战略层次的转变。

2. 员工队伍现状分析与建议

员工队伍分析主要包括以下五个方面:员工数量、员工结构、员工费用、员工技能、员工流动性。

根据B银行提供的数据,我们对B银行的人力资源现状进行了量化评估,并从中得出一些结论和启示,见表3-2。

表 3-2　员工现状分析总结——对人力资源规划的启示

类别	指标项(部分)	总结	启示
1. 员工数量与结构	总行占全行员工比例	B银行总行占全行的比例数呈幂函数曲线形式	为预测未来总行与分行人数的比例提供了历史依据
	管理人员数量与比例	B银行管理人员的跨度是6.6人,优于国际银行75%	在未来的人力资源规划中应保留此比例
	员工学历构成	B银行员工学历构成优于国内股份制银行	在未来招聘过程中应保持此比例
2. 员工费用	薪酬福利占营业收入的比例	B银行薪酬福利占收入/支出的比例均低于美国银行25%	B银行存在进一步改进员工收入的空间
	薪酬福利占营业支出的比例		
	福利费用占薪酬费用的比例	B银行福利占薪酬的比例高于国际银行75%	B银行需要加大薪酬在员工总收入中的比重
3. 员工技能	人均营业收入	B银行的人均营业收入和人均税前利润与国际银行的25分位数相比仍然有很大差距	B银行的生产率提升的空间很大,未来人均生产率应呈增加趋势
	人均税前利润		
	人力资本投资回报率	B银行人力资本回报率优于国际银行75%	B银行应进一步加大对人力资本的投入
4. 员工流动性	员工退休率	0	未来5年的退休率可以忽略为0
	员工辞职率	3%	未来5年的辞职率预计将略有上升,在5%左右
	员工淘汰率	5%	未来5年的淘汰率可以假设为5%
	外部招聘人员比例	27.1%	

(二) 需求预测

人力资源规划的核心在于根据企业的战略目标、业务需求分析得出企业所需要的人力资源类型与数量,并设法去满足企业的人力资源需求。

进行人力资源规划的前提条件是企业有明确的战略规划、业绩目标和公司预算。这些是人力资源规划所依据的基本条件。

1. 基于现有的组织结构

方案一:基于利润进行需求预测,目前B银行总行是否是利润中心尚不清晰,未来需要明确总行是否只履行管理职能？还是业务与管理职能兼顾？在制定具体策略时,将战略规划目标中的业务目标分解,参照公式如下：

利润目标÷人均利润目标＝需求人员总数

需求人员总数×人均薪酬＝规划其人员总薪酬费用(B银行成本)

其中总行和分行的需求人员预测都可以基于此方法进行规划。数据上,人均利润目标参照国际银行数据来确定人均利润增长目标;人均薪酬则基于B银行历史数据,同时参照国际银行数据和对未来薪酬的增长率来确定人均薪酬的预测数据。

在进行人员招聘时,由总行控制招聘总量,由分支行参照《人员配置办法》自主配置,总行根据B银行战略目标确定关键人才,由总行统一招聘与配置。

2. 基于矩阵型组织结构

方案二:

如果B银行从现有组织结构转变为事业部制,利润中心和成本中心将被明确区分,人力资源规划的方法则需要进一步改进。

利润中心:根据每个事业部的业务量和人均业务量目标来确定每个业务部的总人数。根据每个业务部的总人数和人均薪酬水平确定总薪酬费用。关键人才由总行统一进行规划、储备,而对于每个事业部下的员工招聘与管理,总部则需要放权到业务部,由每个业务部根据内部的利润和成本自主决定。

成本中心:根据每个成本中心的费用目标和人均费用目标来确定每个成本中心总人数,根据每个成本中心的总人数和人均薪酬水平确定总薪酬费用,总部统一规划,优先考虑关键员工的配置。

(三) 现有员工状况分析与人力资源规划建议

明确员工需求总量后,结合员工供给现状,在考虑内部流动、人员离职率、员工年龄结构目标等的基础上,根据当前员工数量和预测的员工数量,可以确定B银行未来一段时间内人员招聘和冗员淘汰的目标。

1. 关键人才管理

在总量规划的基础上,需要将员工根据工作的难度和重要性进行分类,进一步制定关键员工队伍规划。研究表明:关键员工可以创造一般员工3~10倍的生产力。反过来,关键员工短缺意味着企业生产力的直接损害,而关键员工的流失成本是其年薪酬总额的1.5~3倍。

通过对B银行战略目标、关键成功因素的理解,以及工作难度的判断,以下几类人才尤其需要关注。

B银行的总的战略方向是在未来的3~5年内成为国际银行业内合格的竞争者,并由此出发设立了明确的发展目标。我们从B银行设立的战略方向以及发展目标出发,分析得出B银行所需要的关键人才类型。

明确企业所需的关键人才的类型与其所需要具有的能力,便于在招聘、考核相关人员时有明确的标准与依据。

(1) 高级管理人才

精通国内金融业务,通晓国外银行业发展趋势,能够为B银行指引战略发展方向或在新市场的开拓起领军作用的管理人才。

(2) 中高级客户经理

能够不断开拓客户市场,并与B银行重要客户保持稳定的长期合作关系,通晓B银行各种本外币金融产品,了解国外金融产品发展趋势的市场开拓人才。

(3) 金融产品研发人才

精通金融工程知识,熟悉金融产品的本土运作,熟悉国外先进金融产品的创新过程及趋势,能够进行金融产品创新的人才。

(4) 市场策划人才

通晓银行业市场发展特点,能够对市场进行细分并为 B 银行的产品塑造特有的可盈利的价值定位的策划人才。

(5) 高级风险管理人才

精通本外币银行业务,在确保 B 银行有效防范和化解风险,改善资产质量,建立稳健的内控制度方面起关键作用的授信评审、稽核和资产管理人才。

(6) 投资业务管理人才

在并购、重组、融资、投资理财方面具有丰富经验的中高级项目管理人才。

(7) IT 项目管理人才

通晓银行业的技术发展趋势,能够准确提出技术需求,具有先进的项目管理理念和组织大型团队进行研究、开发和系统维护经验的 IT 技术专家。

(8) 高级财务分析人才

能够制订和分解总分行财务计划,汇总分析各项财务数据,建立利率、费率等相关计量模型,评估财务风险状况,为管理层决策提供参考意见的高级人才。

2. 继任计划

继任计划指公司确定关键高层管理人员的后继人才,并对这些后继人才进行开发的整个过程。这一过程对于领导力的开发和公司管理能力的持续性至关重要,避免公司业绩受到高层管理人员离职退休的过度影响。在评价候选人的优势和劣势的过程中,有助于领导力开发、绩效管理和人才与岗位匹配度的提高。具体步骤与内容如下。

(1) 相关文件的审查和分析

包括对公司的战略和业务计划、目前的组织结构、最近相关的组织调整方案的审查。

(2) 方案规划和启动会议

会议的目的是确定项目的范围、交付成果、时间限制、公司可以使用的资源、项目成员等内容。

(3) 高层管理人员培训会(可选)

管理层对继任计划的支持和理解是继任计划的关键成功因素。在这次培训会上,需要介绍继任计划的方法和测评流程,这对于获得管理层的支持,听取他们的关注点和意见特别有益。

(4) 确定价值驱动因素的行为描述

这一步骤的目的是确定价值驱动因素行为描述库,它是所有测评的基础。继任计划的过程基于价值驱动方法,从四个层面(设计战略发展方向、激励因素、收入因素、业务运作)分析高层管理人员如何为公司的业绩做出贡献,并为每个价值驱动因素设计相关的行为描述。这一步骤需要 3~4 个人参加,公司总经理和人力资源部负责人也需要参加。

(5) 确定岗位价值驱动模型

基于第四步确定的公司价值驱动因素行为描述库,可以对不同的高层领导岗位创建相应的价值驱动模型。

(6) 证实和最终确定岗位价值驱动模型

可以采取专题座谈(focus group)的形式,小组的成员由每个岗位中的最高层管理者组成。

(7) 开发测评工具

设计测评问卷,测评问卷内容基于特定的岗位进行设计。

(8) 进行高层领导者测评

对照公司关键领导岗位价值驱动模型对候选人进行测评,也可以对现有管理层进行测评。

(9) 生成高层领导者测评报告

测评报告的内容通常包括:①单项得分;②个人的价值驱动因素评估描述以及与岗位的价值驱动模型之间的契合程度;③个人的优势和弱势……

(10) 设计培训方案

进一步挑选候选人,并针对入围候选人的优势和弱势进行有针对性的培训计划。

思考与讨论

1. 从人力资源规划的角度理解总行将招聘的权限下放到分行的意义。
2. 结合案例中进行人力资源规划时提及的关键人才类型,理解企业战略目标。

第四章 招聘与聘用

 学习要点

1. 招聘的含义
2. 招聘工作的意义
3. 招聘工作的原则
4. 招聘工作的程序
5. 招聘系统的设计——工作分析
6. 招聘系统的设计——选择招聘渠道
7. 人员甄选的内容与主要方法
8. 甄选录用决策与程序
9. 员工入职条件与程序
10. 招聘效果的评估与总结

第一节 招聘概述

一、招聘的含义

招聘是企业获取所需人才的主要手段和渠道,是企业为了生存和发展的需要,根据人力资源规划和工作分析的要求,通过各种信息,把那些具有一定技巧、能力和其他特性的申请人吸引到本企业任职,并从中选出适宜人员予以录用的过程。

广义的员工招聘包括招募、选拔、录用、评估等一系列活动。招募是组织为了吸引更多更好的候选人来应聘而进行的若干活动,它主要包括招聘计划的制订与审批、招聘信息的发布、应聘者申请等。选拔也称为选择、挑选、筛选、甄选、遴选,是组织从"人—事"两个方面出发,挑选出最合适的人来担当某一职位,它包括资格审查、初选、面试、体检、人员甄选等环节。而录用主要涉及新员工的初始安置、试用、正式录用。评估则是对招聘活动的效益与录用人员质量的评估。

狭义的招聘主要指人才吸引与选拔,它是人才聘用或聘任的前提性工作环节。关于什么是招聘及其具体内容包括什么,不同的人有不同的观点。R. 韦恩·蒙迪(R. Wayne

Mondy)认为招聘是及时地、足够多地吸引到具备资格的个人,并鼓励他们加入到组织中来的过程。罗伯特·L.马西斯(Robert L. Mathis)等认为,招聘与甄选就是选择潜在的任职者。西蒙·多伦(Simon L. Dolan)等认为招聘是指组织依据一定的制度与法规,通过一系列的活动和过程,从大量高素质人员中挑选出最佳人员,以满足组织的需要。詹姆斯·斯通纳(James A. F. Stoner)等认为,招聘就是以人力资源管理计划为依据,建立充足的备选人才库,以便在需要时可以从中选拔合适的人才。

综合上述定义,我们可以认为,招聘就是组织有战略、有政策、有预测、有计划、有标准、有选择地面向组织内外以最低成本吸引、吸收、留住适合需要的足量的合格人才和颇具潜力的人才,同时将其安排到特定的工作岗位上任职,以及建立人才库来满足企业未来发展需要的活动过程。

二、招聘的意义

招聘工作在企业的人力资源管理中占据首要地位,如果我们将人力资源看作是一个系统中的输入与输出转换机制,那么招聘工作就位于人力资源系统的输入环节,也就是说,招聘工作的质量直接影响着组织人才输入和引进的质量,它是人力资源管理的第一关口。招聘的结果影响着企业今后的发展。招聘的结果表现为企业是否获得所需要的优秀人才,而人才是企业发展的第一要素,现代社会竞争的制高点是人才的竞争,只有拥有高素质的人才,企业才能繁荣昌盛,才能在竞争中立于不败之地。

(一) 招聘有助于树立企业的形象,宣传企业的管理水平

对于企业而言,形象至关重要,是开拓市场、引导消费的重要保障。一个企业的市场形象主要体现在名字、业务、品牌等方面,招聘过程中都可以得到宣传。首先在招聘广告中,一般都要有一段企业的简介,以便让应聘者及其他社会群体,包括现有的消费者和潜在的消费者,对企业有个大致的了解,如果企业已经在社会上有一定的知名度,通过这种宣传,既可以加深企业给他们的整体印象,也可以让他们更加了解企业的业务和品牌,在招聘信息的转达传递过程中无意间成为企业的宣传员;其次在招聘过程中,应聘者会进一步加深对企业的认识,除了应聘岗位的工作内容本身,招聘组织工作中反映出的企业文化和管理水平,也会给应聘者留下全面的印象,影响他们对企业的看法。

招聘工作组织得好坏,反映了一个企业管理水平的高低,直接影响企业的形象。一次成功的招聘,就是企业一次成功的公关活动,有助于得到各方面的认可,增加企业的亲和力。

(二) 招聘有助于提高企业员工队伍的素质,改进员工的工作作风

在激烈的市场竞争环境中,随着企业的发展,企业的管理水平不断提高,业务也不断拓展,经营理念和工作手段也不断改进创新,对员工的素质和技能相应提出了更高的要求,当内部培训不足以满足提高员工队伍素质的要求时,从企业外部招聘高素质的员工就成为一个合理的选择。

招聘对在职员工无疑也是一种压力，新员工将新的管理思想和新的工作模式带到工作中，可能推动企业的制度创新、管理创新和技术创新，让在职员工感受到可能会被优秀人才替代或超越的危险，因此他们通常会积极应对，工作更认真更投入，持续不断提高自身的能力素质，做出更好的工作业绩。在这样的竞争氛围中，无疑有助于提高工作效率，改进工作效果，形成一种争先创优的良好局面。

（三）招聘有助于调整企业的组织机构

企业作为一个组织是由人组成的，不同的业务发展阶段要求企业应有与之相应的组织机构。进行机构调整时也需对人力资源重新进行配置，当现有的人力资源不足以满足调整需要，尤其是当某一个部门规模扩大、业务加强、企业内部人手不足时，就需要从企业外部招聘新员工，以满足业务需要；反过来，当企业为某一个部门或某一项业务招聘新员工时，说明企业准备加大这方面的投入，更加重视这方面的工作，促进企业进行机构调整，当招聘与减员、调岗相结合时，就会有助于实现产业结构的调整，实现工作重心的转移。

（四）招聘有助于人力资源的合理流动，提高人力资源潜能发挥的水平

一个有效的招聘系统，能促使员工通过合理流动找到适合的岗位，实现能岗匹配，调动其积极性、主动性和创造性，使其潜能得以充分发挥，从而使人力资源得以优化配置。调查表明，员工在同一岗位上工作八年以上，容易出现疲顿现象，而合理流动会使员工感受到来自新岗位的压力与挑战，从而激发员工的内在潜能。

三、招聘的原则

人力资源招聘中必须遵循以下原则。

（一）遵守国家关于公平就业的相关法律法规和政策

在招聘过程中，企业应严格遵守《中华人民共和国劳动法》及相关的劳动法规，坚持平等就业、双向选择、公平竞争，反对种族歧视、性别歧视、年龄歧视、信仰歧视，尤其对弱势群体、少数民族和残疾人等应该予以关心保护。严格控制未成年人就业，保护妇女儿童合法权益。

（二）坚持能岗匹配

招聘时，应坚持所招聘的人的知识素质能力与岗位的要求相匹配，一定要从专业能力特长、个性特征等方面衡量人与职位是否匹配。招聘工作贵在实现能岗匹配。

（三）提供内外平等的机会

在招聘前，企业应首先明确是采用以内部调整为主，还是以外部选聘为主的策略，然后依次确定招聘条件和招聘信息发布范围，对所有应聘者公平相待，公开公平公正地甄选录用，使得整个招聘过程有组织、有计划，甄选录用程序严格、统一录用，决策科学合理。

（四）协调互补

有效的招聘工作，除了要达到人适其职的目的外，还应注意群体心理的协调。一方面考察群体成员的理想信念价值观是否一致，另一方面注意群体成员之间的专业素质、年龄、个性等方面能否优势互补，相辅相成。群体成员心理相容、感情融洽、行为协调有利于企业文化的塑造，企业目标的认同，和谐高效系统的形成，否则可能造成群体成员间情感隔阂，人际关系紧张，矛盾冲突不断。

（五）着眼于战略和未来

企业要有一定的战略眼光，对于稀缺人才、高科技人才、怀有特殊技能的人才，虽然目前可能用不上，但应进行适当储备，以供未来之需。

（六）重视应聘者的综合素质和潜在发展能力

企业发展要有后劲，人的发展要有后劲，对于知识面广、综合素质高的人才，要重视他们的发展前景，予以录用。

（七）重视应聘者的职业素养和道德品质

职业素养应包含三个要素：完成工作所需的素质，对工作的责任心，对职业的忠诚度。道德品质是指除了遵纪守法外，还要有内外兼修的高尚品格和一流的信用度。言必行，行必果；待人诚实，为人宽厚；善于协作；既有仁爱之心，又有严谨的行为规范。招聘时，不可过于重视才华而忽略品德。

四、招聘工作的程序

招聘工作的程序是指从出现职位空缺，到候选人正式进入公司工作的整个过程。这个过程中通常包括识别职位空缺，确定招聘渠道和方法，获得候选人，候选人选拔测评，候选人正式进入公司工作等一系列环节。各个企业的招聘程序不尽相同，但一般说来大部分企业的招聘程序都可用图 4-1 表示。

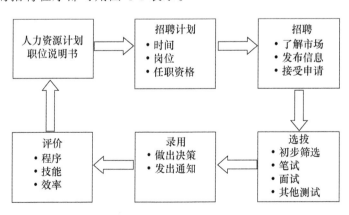

图 4-1　招聘的程序

人力资源招聘既是一个复杂、系统、完整、连续的程序化操作过程,又是一项极具艺术性、科学性的工作,它大致分为招募、甄选、录用、评估四个阶段。后面章节将按照程序逐一讲解每一个流程,对企业该如何操作每一环节进行分析,并提供解决问题的方法和工具。在此强调,企业在实际运用时应做到"因地制宜",可以对流程采取简化或丰富等改进措施,本程序仅提供一种通过流程解决问题的思维方式,目的是让企业的招聘更加科学化,将经验性的隐性知识外在化,通过固化为企业的一种资本而获取竞争优势。

第二节　招聘系统设计

一、工作分析

工作分析是为了给企业的招聘活动提供有关工作方面的各种信息而进行的一系列工作信息的采集、分析、综合和规范活动。它通过对工作的目的、任务、职责、权力、关系、环境、承担者条件等各种信息的综合分析,对现有工作和新设工作做出客观和准确的描述,对其规范性进行确认或修改。工作分析是一个从客观到主观认识这些信息的过程,也是从主观到客观对这些工作信息进行规范性设计的过程。

工作分析主要是就下列工作信息进行采集、分析、综合、规范性设计。

(1) 每项工作设置的主要目的。也就是明确设置该项工作的价值,在实现企业整体目标和承担者个人目标中的作用。

(2) 各项工作的主要任务、责任、权力。任务是指该项工作所包含的活动、行为、工作的内容、工作独立性、工作多样性情况,完成工作的步骤、方法、基本要求、沟通方式,使用的工具、设备、器材等。责任是完不成工作任务可能产生的危害后果及任职者应承担的后果(人身的、财产的)。权力是为完成工作任务必须具备的职位强制性和人自然性的控制力、影响力。

(3) 工作关系。包括对内部的群体协作关系、与其他工作之间的协作关系、上下级间的隶属关系、监督制约与受监督制约关系等各种关系的要求。

(4) 工作环境及要求。包括:第一,物理环境及保健要求;第二,安全环境和安全保护要求;第三,社会环境及交往要求。

(5) 工作承担者必备条件。包括理论知识、专业知识要求,工作经验、操作经验要求,操作能力(技能)、决策能力、创新能力、组织能力、协调能力、沟通能力、判断能力、交往能力等要求;责任心、胸怀、胆略、忍耐力、挫折承受力、风险态度等心理要求。

如图4-2所示为工作分析的程序。

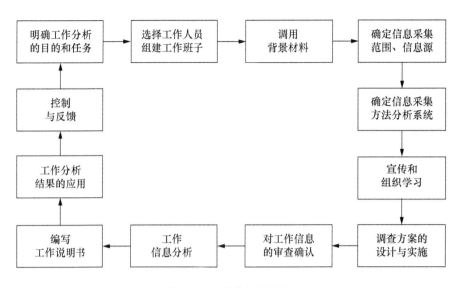

图 4-2 工作分析的程序

二、选择招聘渠道

（一）招聘渠道选择的概念

关于招聘渠道的选择，目前国内外尚无完整的定义，笔者在借鉴相关概念的基础上，对招聘渠道选择进行了如下界定：招聘渠道选择是指组织以招聘成本收益最优化为目标，为空缺岗位选拔从事者时，根据岗位的特点对招聘渠道做出的一系列决策。决策时主要考虑选择什么、何时选择、由谁来选择、用什么进行选择以及如何选择等问题。其需要实现的目的步骤包括信息收集、预测、决策。它主要包含了两个方面的工作：第一，在每次招聘时，通过科学的方法预测成本收益，从而选择合理的招聘渠道；第二，通过以往的招聘渠道相关数据，进行数据分析，为以后选择招聘渠道提供依据。

（二）招聘渠道选择的原则

选择不同的招聘渠道会有不同的效果，需要根据公司实际的招聘需求来选择，合适的就是最好的。总的来说，选择招聘渠道应该考虑以下三个原则。

1. 时效性原则

好的招聘渠道既要能在短时间内使公司和求职者之间相互了解，又要保证双方沟通足够便利。按这个标准来看，比较快的招聘渠道包括现场招聘会、网络招聘、内部提拔或员工推荐，同时，一些中低端的人才职业中介机构也能很快地提供信息。而传统的报刊媒体和猎头公司相对来说就慢一些。

2. 针对性原则

好的招聘渠道应该适用于不同类型的人才招聘，因此在选择招聘渠道时，要结合岗位需求，确定理想的人才群体，有的放矢。比如，网络招聘方式针对的群体是有一定知识和技能的年轻群体，猎头公司面对的是中高级技术或管理类人才，等等。

3. 经济性原则

选择招聘渠道时,招聘成本也是需要考虑的问题,要做到用最少的开支找到合适的人才。招聘成本与招聘人才的层次和专业性密切联系,也和招聘周期长短相关。

一般来说,招聘周期较短,可选择招聘会或员工推荐的形式,能满足普通人才和中级人才的招聘,费用相对低廉。通过专门的职业中介或猎头公司来招聘,虽然费用相对要高,但重要岗位和常年有招聘需求的岗位不妨采用这种形式。

(三) 招聘渠道的选择

招聘渠道指企业发布招聘信息的方式和渠道,用来收集信息并达到吸引应聘者的目的。在招聘过程中,一个正确的战术性选择可能会使企业多招聘几个人,而一个正确的战略性选择则会使企业多招聘几十人甚至上百人,渠道选择从某种角度来说,是招聘中的战略性、方向性的决定。招聘渠道是与企业所在行业的特性、企业发展的阶段、招聘职位的特点以及人才市场的供给情况密切相关的。

人员招聘的渠道可分为外部招聘和内部招聘,这也是企业招募人员的两大来源。外部招聘主要有校园招聘、猎头招聘、现场招聘会、员工推荐、网络招聘等渠道。内部招聘主要有内部公开招聘、工作轮换、职位升降和竞聘上岗等渠道。人们传统上都认为招聘是对外的,而事实上,企业内部人员也是空缺岗位的后备人员,而且有越来越多的企业开始注重从内部招聘人员。表 4-1 为内部招聘与外部招聘的利弊。

表 4-1 内部招聘与外部招聘的利弊

	内部招聘	外部招聘
优点	了解全面,准确性高; 可鼓舞士气,鼓励员工进取; 应聘者可更快适应工作; 使组织培训投资得到回报; 费用低廉、手续简便	人员来源广,选择余地大,有利于招到高素质人才; 新雇员能带来新思想,推动公司工作思想、工作模式创新; 当内部有多人竞争而难以做出决策时,从外部招聘可在一定程度上平息或缓和内部竞争者之间的矛盾
缺点	来源局限于企业内部,水平有限; 容易造成公司"近亲繁殖"; 可能会因操作不公或员工心理原因造成内部矛盾	不了解企业情况,进入角色慢; 对应聘者了解少

1. 内部招聘

内部招聘通常有四种方式:企业内部的人力资源信息管理系统,主管或相关人士推荐,职业生涯开发与管理系统,竞聘上岗等。

(1) 企业内部的人力资源信息管理系统

一个完整的企业内部的人力资源信息管理系统,必须对企业内部员工的以下三类信息进行完整的收集和整理:①个人基本资料,包括年龄、性别、专业、学历、主要经历等;②个人特征资料,包括特长、性格、在其他企业担任过的职务、业余爱好和兴趣、职业期望等;③在本企业的表现,包括在本企业从事的工作和担任的职务、工作业绩、工作责任心、工作的努力程度,组织对其工作的认可度、团队意识和团队对其接纳度,对企业文化的接受程度,突出的才华和能力等。

当企业的工作岗位出现空缺时,根据该岗位对专业能力、工作经验等多方面的要求,在企业内部人力资源信息管理系统内进行搜寻,根据搜寻所获得的信息,依据能岗匹配原则,人力资源部与这些应聘者面谈,结合应聘者本人的意愿和期望,选择适岗的人选。这种方法的优点是能够较快地找到合适的人、成本低,且对内部员工有激励作用;缺点是人员来源局限于企业内部,水平有限。

（2）主管或相关人士推荐

当一个工作岗位出现空缺时,主管或相关人士一般会对适合这个岗位的人选心中有数,此时,主管或与该工作有关的相关人士通常会向人力资源部门推荐人选。国外的经验表明,这种推荐方式的成功率很高,这种方法充分利用了主管对空缺岗位和所管辖范围内的人员的充分认识,利用了主管长期工作的经验和知识,对工作的责任心和观察能力。这种推荐不仅是有的放矢的,而且在能岗匹配方面的考虑是相当理性和准确的。该方法的优点是给予责任人相关的选择权力,该权力不仅可以增强主管的责任心,而且有利于主管与新上岗的员工即主管推荐的人更融洽地配合工作;缺点是如果主管的责任心不够强,该权力恰好赋予了主管建立帮派和拉拢人心的机会,如果处置不当会对工作产生消极的影响。

（3）职业生涯开发与管理系统

企业根据员工的具体情况,特别为具有高潜能的员工建立职业生涯开发与管理系统,在职业生涯通道上优先提供培训、AB角色锻炼轮岗训练等,按特定目标进行全面的培养。根据其职业生涯开发与管理系统,一旦企业内部岗位空缺,这些培养的对象就理所应当地浮出水面,补充到相应岗位上。该方法的优点是有利于与职业管理相配套,同时与企业的人才储备战略紧密相连,有利于留住企业的高素质人才、高绩效人才和有潜力的人才,提高这些企业未来有用之才的忠诚度和满意度;缺点是职业生涯开发与管理系统对人才的辨识和通道的设计存在一定的不可控性,一旦选择错误就会失去一些有用之才,而留下的可能是二流人才。

（4）竞聘上岗

竞聘上岗是内部获取人才的一种最重要的方式,因为竞聘上岗摒弃了很多主观意识,包括对某一件事、某一个人的印象,包括人的偏好与取舍,包括角色、地位的制约,包括个体思维的局限。竞聘上岗的原理是当组织内某一岗位出现空缺时,该组织内每一位具备这一职务基本任职条件的人都可以公平公开地进行竞争。企业通过科学、规范和合理的考核、选聘,从这些符合基本要求的人中,选出最适合该岗位的人。竞聘上岗使组织中的优秀人才得以脱颖而出,做到职得其人,人得其位,才尽其用,使组织人力资源的开发和使用达到最佳状态。

竞聘上岗能否获得成功取决于两个方面:一是组织内的员工是否充分相信竞聘的公正性;二是竞聘的操作过程是否真正做到公平、公正、规范、客观和科学。信任组织的员工才会站出来竞聘,带给组织活力,成为企业健康向上的标志。

2. 外部招聘

外部招聘始终是补充企业人才(特别是高科技人才、稀缺人才、中高层管理人才)的主要渠道。随着企业的快速发展,企业急需的各类人才已经难以从内部获取,能否从外部获取更多的一流人才几乎是企业竞争成败的关键所在。外部获取的方式主要有三类:一是利用就业代理机构和猎头公司;二是企业面向社会公开招聘,如现场招聘会和网络招聘;三是校园招聘。

(1) 猎头招聘

猎头招聘主要是指通过猎头公司为企业输送中、高层次的人才,这些机构扮演着双重角色,一方面为企业寻找人才,另一方面也帮助人才找到合适的雇主。这种招聘渠道对企业来说,比较省时、省力。企业只需将其空缺职位的相关信息发给猎头公司,而猎头公司就会根据自身掌握的资源和信息寻找和考核人才,并将合适的人员推荐给企业,但是其招聘成本是相当高的。它的招聘费用一般是按照应聘者进入企业后年薪的一定比例来收取。当然,当企业对某职位的应聘者有某些较特殊的要求时,委托给猎头公司是一种比较快速、有效的途径。

(2) 现场招聘会

现场招聘会是企业和人才通过第三方提供的场地,进行直接面对面对话,现场完成招聘面试的一种方式。招聘会一般由各种政府及人才中介机构发起和组织,较为正规,对于这种招聘会,组织机构一般会先对入会应聘者进行资格的审核,这种初步筛选,节省了企业大量的时间,方便企业对应聘者进行更加深入的考核。另外在招聘会上,企业也可以收集到同行业一些有价值的信息。相对来说,招聘会的招聘费用较低,但会花费招聘人员大量的时间和精力,包括前期的准备工作以及到现场进行招聘。招聘会的效果受招聘会本身宣传力度和组织形式的影响。

(3) 网络招聘

网络招聘也称在线招聘,是指利用互联网技术进行的招聘活动。网络招聘指人力资源部门通过网络发布招聘信息,经过信息处理后,初步确定所需岗位潜在人选甚至进行简历筛选、笔试、面试的过程。企业通常可以通过两种方式进行网络招聘:一是在企业自身网站上发布招聘信息,搭建招聘系统;二是与专业招聘网站合作,如中华英才网、前程无忧、智联招聘等,通过这些网站发布招聘信息,并利用专业网站已有的系统进行招聘活动。

(4) 校园招聘

校园招聘通常是指企业直接从应届本科生、硕士研究生和博士研究生中招聘企业所需的人才。校园招聘是一种两点式招聘,即在学校与企业两点间进行。

校园招聘的方式通常有三种:第一种是企业到校园招聘;第二种是学生提前到企业实习;第三种是企业与学校联合培养,以补充企业所需的人才。

在如今新经济时代,企业的竞争优势就在于人力资源上。由于社会上有经验的雇员数量有限,而且获取这些人才的成本往往较高,在某些行业里尤其明显。大学生们虽然可能还没有现实工作所需的沟通技巧和商业上的精明,但他们拥有很高的工作激情和学习欲望,可塑性也较强,而这恰恰是社会上的应聘者所缺少的。表 4-2 为各种外部招聘方法比较。

表 4-2　各种外部招聘方法比较

方法	优点	缺点
猎头招聘	可用于招聘高级经营管理人才; 被聘用的人员素质较高	成本高; 聘请到的人员日后很有可能被挖走
现场招聘会	可在较短的时间内收集较多求职者的信息; 成本低	异地招聘成本高; 甄选的工作量大
网络招聘	传播范围广,可以吸引较多的求职者; 时效性和针对性强; 有树立企业形象等辅助功能	因应聘者较多,甄选工作量及难度较大; 广告效果受所选媒体和留存时间的影响大
校园招聘	人才集中,且有一定的知识和技能; 可信度高; 成本随招聘人数上升而下降; 聘用后不需太多的培训且应届毕业生可塑性强	大多数人才缺乏实际的工作经验; 只能在固定时间招聘

研究表明,内外部结合招聘会产生最佳效果,具体的结合力度取决于公司的战略计划、招聘的岗位、上岗速度以及对企业经营环境的考虑等因素。需要强调的是,无论内部招聘还是外部招聘,高层管理人员尤其重要。一般来说,高层管理人员更需要保持连续性,但因此导致的因循守旧、降低企业创新能力和适应能力的风险也更高。至于到底从内部还是外部招聘,也不存在标准答案。通用电气公司数十年来一直都是从内部选拔 CEO,日本企业的管理特色之一也是内部选拔,而 IBM、HP 等大公司的 CEO 多是从外部招聘来的。一个不变的原则是,人员招聘最终要有助于提高企业的竞争能力和适应能力。

第三节　招聘的组织与实施

人员甄选是整个人力资源管理体系中具有基础意义的重要一环。对于任何组织,尤其是以人才为核心竞争力的知识型组织来说,选择合适的组织成员对于组织的生存能力、适应能力和发展能力,都将会产生至关重要的影响。因此组织有必要在招募到大量候选人的前提下,采用审慎而适当的甄选办法,从中挑选合适的组织成员。

人员甄选是从职位申请者中选出组织所需要的最合适的人员的过程。它包括资格审查、初试、笔试、面试、心理测验以及其他测验、体检、个人资料核实等内容。这一阶段工作的质量将直接影响组织最后的录取质量,也是管理中技术性最强和难度最大的阶段。

一、笔试

笔试是一种最古老而又最基本的人员甄选方法。它是由企业的主考部门根据需要测试应试者的知识和能力,事先拟定好试题,让应试者笔答,然后由主考部门评判应试者解答的正确程度、评定成绩的一种测试方法。这种方法可以有效地测量应试者的基本知识、专业知识、管理知识等相关知识以及综合分析能力、文字表达能力等能力素质的差异。

(一) 笔试特点

1. 笔试的特点

(1) 笔试的题目是经过系统的人才和职位分析,按企业的需求而设计的。

(2) 笔试由多种题型组成,包括填空题、选择题、判断题、改错题、简答题、论述题、计算题、作文题等。

(3) 笔试的测试过程是标准化的过程,一般限定答题时间。笔试主要是对应试者进行知识测试,实际上就是对他们的知识量、知识结构与知识水平的测评与评定。

2. 笔试的优点

(1) 一次考试能够提出几十道甚至上百道试题,能够涵盖较多的考点,对知识、技能和能力考察的信度和效度较高。

(2) 可以大规模地进行,企业可以同时对大批应试者进行测试,成本相对较低,费时少,效率高。

(3) 笔试的试题和结果可以作为一种档案材料长期保存,以备日后参考查询。

(4) 成绩评定比较客观,体现出公平、准确,成为评定人才素质的一个重要依据。

(5) 应聘者的心理压力较小,较易发挥正常水平。

由于笔试的上述优点,所以笔试至今仍是企业等各类组织采用的长久不衰的选拔人才的重要方法。

3. 笔试的局限性和缺点

(1) 不能全面地考察应试者的工作态度、品德修养以及组织管理能力、口头表达能力和操作技能等。

(2) 可能出现"高分低能"现象,企业得不到真正需要的有能力的人才。

(3) 应试者有可能由于猜题、欺骗、舞弊而获得高分。

(4) 对应试者表达不清的问题不能进行直接询问,以弄清其真实水平。

因此,笔试方法虽然有效,但还必须采用其他测评方法组成完整的招聘环节,如面试、评价中心等,以补其短,从而更加全面地测评应试者的知识和能力。一般来说,在企业组织的人才甄选程序中,笔试是作为甄选应聘者的第一种工具,成绩合格者才能继续参加面试或进入下一轮测试。

(二) 笔试的分类

从笔试考察的知识类型出发，笔试主要分为以下两大类。

1. 专业知识笔试

专业知识是指企业员工从事某专业领域工作必须具备的相应知识。专业知识笔试主要针对应聘者应具备的专业知识和对企业的了解程度进行测试，招聘的工种和岗位不同，专业测试的科目也不同。设计专业知识试题的关键在于对任职能力的针对性检验，前提是科学而规范的职位说明书，包括岗位需要具备的专业知识是什么，包括哪些知识点以及要掌握到什么程度。一份合格的专业知识笔试题，应该能够从应聘者的答题结果判断出他是否具有职位所需要的专业知识。

2. 综合知识笔试

综合知识又可称为百科知识，内容很广泛，知识来源复杂，而且不同单位、不同职业有不同的侧重点，因此准备起来比较困难。综合知识笔试就是对应聘者的知识广度进行测试，测试的目的是了解被测者对综合知识的了解程度，以及掌握知识的水平。下面主要介绍在各种工作环境中经常会遇到，并且越来越受人们重视的一些知识。

（1）时事政治

时事政治影响我们日常学习、工作和生活，可以影响政治、经济、文化，也可能影响人们的心态。时事政治考试，既可以了解应聘者对时事政治的反应能力，也可以了解应聘者对时事的敏感度和预测能力。一般来说，时事政治的考试范围大致是一年时间里国内外发生的重大事件、制定的重要政策、颁布的重要文件、召开的重要会议、举行的重要活动以及科技发展的重要成果等。

（2）公共关系

公共关系的主要职能是建立良好的组织形象，协调组织内外关系。一个组织具有良好的形象和内外环境，就能得到公众的信任和支持，提高企业的产品附加值，增强组织的发展能力和竞争能力。现代企业越来越重视公共关系的维护和发展。

（3）社交礼仪

社交礼仪是现代社会中人们交往的规范，也是人们道德观念的反映，它在人们日常生活、工作中，特别是一些重大的活动、事务中发挥着重要作用。人们在工作中与各种各样的人打交道，得体、合乎规范的礼仪会给人留下良好的印象，创造和谐的人际环境。在一些正规、隆重的场合，礼仪不仅代表了个人的形象，而且也是一个组织甚至一个国家的形象。

（4）人际技巧

心理学把人际关系分为三类：一是以感情为基础的人际关系，如亲情关系、友爱关系；二是以利害为基础的人际关系，它存在于政治、经济、权利等各个方面；三是缺乏任何基础的陌路关系。一般来说，一、二类人际关系与我们最密切。现代社会越来越重视人际关系技巧。例如，部门管理者要善于调动员工的积极性，要善于与员工进行人际沟通等。

（5）法律常识

市场经济是一种法制经济，每个人都应对基本的法律常识有一定的了解，对与企业有关的法律更应熟悉，并善于应用法律知识来处理实际问题。

（6）跨文化知识

随着世界各国之间的合作和联系加强，跨国企业在华大量开设分公司，文化之间的碰撞和冲突日益增多。如果不了解对方的文化，就会影响工作的完成。

（7）其他

综合知识的考试范围广泛，诸如天文地理、自然知识、社会常识等，随着对人才素质的要求越来越高，综合知识考试越来越重要。有些单位可能不进行综合知识考试，但会在其他招聘环节，如在面试或评价中心中，体现这方面的要求。

(三) 笔试的实施程序

公司实施笔试可以参考以下程序。

1. 成立考试组织机构

成立考试组织机构来专门组织实施，能保证笔试的公平性和客观性。组织考试是一项严肃的工作，应该选择那些正直、公平、责任心强、纪律性强的人员作为考试组织机构成员，负责整个考务工作。

2. 制订实施计划

实施计划主要包括：考试科目、考试方式、考试人数、考试时间、地点、考场安排、监考人员名单、出题方式（即由人力资源部命题，还是由外部机构命题）、考场纪律、阅卷人员名单、阅卷单位和阅卷方式。

3. 命题

考试组织机构组织专家和人力资源部的负责人确定需要测定的应聘者知识和能力，参考过去以及其他企业的笔试经验，确定笔试题目和参考标准答案。编制笔试题要根据工作岗位特点突出重点，尽量提高笔试题的信度和效度。

4. 组织考试

组织应聘者考试，包括试卷印刷、考场管理、试卷保管等事项。严格考场纪律，杜绝考场舞弊行为。

5. 评阅试卷

评卷的关键在于要做到客观公正、标准统一，严格按照标准答案和评分规则进行，阅卷时要注意防止阅卷人员看到答卷人的姓名，在无特殊要求的情况下，阅卷人不得因答卷人的书写而影响其所得分数。

6. 公布成绩

为使工作公开化，企业在条件允许的情况下应该向社会公布笔试成绩，确定通过者名单，并通知通过者进行下一轮面试。

二、面试

(一) 面试的定义

面试是一种使用得最为普遍的选拔测评方法,几乎所有的组织在选拔人员过程中都会使用面试,而且还常常在一个招聘选拔程序中不止一次地使用。面试是指在特定时间、地点进行的,有着预先精心设计好的、明确的目的和程序的谈话,通过面试者与被面试者双方面对面的观察、交谈等双向沟通的方式,了解被面试者的个性特征、能力状况以及求职动机等方面情况的一种人员选拔技术。

(二) 面试的重要性

要全面了解一个人,最好的方法当然是和这个人相处一段比较长的时间。但是在现代社会显然不能依靠这种方法来对人进行筛选。那么面对面的谈话就成为了解和判断的最重要的手段。在经过初步筛选之后,剩下的应聘者都必须经过面试。面试是筛选过程中最重要的一个步骤。企业在筛选过程中,尤其是在雇主决定录用一个雇员之前,与应聘者进行面试将会有利于雇主做出正确的决策。通过面试,可以比较准确地判断出应聘者的才智、心理、性格、应变力等。

(三) 面试的基本程序

面试的基本程序大致可以分为三阶段:面试的准备、面试的实施、面试结果的综合。

1. 面试的准备

通过几十分钟的谈话很难了解一个人的内在性格。为达到面试的目的,必须在面试前做好应有的准备,掌握一定的面试程序和技巧,这样才能保证面试的圆满成功。

(1) 选择面试考官

这是面试成败的关键,因为考官的各方面素质、性格特征、工作能力会直接影响面试的质量,甚至可以降低新进员工的离职率,缩短新员工的理想与现实之间的距离,从而增加对公司的满意度。所以面试考官必须具备以下条件。

①具备良好的个人品格和修养,为人正直、公正。

②具备相关的专业知识。

③面试考官要对所招聘职位的工作有所了解。能够了解和感受应聘者心理上的恐惧和焦虑,妥善缓解紧张程度,营造轻松的气氛,善于恰当发问和掌握听的艺术,这样有利于更深入地观察应聘者的反应能力。

④能够公正、客观地评价应聘者,不受其外表或背景等因素的影响。

⑤掌握相关的人员测评技术,能对录用与否做出果断的决定。

(2) 选择面试类型

根据面试中所提的问题来划分,面试大体可分为非结构式面试、结构式面试和混合式面试三种。

非结构式面试是一种很随便的面试方式。这种面试没有正式的提纲,考官在面试中可随时发问,而且在谈话过程中可以任意转换话题。这种方法的优点是面试较为灵活,可随机应变,可以了解到特定的情况。缺点是结构性差,缺乏全面性,缺少一致的判断标准,重点不突出,效率较低。

结构式面试。用这种方法时,事先要针对申请同一工作的所有人编出一套相同的问题,通常有四部分:一般职位因素,教育程度,技术因素或特殊因素(关于特殊技能、训练及经验方面)以及其他因素。这种面试的优点是:对所有应聘者均用统一格式进行问话,具有一定的标准,可以使考官对不同求职者的面试结果进行比较。尽管它还没有完全排除考官的主观偏差,但这种偏差比起非结构式面试来说已经小得多了。此类面试了解的情况较为全面,对于预测人们能否在某项工作上取得成功具有很高的价值。缺点是谈话方式程式化,不太灵活,影响了信息收取的范围。

混合式面试强调将结构式面试与非结构式面试结合起来,取二者之长,避二者之短,是常用的一种面试方法。西方的面试类型中,混合式面试能占到90%以上。

此外,根据面试人数,面试又可分为个人面试和小组面试。个人面试又分为一对一面试和考官团面试,前者是指面试时只有一位主考官,多用于小规模招聘以及较低职位员工的招聘;后者是指面试考官由多位主考官组成,能够从不同角度对应聘者进行观察,对应聘者做出全面正确的评价。小组面试是指当应聘者较多时,可将其分为若干小组,就一些问题展开讨论。主考官可在一旁就应聘者的领导能力、逻辑思维能力、口才、处理人际关系能力和环境控制能力等进行观察评价,加以甄选。在实际工作中采用何种面试类型,应视公司规模、应聘职位的重要性而定。

(3)选择面试问题的提纲

面试问题提纲要根据所选择的职位要求从不同侧面了解应聘者的背景信息来设计,它由两部分构成:一是通用问话提纲;二是重点问话提纲。通用问话提纲适用于所有应聘者,它主要是为了从广泛的问题中了解应聘者情况;而重点问话提纲则是针对每一位应聘者提问的内容,它是在总结登记表和各项考试结果材料的基础上归纳出的问题,以便深入了解应聘者。设计面试问题的提纲应灵活地运用多种问话方式,如:行为性问题、开放性问题、假设性问题、探索性问题和封闭性问题等。

2. 面试的实施

大部分面试的过程都包括五个阶段:关系建立阶段、导入阶段、核心阶段、确认阶段、结束阶段。每个阶段都有各自不同的主要任务,在不同的阶段中,适用的面试题目类型也有所不同。

(1)关系建立阶段

这一阶段主要的任务是面试者要为被面试者创造轻松、友好的氛围。这种轻松、友好的氛围将有助于被面试者在后面的面试过程中更加开放地沟通。通常讨论一些与工作无关的问题,例如天气、交通等。这部分大致占用整个面试2%的比重。在这个阶段,通常没有必要采用基于关键能力的行为性题目,而主要采用一些需要简短回答的封闭性问题,如:"我们这个地方容易找到吗?""今天天气真冷,是吧?"

(2) 导入阶段

在导入阶段,面试者首先要问一些被面试者一般有所准备的且比较熟悉的题目,以缓解被面试者依然有点紧张的情绪。这些问题一般包括让被面试者介绍一下自己的经历,介绍自己过去的工作等,所问的问题一般比较宽泛,使被面试者有较大的自由度,另外也为后面的提问做准备。导入阶段占整个面试的比重大致为8%,在这个阶段,最适用的问题是开放性问题,如:"你能介绍一下你现在的主要工作职责吗?"

(3) 核心阶段

核心阶段是整个面试中最为重要的阶段,在核心阶段,面试者将着重收集关于被面试者核心胜任力的信息。被面试者将被要求讲述一些关于核心胜任力的事实,面试者将基于这些事实做出基本的判断,对被面试者的各项关键胜任能力做出评价,并主要依据这一阶段的信息在面试结束后对被面试者做出是否录用的决定。核心阶段占整个面试的比重为80%,并且整个面试的65%要用在基于关键胜任能力的问题上。这一阶段使用的问题最主要的是基于关键胜任力的行为性问题,当然在使用行为性问题的同时还要与其他问题配合使用。例如,可以用一个开放性的问题引起话题,然后用行为性问题将该话题聚焦在关键的行为事例上,接下去可能会不断地使用探索性问题进行追问。对于那些在被面试者的过去经历中找不到合适的事例的问题,就要使用一些假设性的问题。

(4) 确认阶段

在这一阶段,面试者将进一步对核心阶段所获得的对被面试者关键胜任能力的判断进行确认。这一阶段所使用的问题最好是开放性问题。因为如果使用过多的封闭性问题,则会对被面试者的回答造成导向性,被面试者会倾向于给出面试者希望听到的答案,确认阶段在整个面试中所占的比重为5%。

(5) 结束阶段

结束阶段是面试者检查自己是否遗漏了关于哪些关键胜任能力的问题并加以追问的最后机会。而且,被面试者也可以借这个最后的机会来推销自己,表现出组织所要求的关键胜任能力。结束阶段占整个面试的比重为5%。

3. 面试结果的综合

面试结束后,应根据每位主考官的独立评价结果对应聘者的面试表现进行综合分析与评价,形成对应聘者的总体看法,以便决定是否录用。

(1) 面试的独立评价。每一位应聘者面试后,面试考官应立即对应聘者进行独立评价,它是主考官根据应聘者的面试表现,运用独立的评价标准,在评价表中对应聘者的素质特征、工作动机及工作经验等做出简明扼要的评价的过程。每位主考官的评价结果是独立完成的,主考官必须做出三种一般类型的判断:第一,对应聘者特定方面的判断,如能力、素质、工作经验及工作动机等;第二,录用建议;第三,录用决策。在面试过程中,对于每一位应聘者,主考官面前均有一份面试评价表,主考官根据应聘者在面试中的表现在各项内容的得分栏中各自独立打分,并写出简短评语或录用建议。这种评价方法比较客观,各个评委独立打分,不受评委中权威人士态度的影响。

(2) 面试的综合评价。在全部面试结束后,需要将多位主考官的评价结果综合,形成对应聘者的统一认识。这个工作可以在综合评价表上完成。综合评价表是将多位主考官的评价结果汇总整理,是对全部应聘者比较后的结论。对应聘者的评审,每位主考官的看法可能不同,这时可累加各位主考官的独立打分,然后求得平均数,就可代表该应聘者所得分数了。有时根据需要还将所有应聘者的面试评价结果综合排序。考官小组(委员会)根据各位主考官的评定意见,概括形成综合评语。评语是对面试分数的一种补充,对于面试后应聘者的考核及录用,具有重要的参考价值。鉴于面试的重点内容、评价标准等都具有一定的局限性,应聘者有些情况是难以量化的,必须有定性分析来辅助,只有两者的有效结合才能对应聘者做出完整的评价。当然,在总结评价时,对以下情况要特别注意。如:不能提供良好的离职理由,以前职务(或工资)高于应聘职务(或工资);经常变换工作等。如果对某一对象是否录用有重大分歧意见时,不必急于下结论,还可安排第二次面试。

总之,主考官衡量应聘者的条件是以公司本身的需要为前提的。必须着眼于应聘者长期发展的潜力,观察其是否符合公司的需要和利益。一般最后的决定权在应聘职位的部门经理或高层经理手中。

三、心理测试

在企业员工招聘过程中,招聘测试是重要的一环。心理测试就是招聘测试中的一个重要方法。心理测试是指通过一系列的心理学方法来测量被试者的智力水平和个性方面差异的一种方法。通过心理测试可以了解一个人所具有的潜在能力,了解一个人是否符合该企业某一岗位的需要。

(一) 心理测试的重要性

人与人之间是存在差异的,这种差异可以通过科学方法加以区别,这为心理测试奠定了基础。心理测试在员工招聘中具有重要意义。

一是挑选合格的员工。应聘者的条件,不一定完全符合招聘者的各种要求。心理测试可以在较短的时间内迅速了解一个人的心理素质、潜在能力和他的各种指标。

二是让适当的人担任适当的工作。许多应聘者来应聘多个岗位时,有时会出现"某人适合从事甲岗位而不适合从事乙岗位"的现象,只有通过测试才能了解谁担任哪个岗位最合适。

三是体现公平竞争原则。员工素质的高低通过心理测试以后,他们的测试结果可以比较,因为用同一种心理测试的方法得出的结果具有可比性。当应聘者多于招聘名额时,测试可以让最合适的人选脱颖而出,落选者也能了解自己的不足之处,接受落选的事实。

(二)心理测试的实施

要充分发挥心理测试在员工招聘中的作用,需要尽量克服与防止可能产生的不良影响,应该采取以下措施。

1. 标准化

在员工招聘中进行心理测试,一定要尽量运用标准化的量表、标准化的指导语、标准化的环境、标准化的程序,这样才能够得出一个比较准确的测试结果。

2. 严格化

在进行心理测试时,应该有经过专门训练的心理学专家的指导。另外,测试量表要尽量保密,不要让无关的人员接触到量表,尤其是量表的标准答案。

(1) 测试人员要遵循的原则

A. 要对个人的隐私加以保护。

B. 心理测试以前,要先做好预备工作。心理测试选择的内容、测试的实施和计分,以及测试结果的解释都是有严格的顺序的,一般来说,主试及测试者要受过严格的心理测试方面的训练。

C. 主试要事先做好充分的准备,包括要统一讲出测试指导语;要准备好测试材料;要能够熟练地掌握测试的具体实施手续;要尽可能使每一次测试的条件相同,这样测试结果才可能比较准确。

(2) 心理测试的内容

A. 能力测试。其中:普通能力测试,主要包括思维能力、想象能力、记忆能力、推理能力、分析能力、数学能力、空间关系判断能力、语言能力等方面的测试。特殊职业能力测试,特殊职业能力是指那些特殊的职业或职业群的能力,该项测试的目的在于选拔那些具有从事某项职业的特殊潜能的人才。心理运动机能测试,主要包括两大类即心理运动能力测试和身体能力测试。

B. 人格测试。人格测试的目的是为了了解应聘者的人格特质。

C. 兴趣测试。兴趣测试揭示了人们想做什么和喜欢做什么,从中可以发现应聘者最感兴趣并从中得到最大满足的工作是什么。

四、录用决策

随着各种测评方法的广泛使用,录用决策者可以从各个角度来评估候选人是否符合职位要求,这些都直接影响着录用决策的速度和质量。

(一)录用决策的程序

在招聘过程中,甄选的目的就是有效地对应聘者作出判断,从而决定接收或者拒绝。为了保证评价应聘者过程中信息的完整性,还需要一系列的信息整理和分析过程。具体的决策程序见图 4-3。

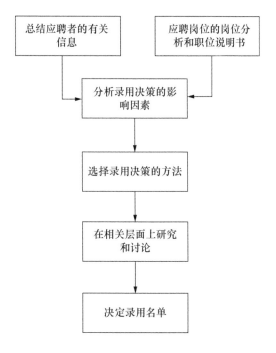

图 4-3 录用决策程序

1. 总结应聘者的有关信息

评价小组或专家委员会应该关注每位应聘者"现在能做什么""愿意做什么""将来可能做什么"等方面的信息,根据企业发展和职位需要,专家最终把注意力集中在"能做"与"愿做"两个方面。其中,"能做"指的是知识和技能以及获得新的知识和技能的能力(或潜力);"愿做"则指工作动机、兴趣和其他个人特性。

2. 分析录用决策的影响因素

根据能级对应原理,不同的权级职位应该配置不同能力的人员,因此相应的录用决策也会出现差异。因此,在做出录用决策时,一般要考虑以下几个因素。

(1) 是根据应聘者最大潜能,还是根据组织现有的需要。

(2) 企业现有的薪酬水平与应聘者的期望值的差距。

(3) 是以目前对工作的适应度为依据,还是以将来发展的高度、可发挥的潜能为依据。

(4) 对于合格的标准是否有特殊要求。

(5) 对于才华高于职位要求的人员是否予以考虑。

3. 选择录用决策的方法

(1) 诊断法

这种方法主要根据决策者对某项工作和承担者资格的理解,在分析应聘者所有资料的基础上,凭主观印象做出决策。这样每个评价者会对应聘者做出不同的决策。因此需要确定最终决策者,他的决定就是企业的最后录用决定。这种方法较为简单,应用范围广,但主观性较强,决策者的能力起着重要的作用。

(2) 统计法

使用统计法做出的决定比使用诊断法做出的决定显得更客观一些。这种方法首先要区分评价指标的重要性,赋予权重,然后根据评分的结果,用统计方法进行加权运算,分数高者即获得录用。

4. 在相关层面上研究和讨论

在选择好录用决策的方法后,必须决定在哪一个层面上决策,如董事会、总裁办公会等。在这些相关层面上进行研究和讨论,有利于比较各位应聘者的优缺点。

5. 决定录用名单

让最有潜力的应聘者与人才需求部门主管进行诊断性面谈,最后由主管(或专家小组)做出决定,并反馈给人力资源管理部门,由人力资源管理部门对应聘者发出录用通知,办理各种录用手续。

(二) 录用背景调查

1. 背景调查的重要性

我们在整个招聘选拔过程中,所有的信息都是从应聘者那里直接获得的。我们审阅应聘者自己提供的简历和应聘资料,我们与应聘者面谈,我们在各种人才选拔活动中观察应聘者的表现。尽管在选拔人员时,最关键的是这些从应聘者这里直接获得的信息,但是也不排除应聘者的其他一些背景信息的重要性。

背景调查就是对应聘者的与工作有关的一些背景信息进行查证,以确定其任职资格。通过背景调查,一方面可以发现应聘者过去是否有不良记录;另一方面,也可以考察应聘者的诚实性。

2. 背景调查的内容

(1) 学历学位

在应聘中最常见的一种撒谎方式就是在受教育程度上作假。因为很多招聘的职位都会对学历提出要求,所以有些没有达到学历要求的应聘者就有可能对此进行伪装。目前,大学的毕业证书已经进入计算机系统管理,可以在互联网中进行查询,这为招聘单位进行有关的背景调查提供了有利的条件。

(2) 过去的工作经历

背景调查的另一个重要方面就是调查过去的工作经历。过去的工作经历调查侧重了解的是受聘时间、职位和职责、离职原因、薪酬等问题。了解过去工作经历的最好方法就是向过去的雇主了解,此外还可以向过去的同事、客户了解情况。

(3) 过去的不良记录

主要是调查应聘者过去是否有违法犯罪或者违纪等不良行为。尽管我们相信一个人过去犯过错误会改过自新,但这些信息仍然要引起注意。

一般说来,背景调查通常会由浅及深,进行电话咨询、问卷调查和面对面的访谈。通过这三种方式,可以初步得出候选人的基本情况。

3. 进行背景调查要注意的问题

（1）不要只听信一个被调查者或者一个渠道来源的信息，应该从各个不同的信息渠道验证信息。尤其是遇到某些不良评价时，不能轻信，而应该扩大调查范围。这样才能确保调查客观、公正。

（2）如果一个应聘者还没有离开原有的工作单位，那么在向他的雇主做背景调查时应该注意技巧，不要给原雇主留下该应聘者将要跳槽的印象，否则对该应聘者不利。

（3）只花费时间调查与应聘者未来工作有关的信息，不要将时间花在无用的信息上。

（4）必要的时候，可以委托专业的调查机构进行调查，因为他们会有更加广泛的渠道与证明人联系，并且在询问的技巧方面更加专业。

五、员工入职

当一名职位候选人经过层层选拔被录用之后，正式进入新公司工作，这就是员工入职程序。

（一）员工入职的条件

一般来说，一个人在经过选拔评价，各项能力都符合职位和公司的要求之后，是否能够正式进入该公司工作，还需要具有以下几方面的条件。

（1）从原雇主处辞职。一个员工要想接受一家新公司的雇佣，通常来讲，必须要从原雇主处辞职，与原雇主解除劳动合同。

（2）将人事档案转移到公司指定的档案管理机构。新入职的员工的人事档案应该转入公司统一的档案管理机构。

（3）体检合格。公司一般要求新员工参加身体检查，确保身体符合所从事工作的要求。

（二）入职程序

（1）填写新员工个人档案登记表。

（2）签订劳动合同。

（三）新员工入职培训

1. 公司介绍

主要包括公司的发展历程和发展目标；公司的组织结构和业务介绍；公司的使命和价值观。

2. 企业文化训练

主要包括理解公司的企业文化；行为标准；礼仪规范。

3. 企业相关制度

主要包括管理程序与相关工具；公司的基本管理制度；公司人事管理制度；公司财务管理制度；公司行政管理制度。

第四节 招聘效果评估

招聘评估是招聘过程中必不可少的一个环节。招聘评估主要包括以下内容：招聘成本与效益评估、录用员工数量与质量的评估、招聘方法的成效评估。通过招聘评估过程，可以发现企业招聘工作中的不足以及所使用招聘方法的成效，从而提高今后招聘工作的效率。

一、成本效益评估

成本效益评估主要是对招聘成本、成本效用、招聘收益-成本比等进行评价。具体评价方法如下。

1. 招聘成本

招聘成本分为招聘总成本与招聘单位成本。

（1）招聘总成本是指人力资源的获取成本。它由两部分组成：一部分是直接成本，包括招募费用、选拔费用、录用员工的家庭安置费用、其他费用（如招聘人员差旅费、应聘人员招待费等）；另一部分是间接费用，包括内部提升费用、工作流动费用等。

（2）招聘单位成本是招聘总成本与录用人数的比值。很显然，招聘总成本与单位成本越低越好。

2. 成本效用

成本效用评估是对招聘成本所产生的效果进行分析。它主要包括：招聘总成本效用分析；招聘成本效用分析；人员选拔成本效用分析；人员录用成本效用分析；等等。它们的计算方法为：

$$总成本效用 = \frac{录用人数}{招聘总成本}$$

$$招聘成本效用 = \frac{应聘人数}{招聘期间费用}$$

$$人员选拔成本效用 = \frac{被选中人数}{选拔期间费用}$$

$$人员录用成本效用 = \frac{正式录用人数}{录用期间费用}$$

3. 招聘收益-成本比

招聘收益-成本比既是一项经济评价指标，同时也是对招聘工作的有效性进行考核的一个指标。招聘收益-成本比越高，说明招聘工作越有效。其计算公式为：

$$招聘收益\text{-}成本比 = \frac{新员工为组织创造的总价值}{招聘总成本}$$

二、录用人员评估

通常招聘活动结束后，会对录用人员进行评估，主要有以下两个方面。

（一）录用人员数量评估

判断录用人员数量的一个简明方法就是看职位空缺是否得到满足，雇用率是否真的符合招聘计划的设计。可以根据以下公式进行评估。

$$录用比 = \frac{录用人数}{应聘人数}$$

$$招聘完成比 = \frac{录用人数}{计划招聘人数}$$

$$应聘比 = \frac{应聘人数}{计划招聘人数}$$

（二）录用人员的质量评估

除了运用录用比和应聘比这两个数据来反映人员的数量外，也需要根据招聘的要求或工作分析中的要求对录用人员进行等级排列来确定其质量。实际上，录用人员的质量评估是对录用人员在人员选拔过程中对其能力、潜力、素质等进行各种测试与考核的延续，二者方法相似。

三、编撰招聘工作总结

评估工作完成之后，结合招聘效果评估结果，要对整体招聘情况进行总结，对招聘任务、招聘实施、甄选过程、录用、招聘工作的成功与不足之处等进行仔细回顾分析，撰写招聘工作总结，并把招聘工作总结作为一项重要的资料存档，为以后的招聘工作提供信息。

招聘工作总结的撰写要注意以下几点：(1) 由招聘工作主要负责人撰写。按照项目管理思想进行操作的招聘项目要由项目负责人来编写。（2）真实反映招聘的全过程。（3）明确指出成功之处和不足之处，并提供改进建议。

招聘工作总结的主要内容有：招聘目标、招聘工作计划、招聘进程、招聘结果、招聘费用执行情况、招聘项目计划执行情况、招聘效果评价、改进建议等方面。

案例分析 4-1

宝洁公司校园招聘概况

一、背景介绍

始创于1837年的宝洁公司，是全世界最大的日用消费品公司之一。

1988年宝洁公司在广州成立了它在中国的第一家合资企业——广州宝洁有限公司，从此开始了投资中国市场的历程。在中国，宝洁的飘柔、海飞丝、潘婷、舒肤佳、玉兰油、护舒宝、碧浪、汰渍和佳洁士等已经成为家喻户晓的品牌。

历数宝洁所取得的成就，绝对不能遗漏其独特的人力资源战略，尤其值得称道的是宝洁的校园招聘。有一位宝洁的员工这样形容宝洁的校园招聘："由于宝洁的招聘做得实在太好,即使在求职这个对学生而言比较困难的关口,也能感觉到自己被充分尊重,就是在这种感觉的驱使下,我来到了这里任职。"

二、人力资源部分情况

(一)宝洁的校园招聘程序

1. 前期的广告宣传——派送招聘手册

招聘手册基本覆盖所有的应届毕业生,以达到吸引应届毕业生参加其校园招聘会的目的。

2. 邀请大学生参加宝洁的校园招聘介绍会

方式为播放招聘专题片、公司高级经理的有关介绍、具有感召力的校友亲身感受介绍、答学生问;宝洁公司会请公司有关部门的副总监以上高级经理以及那些具有校友身份的公司员工来参加校园招聘会。通过双方面对面的直接沟通和介绍,向同学们展示企业的业务发展情况及其独特的企业文化、良好的薪酬福利待遇,并为应聘者勾画出新员工的职业发展前景。通过播放公司招聘专题片,公司高级经理的有关介绍及具有感召力的校友亲身感受介绍,使应聘学生在短时间内对宝洁公司有较为深入的了解和更多的信心。

3. 网上申请——全球通用的自传式申请表

宝洁的自传式申请表是由宝洁总部设计的,全球通用。宝洁在中国使用自传式申请表之前,先在中国宝洁的员工中及中国高校中分别调查取样,汇合其全球同类问卷调查的结果,从而确定了可以通过申请表选拔关的最低考核标准。同时也确保其申请表能针对不同文化背景的学生仍然保持筛选工作的相对有效性。申请表还附加一些开放式问题,供面试的经理参考。

4. 笔试

解难能力测试、英文测试、专业技能测试。

5. 面试

初试一对一,复试由各部门高层经理亲自面试。

面试过程:(1)相互介绍并创造轻松交流气氛;(2)交流信息;(3)面试引向结尾;(4)面试评价。

面试评价测试方法:经历背景面谈法。

6. 通知录用

公司发录用通知书给本人及学校,从参加到被通知录用一个月左右时间。

(二)宝洁八个核心面试问题

1. 请你举一个具体的例子,说明你是如何设定一个目标然后达到它。

2. 请举例说明你在一项团队活动中如何采取主动性,并且起到领导者的作用,最终获得你所希望的结果。

3. 请你描述一种情形,在这种情形中你必须去寻找相关的信息,发现关键的问题并且自己决定依照一些步骤来获得期望的结果。

4. 请你举一个例子说明你是怎样通过事实来履行你对他人的承诺的。

5. 请你举一个例子,说明在执行一项重要任务时,你是怎样和他们进行有效合作的。

6. 请你举一个例子,说明你的一个有创意的建议曾经对一项计划的成功起到了重要的作用。

7. 请你举一个具体的例子,说明你是怎样对你所处的环境进行评估,并且能将注意力集中于最重要的事情上以便获得你所期望的结果。

8. 请你举一个具体的例子,说明你是怎样学习一门技术并且怎样将它用于实际工作中。

(三) 校园招聘后续工作

发放录用通知后,宝洁的人力资源部还要确认:应聘者是否接受被录用,办理有关入职、离校手续。

1. 招聘后期的沟通

物质待遇大致相当,"感情投资"是竞争重点,宝洁 HR 跟踪服务,把决定录用的毕业生当成自己的同事关怀照顾。

2. 招聘效果考核

考核主要指标:(1) 是否按要求招聘到一定数量的优秀人才;(2) 招聘时间是否及时或录用人是否准时上岗;(3) 所招聘人员素质是否符合标准;(4) 因招聘录用新员工而支付的费用,即每位新员工人均占有的费用;(5) 因招聘而引起的费用分摊是否在原计划之内等。

三、案例点评

校园招聘是选拔未来的管理人才及专业技术人才的重要渠道。

校园招聘应该注意以下问题:(1) 招聘人员的选择与搭配要合理;(2) 要采取科学的甄选方式;(3) 要树立成本和效率意识;(4) 保证招聘程序的完整性和严谨性。

应届毕业生特点:学历较高、工作经验少、可塑性强;能较快熟悉业务,进入状态,但定位还不清楚、工作流动性可能较大。

(一) 宝洁公司招聘的特点

1. 用人部门亲自选人。大多数公司只是指派人力资源部的人去招聘,但在宝洁,是人力资源部配合用人部门去招聘。用人部门亲自来选人,而非人力资源部作为代理来选人才。让用人部门参与到挑选应聘者的过程中去,避免了"不要人的选人,而用人的不参与"的怪圈。

2. 科学的评估体系。与一般的国有企业不同,宝洁的招聘评估体系趋向全面深入,更为科学和更有针对性。改变了招人看证书、凭印象来判断的表面考核制度,从深层次多方位考核应聘人,以事实为依据来考核应聘者的综合素质和能力。

3. 富有温情的"招聘后期沟通",使应聘学生从"良禽择木而栖"的彷徨状态迅速转变为"非他不嫁"的心态,这也是宝洁的过人之处。它扩展了传统意义上的招聘过程,使其不仅限于将合适的人招到公司,而且在招聘过程中迅速地使录取者建立了极强的认同感,使他们更好地融入公司文化。

(二)宝洁公司的招聘中值得商榷的方面

1. 宝洁公司招聘程序多,历时较长,最短也需要 1 个月左右。普遍来看,在学生有很多选择机会,又有尽快落实用人单位倾向的情况下,用人单位很容易因为决策缓慢而致一些优秀的人才转投其他用人单位。

2. 宝洁坚持每年只在中国少数几所最著名的大学招聘毕业生,但最著名的学校并不总是宝洁公司最理想的招聘学校。这些学校的毕业生自视颇高,进入公司之前,在签约后出国留学时毁约事件经常发生;在进入公司后,又不愿承担具体烦琐的日常工作。这有碍于他们对基层工作的掌握和管理能力的进步,而且这些员工的流失率相比之下也颇高。

思考与讨论

1. 对于没有工作经验的应届毕业生,宝洁面试会侧重测试哪几点能力?
2. 如何简化宝洁校园招聘流程?

案例分析 4-2

丰田公司人力资源招聘体系

一、背景介绍

丰田公司,是一家总部设在日本爱知县和东京都文京区的汽车制造公司,属于三井财阀。丰田是目前全世界排名第一的汽车生产公司,2012 年共售 973 万辆车,2013 年生产 1010 万辆汽车,是第一个达到年产量千万台以上的车厂。而丰田亦是雷克萨斯、斯巴鲁品牌的母公司及富士重工的最大股东。丰田任命首位"女老大"主管全球公关业务。2018 年位居《财富》世界 500 强第 6 位。

众所周知,丰田公司成功的秘诀是其独特的精益生产方式,被认为是创造丰田奇迹的核心能力,并在全球得以盛行。早在建厂之前,创始人丰田喜一郎就提出了"不依赖批量生产效果,用较少的产量实现与福特同样的生产水平"的构想。因此,通过批量生产以外的手段构筑竞争能力达到甚至超越了批量生产的结果,成为丰田成功的秘诀。这种精益生产方式就是用精益求精的态度和科学的方法来控制和管理丰田的设计开发、工程技术、采购、制造、贮运、销售和售后服务的每一个环节,从而达到以最小的投入创造出最大价值的目的。它从消除生产过程中的各种浪费开始,然后是不断改善,从作业、设备再到工程,从而使效率不断地提高,目标是降低生产成本。

表面上看,丰田精益生产方式的核心是先进的制造技术,然而,大多数企业只看到了丰田生产方式中的技术方面,而没有认识到丰田生产方式中"以人为中心"的实质。丰田公司的前副社长指出，支撑丰田生产方式的支柱有两个：准时化、自动化。准时化与自动化只是降低成本的工具，它与过去"以机器为中心"的生产方式完全不同。因为"准时化"需要的是员工之间高度的配合与协作精神；而"自动化"则反映了员工个人的高超技术和综合素质，这意味着精益生产必须建立在理解、信赖、团队协作以及高超的个人能力等基础之上。因此，丰田生产方式的实质是"以人为中心"的生产方式，即提倡用智慧最大限度地发挥人的潜能，员工是精益生产体系的核心。

由此可见，丰田与其他公司的区别不是精益生产的具体技术或工具，而是使这些技术得以实现的员工的不同。正是由于人力资源的优势使丰田与竞争对手产生了本质的区别。其中，丰田公司筛选员工的过程则构成了一个识别有潜能的员工的组织机制，这种机制为组织获取具有创造力、愿意为组织奉献其努力、愿意作为团队的一员工作的员工提供了保障。

二、人力资源招聘体系

丰田汽车公司著名的"看板生产系统"和"全面质量管理"体系名扬天下，但是其行之有效的"全面招聘体系"鲜为人知，正如许多日本公司一样，丰田汽车公司花费大量的人力物力寻求企业需要的人才，用精挑细选来形容一点也不过分。丰田汽车公司全面招聘体系的目的就是招聘最优秀的有责任感的员工，丰田汽车公司全面招聘体系大体上可以分成六大阶段，前五个阶段招聘大约要持续5~6天。

第一阶段，丰田汽车公司通常会委托专业的职业招聘机构，进行初步的甄选。应聘人员一般会观看丰田汽车公司的工作环境和工作内容的录像资料，同时了解丰田汽车公司的全面招聘体系，随后填写工作申请表。1个小时的录像可以使应聘人员对丰田汽车公司的具体工作情况有个概括了解，初步感受工作岗位的要求，同时也是应聘人员自我评估和选择的过程，许多应聘人员知难而退。专业招聘机构也会根据应聘人员的工作申请表和具体的能力和经验做初步筛选。

第二阶段，评估员工的技术知识和工作潜能。通常会要求员工进行基本能力和职业态度心理测试，评估员工解决问题的能力、学习能力和潜能以及职业兴趣爱好。如果是技术岗位的应聘人员，更加需要进行6个小时的现场实际机器和工具操作测试。通过1~2阶段的应聘者的有关资料直接转入丰田汽车公司。

第三阶段，丰田汽车公司接手有关的招聘工作。本阶段主要是评价员工的人际关系能力和决策能力。应聘人员在公司的评估中心参加一个4小时的小组讨论，讨论的过程由丰田汽车公司的招聘专家即时观察评估，比较典型的小组讨论可能是应聘人员组成一个小组，讨论未来几年丰田的主要特征是什么。实地问题的解决可以考察应聘者的洞察力、灵活性和创造力。同样在第三阶段应聘者需要参加5个小时的实际丰田生产线的模拟操作。在模拟过程中，应聘人员需要组成项目小组，负担起计划和管理的职能，比如如何生产一种零配件，人员分工、材料采购、资金运用、计划管理、生产过程等一系列生产考虑因素的有效运用。

第四阶段,应聘人员需要参加一个1小时的集体面试,分别向丰田汽车的招聘专家谈论自己取得过的成就,这样可以使丰田汽车的招聘专家更加全面地了解应聘人员的兴趣和爱好,他们以什么为荣,什么样的事业才能使应聘员工兴奋,更好地做出工作岗位安排和职业生涯计划。在此阶段也可以进一步了解员工的小组互动能力。

通过以上四个阶段,合格的员工基本上被丰田汽车公司录用了。

第五阶段,对应聘人员进行一个2.5小时的全面身体检查。了解员工的身体一般状况和特别情况,如酗酒、药物过敏等问题。

第六阶段,新员工需要接受6个月的工作表现和发展潜能评估,新员工会接受监控、观察、督导等方面严密的关注和培训。

最后,建立人才信息库,统一设计岗位描述表、应聘登记表、人员评估表、员工预算计划表及目标跟踪管理表等。

三、案例分析

(一)人力资源为精益生产模式提供了保障。丰田公司被视为世界范围内劳动生产率的领先者,但是没有一家公司能照搬丰田生产体系,更不用说取得丰田那样的成果,根本原因是因为丰田生产方式的背后是具有工作能力、热情并愿意为公司奉献的员工。

公司认为,不断地降低成本、改善质量是公司得以超越对手获得优势的根本途径,而追求卓越、持续改进、看板管理等实践是获取竞争优势的来源,而要实施这样的价值观和经营策略,最根本的是依靠公司的人力资源。

丰田公司的成功之处在于,复杂的招聘选拔流程帮助公司识别出符合公司价值观和经营策略的人力资源,并确定了团队精神、强烈的质量意识以及不断尝试与创新等作为员工的选拔标准,从而确保员工基本价值观念与公司价值观以及战略要求的一致性,极大地保障了人力资源的质量,避免了为不合格的员工进行的培训、教育以及解雇等花费,并为实现企业精益生产方式所追求的核心能力提供了可能。

(二)高度的人员稳定性和敬业精神。传统招聘的最基本的作用是解决企业的人员补充问题,因此,关注岗位职责并根据专业化分工所确定的职责决定员工任职要求。然而,这样的招聘理念无法解决员工与公司是否匹配的问题,因此带来人员极大的不稳定性,导致花费大量的投入招募的员工因不适应组织的价值观而流动。

(三)对企业价值标准的认同是员工与企业、员工与员工之间合作的基础,因为优秀的企业首先需要员工在理念上进行融合。丰田公司的招聘通过强调员工价值观与企业文化的一致性,不仅降低了人员流动,并获得了愿意为公司奉献的具有高度敬业精神的员工。人力资源管理专家加里·德斯勒(Gary Dessler)指出,那些员工具有高度献身精神的企业通常都十分仔细地对待它们所要雇佣的人,从一开始就执行"以价值观为基础雇佣"的策略,正是这种价值观的一致性才使企业获得了具有高度献身精神的员工。

(四)灵活的人力资源储备。对团队精神、持续改善精神、学习能力等素质的关注使员工能力具有更大的灵活性,既满足了当前的需要,又满足了环境的迅速变化对人力资源的挑战。

丰田公司认为,在消费需求多样化的时代,商品的需求会产生急剧变化,因而不仅需要企业针对需求量进行及时的调整,还需要企业不断开发适应需求的新产品。这些经营理念不仅体现在丰田生产方式中,更重要的是,它进一步转化为招聘规划与招聘实践。通过招聘体系保障了人力资源能力的灵活性,这种人力资源的灵活性使得公司能够迅速应对环境变化,从而超越竞争对手更好地服务于顾客。

总之,丰田公司的招聘机制说明,招聘不仅仅是填补职位空缺,它对企业竞争优势的取得具有重要的影响。重视招聘工作的战略地位并使招聘实践与公司价值观以及公司独特生产方式融为一体,是获取人力资源和卓越劳动生产率的重要保障。

思考与讨论

1. 丰田公司的招聘机制有何限制?
2. 与宝洁校园招聘相比,丰田在选才过程中对于个人的关注度是否较低,为什么?

第五章　绩效管理

 学习要点

1. 绩效的基本含义与特点
2. 绩效管理的基本含义与内容
3. 绩效计划的制订及主要内容
4. 绩效评价体系构建与关键点
5. 绩效沟通与辅导咨询
6. 绩效评估的方法与注意事项
7. 绩效反馈的方式与实施
8. 绩效评估结果的应用与意义

第一节　绩效管理概述

一、绩效的基本含义与特点

（一）绩效的基本含义

绩效，从管理学的角度看，是组织期望的结果，是组织为实现其目标而展现在不同层面上的有效输出，它包括个人绩效和组织绩效两个方面。组织绩效实现应在个人绩效实现的基础上，但是个人绩效的实现并不一定保证组织是有绩效的。如果组织的绩效按一定的逻辑关系被层层分解到每一个工作岗位以及每一个人的时候，只要每一个人达成了组织的要求，组织的绩效就实现了。

从字面意思分析，绩效是绩与效的组合。绩就是业绩，体现企业的利润目标，又包括两部分：目标管理和职责要求。企业要有企业的目标，个人要有个人的目标要求，目标管理能保证企业向着希望的方向前进，实现目标或者超额完成目标可以给予奖励，比如奖金、提成、效益工资等；职责要求就是对员工日常工作的要求，比如业务员除了完成销售目标外，还要做新客户开发、市场分析报告等工作，对这些职责工作也有要求，这个要求的体现形式就是工资。

效就是效率、效果、态度、品行、行为、方法、方式。效是一种行为，体现的是企业的管理成熟度目标。效又包括纪律和品行两方面，纪律包括企业的规章制度、规范等，纪律严明的员工可以得到荣誉和肯定，比如表彰、发奖状/奖杯等；品行指个人的行为，"小用看业绩，大用看品行"，只有业绩突出且品行优秀的人员才应该得到晋升和重用。

(二)绩效的特点

绩效具有多因性、多维性和动态性等特点。

1. 多因性

多因性是指员工的绩效高低受多方面因素影响，主要有四方面：技能（技能是指个人的天赋、智力、教育水平等个人特点）、激励（员工工作的积极性，员工的需要结构、感知、价值观等）、机会（承担某种工作任务的机会）、环境（工作环境，包括文化环境、客观环境等）。

2. 多维性

多维性是指需要从多个不同的方面和维度对员工的绩效进行考评分析。不仅考虑工作行为还要考虑工作结果，如在实际中我们不仅要考虑员工产量指标的完成情况，还要考虑其出勤、服从合作态度、与其他岗位的沟通协调等方面，综合性地得到最终评价。

3. 动态性

绩效是多因性的，并且这些因素处于不断变化中，因此绩效也会不断发生变化。这涉及绩效考评的时效性问题。

二、绩效管理的基本含义与内容

(一) 什么是绩效管理

绩效管理是指为了达到组织的目标，通过持续开放的沟通，通过团队和个人有利于目标达成的行为，形成组织所期望的利益和产出的过程。

绩效管理是一个完整的管理过程，是对员工行为和产出的管理，它侧重于信息沟通与绩效提高，强调事先沟通与承诺。在强化人本思想和可操作性基础上，绩效管理以企业的战略发展目标为依据，通过定期的绩效评估，对员工的行为与产出做出客观、公正、综合的评价。

不幸的是，对于许多管理人员来说，绩效管理的概念意味着某些非常特殊的东西，而某些管理人员对绩效管理的理解又过于狭窄。他们把绩效管理简单地等同于绩效评估。而绩效评估只是绩效管理的一个环节。僵化地把员工钉在绩效考核层面，仅用几张表格给员工绩效盖棺定论，难免有失偏颇，也偏离了实施绩效管理的初衷，无助于改变组织效率低下、管理混乱的局面。

因此，科学的绩效管理是把"以人为本"的企业理念作为推行绩效考核的前提，结合公司总体发展目标和员工的个人发展意愿确定考核的内容和目标，根据企业的总体情况，在与员工双向互动沟通的过程中推行绩效考评计划。科学的绩效管理不仅是评价员工的方式,更是改善员工行为、提升管理效率、服务战略达成的重要手段。

(二) 绩效管理的主要内容

绩效管理与绩效考核是两个常常被混淆的概念,人们往往把绩效考核等同于绩效管理。绩效考核通常被理解为填表格、打分数、罚款和发奖金,仅仅是对员工工作成绩的评价和工作优劣的评定。但这种评价不是绩效管理的全部,只是绩效管理的一个环节。通过绩效管理的概念可以知道,完整的绩效管理过程是以达到组织目标为导向,并且是企业与员工之间双向互动的过程,因此绩效管理包含绩效计划、绩效沟通、绩效评估和绩效反馈四个环节,如图 5-1 所示。

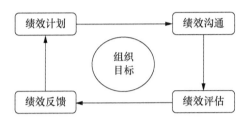

图 5-1 绩效管理四环节

制订绩效计划是绩效管理的基础环节,不能制订合理的绩效计划就谈不上绩效管理;绩效沟通是绩效管理的重要环节,这个环节工作不到位,绩效管理将不能落到实处;绩效评估也称绩效考核等,是绩效管理的核心环节,这个环节工作出现问题,会给绩效管理带来严重的负面影响;绩效反馈是绩效管理取得成效的关键,如果对员工的激励与约束机制存在问题,绩效管理不可能取得成效。

第二节 绩效计划

人力资源管理人员一定要对绩效进行明确的界定,确保员工和团队对组织的期望十分了解。这一模块里,管理人员需要进行绩效计划的设计。绩效计划是整个绩效评价体系的第一个环节,它是绩效管理过程的起点。绩效计划是确定组织对员工的绩效期望并得到员工认可的过程。绩效计划必须清楚地说明期望员工达到的结果及为达到该结果所期望员工表现出来的行为和技能。在绩效计划的设计中有三个关键环节——设计合理的绩效目标、建立可行的工作期望、构建科学的评价体系,需要管理人员着重把握。

一、设计合理的绩效目标

绩效计划的设计立足于绩效评价目标的确定,正如管理大师彼得·德鲁克所言,"如果你不能评价,你就无法管理",这是第一个重要环节。绩效评价目标的确定应该立足现实,着眼未来;第一要进行有效的绩效诊断与资源评估,实现对现实的准确把握;第二要进行目标定位与开发,实现对未来发展的支持。

(一)绩效诊断与资源评估

绩效诊断旨在帮助员工制订绩效改善计划,作为上一循环的结束和下一循环的开始,连接着整个绩效管理系统,使之不断循环上升。绩效诊断应该是双向的,综合考虑管理者与被管理者、现实改善与未来发展的关系,要本着"六个确认"的思想进行绩效诊断,见表 5-1。

表 5-1 "六个确认"思想

❖ 确认员工以往的工作为什么是有效的或无效的
❖ 确认员工工作执行能力和行为存在哪些不足
❖ 确认管理者和管理方法的有效性
❖ 确认应如何对以往的工作方法加以改善以提高绩效
❖ 确认如何改善员工的能力和行为
❖ 确认和选择更为有效的管理方式和方法

资源评估同样要立足企业绩效、以问题诊断方式为主进行综合评估,包括企业高层管理者状况、外部环境和内部环境三个维度。

高层管理者在企业内部是整个企业的核心,在企业外部其代表着整个企业的行为。由于决策者所处的决策环境非常复杂,一个管理者不可能观察到组织内外部环境的每个方面,致使最终的理解存在缺陷。另外,个人基于偏好对所观测到的现象的选择性理解使得管理者的决策更存在局限性。可以说,高层管理者的战略决策行为决定着企业成长与发展的方向。由此可见,高层管理者良好的个人素质对一个企业绩效发展非常重要。

国家宏观调控政策措施引导着行业发展,宏观调控的支持是行业结构调整、创新发展的契机。宏观经济走向的变动影响着企业的发展战略。企业只有融入环境,寻找商机才可能取得长足发展。行业自身的特点、同行企业所属群体的密度或分布是构成企业外部环境的重要因素,这就决定了企业的战略目标定位,继而影响到企业绩效目标的导向设置。"顾客就是上帝",成功的商家总能把握好消费者的喜好,创造与提供满足消费者需求的产品与服务。优秀的企业不仅要紧随消费者的步伐,更要创造出能引发消费者需求的时尚文化潮流。

内部环境评估主要有资源诊断,包括有形资产诊断和无形资产诊断,还要衡量企业的信誉资源、企业知名度、技术创新资源;战略洞察力诊断,企业在对内外部环境分析的基础上,结合自身拥有的各种资源与经营路径,对企业未来应形成的经营状况进行前景规划,围绕各项工作应该达成的目标提出落实目标的具体规划;业务运作体系诊断,是组织内部适应市场趋势,配合相应的业务模式所形成的业务管理体系;内部控制体系诊断,通过对企业管理控制体系的诊断性调研,确定内部的财务指标与均衡发展指标体系,为基于目标管理的绩效平台建设做好铺垫。

（二）目标定位与开发

1. 以实现企业战略目标为目的的绩效考核

现代企业所推行的绩效考核的作用远远超出了人力资源管理的领域。如通过绩效考核以及相应的管理,可以提高企业核心竞争力、实现企业战略转型、确保企业将组织短期目标与长期目标相联系等,因而绩效考核已经成为企业在竞争环境中赖以生存发展的有效手段。

2. 以实现人力资源管理为目标的绩效考核

从管理的角度看,评估计划可以为人力资源管理活动的各个层面提供服务,绩效评估数据可以作为人力资源规划的依据,在岗位评定计划中衡量某个岗位的相关价值,以及在有效性选择测试中作为标准。绩效评估还能作为企业在发生劳动和劳务纠纷诉讼时的"书面证据"。企业通过保存准确、客观的员工工作记录,可以应付可能发生的诸如晋升、薪资分配和解聘等有关人力资源管理方面的纠纷与诉讼。从个人发展的角度看,绩效评估能够为评价个人优缺点和提高工作绩效提供了一个反馈渠道。无论员工处在哪个工作层次,评价程序都会为其提供一个发言的机会以消除潜在问题,并为员工制定新的目标以提升绩效。新的绩效评估方法更注重于为员工制订培训、发展和成长计划。

二、建立可行的工作期望

建立工作期望是绩效计划设计的第二个重要环节。建立工作期望实际上就是基于对工作的研究,明确该工作对人的要求,即明确在某项工作的执行中,员工应该具备什么素质和能力,应该表现什么行为和态度,应该履行什么职责,应该遵循什么规范,以及最终应该达成什么结果。

更重要的是,这些期望必须是能够依靠科学完善的衡量手段客观地呈现出来的。这里的衡量手段可以是描述型的展现,也可以是量化的表达,但都必须使期望可以进行测量。这些是为了对绩效指标进行衡量,确保目标的客观性和科学性。例如,以描述性定义作为衡量手段,体现可测量原则,见表 5-2。

表 5-2 分要素的描述性定义

项目	评价等级定义
计划与组织管理	定义:有效地利用人、财、物,计划性安排和组织工作。 1级:缺乏预先制订的工作计划,解决问题准备不足; 2级:有计划,但缺乏系统性,导致工作执行不利; 3级:能有效地计划和组织下属工作; 4级:对工作的执行和可能遇到的问题有计划性解决方案,并能够组织实施; 5级:以系统、准确、迅速解决问题的工作行为进行有效的工作分解,以较佳方式达成工作目标。
目标管理	定义:建立工作目标,制定合理的行为规范与行为标准。 1级:目标设置模糊、不现实,实现标准不明,没有明确的时间要求; 2级:仅设置总体目标,细化分解不足,制定标准不恰当,时间要求不合理; 3级:多数情况下,目标设置合理、现实,但会出现目标设置标准忽略现实要求的情况; 4级:总是设置具有现实性的目标,但有时目标设置过难; 5级:设置目标合理、有效,计划性、时间性强。

续表

项目	评价等级定义
管理控制	定义:组织协调各种工作关系,领导群体实现目标。 1级:回避群体控制,批评多但不提建议; 2级:面临困难易放弃原则,管理思想和工作风格不易为他人接受; 3级:保持必要的指示、控制,获得他人的协作,对他人表现出信任; 4级:善于激励,能对下属及同事的行为产生影响,以管理者的身份体现其影响力; 5级:善于控制、协调、干预,使群体行为趋同于目标的实现。
管理决策	定义:设计决策方案,并对方案进行迅速评估,以适当的方法采取行动。 1级:较少制定、做出决策或表现出决策的随意性; 2级:决策犹豫,忽略决策的影响信息; 3级:做出日常的、一般性决策,在较为复杂的问题上采取中庸决策策略; 4级:决策恰当,一般不会引起争议; 5级:善于综合利用决策信息,经常做出超出一般的决策,且大多数情况是正确的选择。
沟通合作	定义:交流沟通,与人合作。 1级:缺乏沟通,不善交流,难于表达自己的思想、方法; 2级:交流、沟通方式混淆,缺乏中心议题,不易于合作; 3级:沟通清楚,易于接受,表现出互相接受的合作倾向; 4级:善于沟通,力求合作,引人注意; 5级:很强的沟通愿望和良好的沟通方式,使合作成为主要的工作方式、方法。

三、构建科学的评价体系

绩效计划设计最终旨在构建一套目的明确、标准清晰的评价体系,而后再通过彻底的实施来保证绩效管理的有效性。这使得绩效界定成为绩效管理的第一道闸口。绩效计划设计即是从工作期望出发,提取绩效评价指标,衡量绩效指标标准,明晰绩效评价责任,选定绩效评价方法,即绩效计划设计需要从把握工作期望开始,逐步形成评价体系的思想。绩效评价体系构建有六个关键点,见表5-3。

表5-3 绩效评价体系构建的六个关键点

❖ 考核要素必须选自关键职责领域
❖ 必须具有可靠的衡量手段
❖ 必须具有调整偏差的手段
❖ 必须要有清楚的标准
❖ 必须具有可靠的信息来源
❖ 必须公正地使用考核结果

构建科学规范的绩效评价体系要以提取评价指标、衡量指标标准、明晰评价责任和选定评价方法四方面作为工作"抓手"。

1. 提取评价指标

提取评价指标的方法主要有工作分析法、个案研究法、业务流程分析法、专题访谈法、经验总结法和问卷调查法等。建立企业绩效指标体系需要遵循四个基本步骤:工作分析与业务流程分析→粗略划分指标权重→沟通与确定→修订。

2. 衡量指标标准

指标标准的衡量是对工作期望达成程度的描述，一般采取量化和非量化两种方式。量化方式是用具体数值进行区分，而非量化方式往往采取描述的方式来区分。

3. 明晰评价责任

评价目的不同，指标提取的内容和方式也不同，其评价主体也就不同。考核最关键的是各级评价者承担起考核的责任。由于现代企业中岗位的复杂性，仅仅凭借一个人的观察和评价很难准确对员工做出全面的绩效考核。就像衡量工作的标准多种多样一样，绩效考核的参与者也是多方面的，参与评估的人员可能包括上司、同事、小组成员、员工自己、下属和客户。

4. 选定评价方法

现行的主要评价方法有相对评价法和绝对评价法。相对评价法有交替排列法、因素评价法、配对比较法、强制分布法等；绝对评价法有关键事件法、图尺度评价法、行为锚定法等（详见本章第四节"绩效评估"）。

第三节 绩效沟通

一、注重与员工的持续沟通

绩效管理是一个持续的交流过程，该过程由员工和其直接主管之间达成的协议来保证完成。在现实管理中，通过绩效管理，员工可以清楚地知道公司希望他做什么，什么事可以自己说了算，工作要做到什么份儿上，什么时候需要上级出面。因此绩效沟通是绩效管理的重要环节，绩效评估尤其要注重与员工的持续沟通。

绩效沟通对于绩效管理双方——管理者和员工都具有重要的意义。对管理者来说，持续有效的绩效沟通能够达到以下目的：第一，获取员工信息，掌握员工工作状况，并根据具体情况针对性地提供各种资源与指导，从而帮助员工提升工作能力；第二，通过沟通得到的信息能够帮助管理者向员工传递组织的期望与目标，应付企业内外部发生的各种变化；第三，能够促使管理者客观、公正地评价员工的工作绩效，提高员工对绩效评估的信任与满意度；第四，管理者与员工通过沟通找出绩效存在的问题及原因，使绩效改进计划具有基础和依据。同样对于员工来说，持续有效的沟通也意义重大。首先，员工可以通过沟通及时了解自己在绩效周期内的业绩是否达到标准，及时发现在这一阶段的绩效不足并加以改进，并与管理者对绩效评估结果达成一致看法；其次，沟通帮助员工随时了解企业变化，如组织目标的调整，工作内容的改变等，使自己能根据这些变化对自己的工作做出相应调整；最后，员工可以及时得到管理者提供的资源和指导，协助自己更好地完成任务、实现目标。

目前管理者与员工之间主要的绩效沟通方式有正式沟通和非正式沟通两种类型。

正式沟通的形式主要有书面报告、定期面谈、管理者参与的会议等。书面报告指员工通过文字或表格定期向主管报告工作进展和遇到的问题,如周报、月报、年报等。定期面谈可以使双方进行比较深入的沟通。有管理者参与的会议更能满足团队交流与沟通的需要。非正式沟通的形式主要有走动式管理、开放式办公、工作间歇沟通及非正式会议等。其中走动式管理顾名思义是指管理人员在工作期间经常在工作地点走动,并与员工交流解决问题等。开放式办公是现下较为流行的一种沟通形式,只要在没有客人或非会议情况下,员工可以随时进入办公室与管理者进行交谈。但以上沟通方法都需要沟通双方采取正确的沟通技巧,运用不当会适得其反。

二、做好绩效辅导与咨询

(一)绩效辅导

辅导是一个改善个体知识、技能和态度的过程。辅导的主要目的是及时帮助员工了解自己工作进展情况如何,确定哪些工作需要改善,必要时指导员工完成特定工作任务。而且一个"好"的辅导能够使工作过程变成一个学习过程,而不是教育过程。

进行辅导的具体过程是:第一,确定员工胜任工作所需要学习的知识和技能,提供持续发展的机会;第二,确保员工理解和接受学习需要;第三,与该员工讨论应该学习的内容和最好的学习方法;第四,指导员工如何管理自己的学习,并确定在哪个环节上需要帮助;第五,鼓励员工完成自我学习计划;第六,在员工需要时提供具体指导;第七,就如何监控和回顾员工的进步达成一致。

(二)绩效咨询

有效的咨询是绩效管理的一个重要组成部分。在绩效管理实践中,进行咨询的主要目的是,当员工没有达到预期的绩效标准时,管理者借助咨询来帮助员工克服工作过程中遇到的障碍。在进行咨询时要做到:第一,咨询应该及时,在问题出现后立即咨询;第二,咨询前应做好计划,咨询环境应该安静舒适;第三,咨询是双向的交流,管理者应扮演"积极倾听者"的角色,鼓励员工多发表看法与意见;第四,要共同制订改进绩效的具体行动计划。

咨询过程包括三个主要阶段:第一,确定和理解所存在的问题;第二,授权,即帮助员工确定自己的问题,鼓励他们表达这些问题、思考解决问题的方法并采取行动;第三,提供资源,即驾驭问题,包括确定员工可能需要的其他帮助等。

三、关注绩效信息收集

绩效沟通过程中,很有必要对员工的绩效表现做一些观察和记录,收集必要的信息,为绩效考核提供客观的事实依据,为绩效改善提供具体事例。掌握了这些信息以后,在下一阶段对员工绩效进行考核的时候,就有了事实依据,有助于管理者对员工的绩效进行更客观的评价。而且这些信息可以作为具体事例,用来向员工说明为什么还需要进一步改进与提升，不断提升员工能力水平。

收集绩效信息常用的方法有观察法、工作记录法和他人反馈法。

1. 观察法

观察法是指管理人员直接观察员工在工作中的表现，并如实记录。

2. 工作记录法

员工的某些工作目标完成情况是可以通过工作记录体现出来的，如销售额、废品数量等。工作记录法是指管理人员将这些情况记录下来。

3. 他人反馈法

他人反馈法是指从员工的服务对象或者在工作中与员工有交往的人那里获取信息。比如，客户满意度调查就是通过这种方法获取信息的典型方法。

不管采用哪种方法收集信息，管理人员都需要注意做到客观，只是如实地记录具体事实，而不应该收集对事实的推测。

第四节 绩效评估

一、绩效评估方法

（一）传统评估法列举

1. 交替排序法

在使用交替排序法进行绩效考核时，评估者只需简单地把一组中的所有员工按照总业绩的顺序排列起来即可。交替排序法是一种运用得非常普遍的工作绩效评估方法。其操作方法如下。

（1）列出需要进行评价的所有下属人员名单，把因不是很熟悉而无法对其进行评估的人的名字划去；

（2）用表格来显示在被评估的某一特点上，哪位员工的表现是最好的，哪位员工的表现又是最差的；

（3）再在剩下的员工中挑出最好的和最差的。依次类推，直到所有必须被评估的员工都被排列到表格中为止。

2. 因素评价法

因素评价法是将一定的分数按权重分配给各项绩效考核指标，使每一项绩效考核指标都有一个评价尺度，然后根据被评估者的实际表现在各评估因素上评分，最后汇总得出的总分，就是被评估者的考绩结果。

3. 配对比较法

配对比较法的基本做法是，将每一位员工按照所有的评估要素（如"工作数量""工作质量"等）与所有其他员工进行比较。根据配对比较的结果，排列出他们的绩效名次，而不是把各被评估者笼统地排队。假定需要对5位员工进行工作绩效评估，那么在运用配对比较法时，首先应当列出一张像表 5-4 那样的表格来，其中要标明所有需要被评估的员工姓名以及需要评估的所有工作要素。然后，将所有员工根据某一类要素进行配对比较，用"＋"（好）和"－"（差）标明谁好一些，谁差一些。最后将每一位员工得到的"好"的次数相加。在表 5-4 中，员工 B 的工作质量是最高的，而 A 的创造性却是最强的。

表 5-4　配对比较法对员工绩效评估表

就"工作质量"要素所作的评估						就"创造性"要素所作的评估					
被评估员工姓名：						被评估员工姓名：					
比较对象	A	B	C	D	E	比较对象	A	B	C	D	E
A		＋	＋	－	－	A		－	－	－	－
B	－		－	－	－	B	＋		－	＋	＋
C	－	＋		＋	＋	C	＋	＋		＋	＋
D	＋	＋	－		＋	D	＋	－	＋		－
E	＋	＋	＋	－		E	＋	－	－	＋	
	2＋	4＋	2＋	1＋	1＋		4＋	1＋	1＋	2＋	2＋

4. 强制分布法

该方法需要评估者将被评估者按照绩效考核结果分配到一种类似于正态分布的标准中去。强制分布法与"按照一条曲线进行等级评定"的意思基本相同。使用这种方法，就意味着要提前确定准备按照一种什么样的比例将被评估者分别分布到每一个工作绩效等级上去。表 5-5 为强制分布法示例。

表 5-5　强制分布法示例

绩效最高的	15
绩效较高的	20
绩效一般的	30
绩效低于要求水平的	20
绩效很低的	15

5. 关键事件法

关键事件法是利用从一线管理者或员工那里收集到的工作表现的特别事例进行考核的方法。通常，在这种方法中，几个员工和一线管理者汇集了一系列与特别好或差的员工表现有关的实际工作经验，而平常的或一般的工作表现均不予考虑。特别好或差的工作表现可以把最好的员工从一般员工中挑出来。因此，这种方法强调的是代表最好或最差表现的关键事例所代表的活动。一旦考核的关键事件选定了，所应用的考核方法也就确定下来了。关键事件法一般使用年度报告、关键事件清单和行为定位评级表等具体工具或方法。

6. 图尺度评价法

图尺度评价法也称为图解式评估法。图尺度评价法主要是针对每一项评定的重点或考评项目，预先订立基准，包括依不间断分数表示的尺度和依等级间断分数表示的尺度,前者称为连续尺度法,而后者称为非连续尺度法,实际运用中,常以后者为主。表 5-6 就是一种典型的图尺度评价表。它列举出了一些绩效构成要素(如"质量"和"数量"),还列举出了跨越范围很宽的工作绩效等级(从"不令人满意"到"非常优异")。在进行工作绩效评估时,首先针对每一位下属员工从每一项评估要素中找出最能符合其绩效状况的分数,然后将每一位员工所得到的所有分值进行加总,即得到其最终的工作绩效评估结果。

表 5-6 图尺度评价表

员工姓名_____			职　位_____	
部　　门_____			员工薪级_____	
绩效评价目的:□年度例行评价　　□晋升　　□绩效不佳　　□工资调整　　□试用期结束　　□其他				
员工到现职时间_____　　最后一次评价时间_____　　正式评价时间_____				
说明:根据员工从事工作的现有要求对员工的工作绩效加以评价。请核查各代表员工绩效等级的小方框。如果绩效等级不合适,请以 N 字样说明。请按照尺度表中所标明的等级来核定员工的工作绩效分数,并将其填写在相应的用于填定分数的方框内。最终的工作绩效结果通过将所有的分数进行加总和平均而得出。				
评价等级说明				
O:杰出(Outstanding)。在所有各方面的绩效都十分突出,并且明显地比其他人的绩效优异得多。 V:很好(Very good)。工作绩效的大多数方面明显超出职位的要求。工作绩效是高质量的并且在考核期间一贯如此。 G:好(Good)。是一种称职的和可信赖的工作绩效水平,达到了工作绩效标准的要求。 I:需要改进(Improvement needed)。在绩效的某一方面存在缺陷,需要进行改进。			U:不令人满意(Unsatisfactory)。工作绩效水平总的来说无法让人接受,必须立即加以改进。绩效评价等级在这一水平上的员工不能增加工资。 N:不做评价(Not rated)。在绩效等级表中无可利用的标准或因时间太短而无法得出结论。	
员工绩效评价要素	评价尺度		评价的事实依据或评语	
1. 质量:所完成工作的精确度、彻底性和可接受性	O □ V □ G □ I □ U □	100～91 90～81 80～71 70～61 60 及以下	分数	
2. 生产率:在某一特定的时间段中所生产的产品数量和效率	O □ V □ G □ I □ U □	100～91 90～81 80～71 70～61 60 及以下	分数	
3. 工作知识:时间经验和技术能力以及在工作中所运用的信息	O □ V □ G □ I □ U □	100～91 90～81 80～71 70～61 60 及以下	分数	

续表

员工绩效评价要素	评价尺度		评价的事实依据或评语
4. 可信度：某一员工在完成任务和听从指挥方面的可信任程度	O V G I U	☐ 100～91 ☐ 90～81 ☐ 80～71 ☐ 70～61 ☐ 60及以下	分数
5. 勤勉性：员工上下班的准时程度、遵守规定的工作作息、用餐时间的情况以及总体的出勤率	O V G I U	☐ 100～91 ☐ 90～81 ☐ 80～71 ☐ 70～61 ☐ 60及以下	分数
6. 独立性：完成工作时不需要监督和只需要很少监督	O V G I U	☐ 100～91 ☐ 90～81 ☐ 80～71 ☐ 70～61 ☐ 60及以下	分数

当然，许多企业不仅仅停留在对一般性绩效考核指标（如"数量"和"质量"）的评价上，他们还将作为评价标准的工作职责进一步分解。

利用图尺度评价表不仅可以对员工的工作内容、责任及行为特征进行评估，而且可以向评估者展示一系列被认为是成功工作绩效所必需的个人特征（例如合作性、适应性、成熟性、动机），并对此进行评估。比如我们可以为每一个必备的特征给定一个5级或7级的评定量表，量表上的分数用数值或描述性的词或短评加以规定，用以表示不同的绩效水平。表5-6给出了一个按5级划分用于评估员工特征的评估量表。

但是，图尺度评价表往往不能清楚地指明员工必须做什么才能得到某个确定的评分，因而他们对被期望做什么一无所知。例如在"态度"这一项上，员工被评为"2"这个级别，可能很难找出如何改进的办法。

7. 行为锚定法

行为锚定法，也称行为锚定等级评定表法，是传统业绩评定表和关键事件法的结合。使用这种方法，可以对源于关键事件中有效和无效的工作行为进行更客观的描述。首先需要熟悉一种特定工作的人，他们能够识别这种工作的主要内容。然后他们对每项内容的特定行为进行排列和证实。在行为锚定法中，不同的业绩水平会通过一张等级表进行反映，并且根据一名员工的特定工作行为而描述出来。

行为锚定法的目的在于：通过一个等级评价表（见表5-7），将关于特别优良或特别劣等绩效的叙述加以等级性量化，从而将描述性关键事件评价法和量化等级评价法的优点结合起来。因此，其倡导者宣称，它比我们所讨论过的所有其他种类的工作绩效评价工具具有更好、更公平的评价效果。

表 5-7　客户服务行为锚定等级评价表

△7	➢ 把握长远盈利观点,与客户达成伙伴关系
△6	➢ 关注顾客潜在需求,起到专业参谋作用
△5	➢ 为顾客而行动,提供超常服务
△4	➢ 个人承担责任,能够亲自负责
△3	➢ 与客户保持紧密而清晰的沟通
△2	➢ 能够跟进客户回应,有问必答
△1	➢ 被动的客户回应,拖延和含糊回答

从行为锚定法与图尺度评价法的比较上看,二者一样,均要求评估者根据个人特征评定员工。典型的行为锚定等级评定量表包括 7 个或 8 个个人特征,被称作"维度",每一个都被一个 7 级或 9 级的量表加以锚定。

但是行为锚定式评价量表中所使用的评价量表与图解式评价量表中所使用的评价量表在结构上并不相同。行为锚定式评价量表是用反映不同绩效水平的具体工作行为的例子来锚定每个特征。表 5-8 所示的就是一个企业内训师的行为锚定。

表 5-8　内训师的行为锚定

维度:课堂培训教学技能	
优秀:	内训师能清楚、简明、正确地回答学员的问题 当试图强调某一点时,内训师使用例子
中等:	内训师用清楚、能使人明白的方式授课 讲课时内训师表现出许多令人厌烦的习惯
极差:	内训师在班上给学员们不合理的批评

(二) 360 度反馈评价

360 度反馈评价,也称为全方位反馈评价或多源反馈评价。传统的绩效评价,主要由被评价者的上级对其进行评价,而 360 度反馈评价则由与被评价者有密切关系的人,包括被评价者的上级、同事、下属和客户等(见图 5-2),分别匿名对被评价者进行评价。被评价者自己也对自己进行评价,然后由专业人员根据有关人员对被评价者的评价,对比被评价者的自我评价向被评价者提供反馈,以帮助被评价者提高其能力水平和业绩。

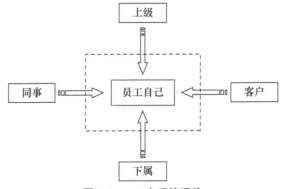

图 5-2　360 度反馈评价

360度反馈评价的主要目的,应该是服务于员工的发展,而不是对员工进行行政管理,如提升、工资确定或绩效考核等。实践证明,当用于不同目的时,同一评价者对同一被评价者的评价会不一样;反过来,同样的被评价者对于同样的评价结果也会有不同的反应。当360度反馈评价的主要目的是服务于员工的发展时,评价者所做出的评价会更客观和公正,被评价者也更愿意接受评价的结果。当360度反馈评价的主要目的是进行行政管理,服务于员工的提升、工资确定等时,评价者就会考虑到个人利益得失,所做的评价相对来说难以客观公正;而被评价者也就会怀疑评价者评价的准确性和公正性。因此,当公司把360度反馈评价用于对员工的行政管理时,一方面可能会使得评价结果不可靠,甚至不如仅仅由被评价者的上级进行评价;另一方面,被评价者很有可能会质疑评价结果,造成公司人际关系紧张。

360度反馈评价一般采用问卷法。问卷的形式分为两种:一种是给评价者提供5分等级,或者7分等级的量表(称之为等级量表),让评价者选择相应的分值;另一种是让评价者写出自己的评价意见(称之为开放式问题)。二者也可以综合采用。从问卷的内容来看,可以是与被评价者的工作情境密切相关的行为,也可以是比较共性的行为,或者二者的综合。

但值得注意的是,有些企业投入相当大的精力与人力进行360度反馈评价却效果甚微,国内企业对360度反馈评价的理解不足、不当应用以及没有结合本企业的实际情况等原因使得绩效评估方法在引入时遭遇"水土不服",因此,国内企业在引入360度反馈评价时要慎重。

(三) 关键绩效指标法

关键绩效指标(Key Performance Indicator,简称KPI)是通过对组织内部流程的输入端、输出端的关键参数进行设置、取样、计算、分析,衡量流程绩效的一种目标式量化管理指标,是把企业的战略目标分解为可操作的工作目标的工具,是企业绩效管理的基础。KPI可以使部门主管明确部门的主要责任,并以此为基础,明确部门人员的业绩衡量指标。建立明确的切实可行的KPI体系,是做好绩效管理的关键。关键绩效指标是用于衡量工作人员工作绩效表现的量化指标,是绩效计划的重要组成部分。

KPI法符合一个重要的管理原理——"二八原理"。在一个企业的价值创造过程中,存在着"80/20"的规律,即20%的骨干人员创造企业80%的价值;而且在每一位员工身上"二八原理"同样适用,即80%的工作任务是由20%的关键行为完成的。因此,必须抓住20%的关键行为,对之进行分析和衡量,这样就能抓住业绩评价的重心。

KPI法的操作流程一般可以分为以下步骤。

(1) 设计组织级KPI。这时建立KPI的要点在于流程性、计划性和系统性,明确并把握组织战略目标。

(2) 设计部门级KPI。各部门主管需要依据组织级KPI建立部门级KPI,并对相应部门的KPI进行分解,确定相关的要素目标,分析绩效驱动因素即技术、组织、人,确定实现目标的工作流程。

（3）设计岗位级KPI。各部门主管和部门的KPI人员一起再将KPI进一步细分，分解为更细的KPI及各岗位的业绩衡量指标。

（4）制定评分要素和评估标准。根据岗位的性质对每个指标设定测量和评估的评分标准，将每一个标准进行相应的具体描述。

（5）确定指标权重。由于各项指标的重要程度是不同的，在进行绩效评估时，为了反映各项指标的主次关系就要确定各项指标的权重系数。

（四）平衡计分卡法

平衡计分卡是战略绩效管理的有力工具。平衡计分卡以组织战略为导向，寻找能够驱动战略成功的关键成功因素，并建立与关键成功因素具有密切联系的关键绩效指标体系，通过关键绩效指标的跟踪监测，衡量战略实施过程的状态并采取必要的修正，以实现战略的成功实施及绩效的持续增长。

平衡计分卡的实质是将组织的战略发展落实到具有支持关系的工作绩效上，从而保证每一项具体工作相互促进，按组织战略发展的方向产生绩效，使组织整合起来的绩效最大，最符合组织发展的需要。

平衡计分卡的核心思想是通过财务、客户、内部流程、学习与成长四个方面指标之间相互驱动的因果关系，实现从绩效评估到绩效改进以及从战略实施到战略修正的目标。平衡计分卡四个角度常用的绩效指标见表5-9。

表5-9 平衡计分卡四个角度常用的绩效指标

财务角度	客户角度	内部流程角度	学习与成长角度
利润率	市场份额	产品（服务）质量	新服务收入
现金流量	用户排名调查	产品开发/创新	员工满意度
收入增长	新客户的增加	事故回应速度	提高效率指数
项目收益	客户的保有率	安全与环境影响	关键技能发展
毛利率	客户满意度	劳动生产率	继任计划
回馈率	品牌形象识别	设计开发周期	领导能力发展
税后净利润	服务差错率	生产周期	人均创收
净现值		生产计划	员工建议数
		预测准确率	新产品上市时间
		项目完成指标	新产品收入占比
		关键员工流失率	

平衡计分卡的一个最为突出的特点就是：集测评、管理与交流功能于一体。

1. 综合测评

平衡计分卡通过使用大量的超前和滞后指标来评价企业是否向着其战略目标的方向前进。特别是超前指标的运用，对于可能引起财务状况下降的当前活动做出提示。而传统的财务指标从时间上不够及时，当从财务报表或季度报告上发现销售额下降时已为时太晚。

2. 管理控制

平衡计分卡把企业测评与企业战略联系起来,清楚地将企业目标展示给管理者,使管理者注意对未来产生影响的活动,增强有利于企业成功的因素对财务结果的推动作用。

3. 交流

平衡计分卡使员工明白他们的表现会如何影响到企业的成功,也可使管理者了解影响企业进步的日常因素,从而帮助企业作为一个整体从管理集团到一线员工对外界变化做出更快的响应。面对当前变化迅速的市场,这一点尤为重要。

每个企业都可以根据自身的情况来设计各自的平衡计分卡,大体上主要遵循以下五个步骤。

第一步:定义企业战略。平衡计分卡应能够反映企业的战略,因此有一个清楚明确的能真正反映企业远景的战略是至关重要的。由于平衡计分卡的四个方面与企业战略密切相关,因此这一步骤是设计一个好的平衡计分卡的基础。

第二步:就战略目标取得一致意见。由于各种原因,管理集团的成员可能会对目标有不同的意见,但无论如何必须在企业的长远目标上达成一致。另外,应将平衡计分卡的每一个方面的目标数量控制在合理的范围内,仅对那些影响企业成功的关键因素进行测评。

第三步:选择和设计测评指标。测评指标必须能准确反映每一个特定的目标,以使通过平衡计分卡所收集到的反馈信息具有可靠性。换句话说就是:平衡计分卡中的每一个指标都是表达企业战略因果关系链中的一部分。在设计指标时,不应采用过多的指标,也不应对那些企业职工无法控制的指标进行测评。一般在平衡计分卡的每一个方面中使用3到4个指标就足够了。超出4个指标将使平衡计分卡过于零散甚至会失效。其设计的指导思想是简单并注重关键指标。

第四步:制订实施计划。要求各层次的管理人员参与测评。这一步骤也包括将平衡计分卡的指标与企业的数据库和管理信息系统相联系,在企业范围内运用。

第五步:监测和反馈。每隔一定的时间就要向最高主管人员报告平衡计分卡的测评情况。在对设定的指标进行一段时间的测评,并且认为已经达到目标时,就要设定新的目标或对原有目标设定新的指标。这也是平衡计分卡被用作战略规划、目标制定以及资源配置依据的内在原因。

二、绩效评估注意事项

绩效评估需要注意下列事项。

(一) 恰当选择评估主体

绩效评估可以由任何熟悉该员工工作情况的人负责,可以采取以下几种方法。

1. 上级评估他们的直辖下属

上级评估下属这一传统的评估方式，假定直接主管是公正、客观地评估员工绩效的最合适人选。一些主管坚持用工作日志记录员工的工作完成情况。在绩效评估时，这些工作日志可以为评估提供事实依据。

2. 员工评价他们的直接上级

现在，很多企业要求员工或者小组成员评估他们的主管和经理的绩效。一个典型的例子就是在学院和大学里，学生评估教授在课堂上的表现。企业界也采用下属评估上级的方法，为管理人员开发提供依据。最近，一些新的做法是请员工评价公司的董事会领导。董事会的基本职责是设定目标并领导员工实现目标。因此，由员工评价他们的领导的业绩是合理的。在某些情况下，企业可以让执行官评估董事会成员。此外，让董事会成员自我评估或请企业外部人员评估董事会成员，也是可行的。

3. 团队成员互评

另一种有潜在利弊的评估方式是由员工的同事或团队成员担任评估者。例如，一组销售人员组成一个评估委员会，共同探讨每位委员会成员的绩效评分。他们可能会分享思想，提出帮助业绩不佳者提高绩效的有用建议，或提出批评建议。但批评意见可能会恶化将来的工作关系。在某些工作中，主管没有机会观察每一位员工的业绩表现，但工作小组中的其他成员能够观察同事的表现。在这种情况下，团队成员互评就十分有效。

4. 外部人员评估

企业也可以邀请外部人员对员工绩效进行评估。例如，企业可以邀请各分公司的经理组成一个专家小组，评估某员工在企业内的发展潜力。但是，外界人员可能不易把握企业关注的重点。

企业的顾客和客户显然是外部评估人员的主要人选。在评估销售人员及其他服务人员的绩效时，顾客可以提供非常有用的信息。例如，一家企业根据顾客对服务的满意程度，确定高层营销管理人员的奖金。

5. 员工自我评估

在某些情况下，自我评价也是一种有效的评估方式。作为一种自我开发工具，自我评价可以使员工反思自己的长处和短处，确定自我改善的目标。如果员工是在独立环境中工作，那么只有他们可以评价自己。但是，员工对于自己的评价总是有着不同的标准。有研究表明，员工的自我评估通常会较为宽松，而有的则会较为严格，这在学术界至今仍未达成共识。尽管如此，员工自评仍是企业获取员工绩效的有效途径。

6. 多种信息渠道评估

评价目的不同其指标提取的内容和方式也不同，其评价主体也就不同。考核最关键的是各级评价者承担起考核的责任。但须注意的是由于现代企业中岗位的复杂性，仅仅凭借一个人的观察和评价很难准确对员工做出全面的绩效考核。就像衡量工作的标准多种多样一样，绩效考核的参与者也是多方面的。

参与评估的人员可能包括上司、同事、小组成员、员工自己、下属和客户。上述参与评估的人员对于绩效考核在管理和发展方面的作用都能够做出或多或少的贡献。

(二) 评估误差

绩效评估过程中可能有多种原因造成误差。其中一个主要的误差来源是评估者所犯的错误。尽管完全消除评估者误差是不可能的,但是,要让评估者意识到这些误差的存在有助于降低评估误差对评估结果的影响。

1. 标准不一

在评估员工绩效时,管理人员会出现对从事相同工作的员工抱有不同的期望的情况,进而用不同的标准来衡量他们的工作业绩。而评估标准模糊不清和主管的主观臆断都会引发员工的不满与情绪波动。

2. 近因效应与首因效应

近因效应指评估者在评估员工绩效时注重考查近期发生的事件。例如,老师会根据学生在最近几周课上的表现来评定学生的课堂成绩。又如,在整个考核期间,考核人员通常会更关注工人们在最近几周的配额完成量。首因效应恰好相反,指评估者着重考察考核期间前期的事件。这些都是导致误差的原因。

3. 中心化趋势误差、宽松化误差、严格化误差

中心化趋势误差指评估者对所有员工的评价都很接近,员工的评估成绩很难拉开距离,即使业绩很差的员工也可能得到和大家相差不多的成绩。

评分模式过于宽松和过于严格则会分别引起宽松化误差和严格化误差。前者会使所有员工的评估结果都集中在评价尺度较高的一端。后者会使所有员工的评估结果都集中在评价尺度较低的一端。

4. 评估者偏见

评估者偏见指评估者的价值观念或偏见歪曲了评估结果。这种偏见可能是无意识的,也可能是故意的。例如,经理不喜欢某一种族群体,由此曲解了某些人的评估信息。若评估过程设计不当,评估者根据年龄、肤色、种族等因素武断地对评估者进行分类,便可能会歪曲评估结果。高层管理者在审核经理所做的评估结果时,应该着重避免该问题。

5. 晕轮效应与号角效应

晕轮效应指由于员工在某一方面的业绩突出,管理人员就对该员工在所有工作指标上的表现予以较好的评价。例如,一名员工的出勤率很高,其主管可能因此认为他值得信赖,在工作成果方面予以同样高的评价,而不是针对每一个不同方面的情况认真考评各个方面。号角效应正相反,指由于员工某一方面的不足而片面否定他的其他方面。

6. 比较误差

比较误差指评估者在对一名员工进行评价时,往往以其他员工为参照系,而不是以绩效标准为参照依据。例如,一名员工所在的工作小组或部门在整个公司的业绩极为突出,而这名员工是所在小组或部门业绩较差的,即使他的成果已经达到了公司的评价

尺度的高端,在评估时也会因为其他同事更为优异的表现而被给予相对他实际情况较差的评价。

7. 类己误差与异己误差

这类误差指评估者会根据被评估者与自己相似或不同的特征来评价该被评估者。这类误差的根本原因同样在于评估者没有以绩效标准为参照依据。

8. 抽样误差

抽样误差指评估者对被评估者工作的一小部分进行评价产生的误差。例如,一名员工的95%的成果是优秀的,但若只看到了剩余5%的不足,则会对其评估结果造成影响。

第五节 绩效反馈

绩效反馈,就是将绩效评价的结果反馈给被评估对象,并对被评估对象的行为产生影响。绩效反馈是绩效评估工作的最后一环,也是最关键的一环,能否达到绩效评估的预期目的,取决于绩效反馈面谈的实施质量。

一、绩效反馈面谈与实施

(一)面谈基本流程

完成绩效评估后,经理必须与员工沟通,使员工清楚地了解直接主管和企业对他们的业绩的评价。企业通常要求经理与员工对评估结果进行讨论。而面谈则是一个澄清双方误解的机会。在评估面谈中,经理人员应该将重点放在提供改善业绩的咨询意见和人力资源开发上,而不仅仅是告诉员工他们的得分是多少,为什么给他打这样的分数。强调人力资源开发使双方都有机会在绩效反馈中思考员工的绩效问题,从而增进理解。

管理者和员工都做好相应准备后,双方就进入正式的绩效面谈过程。绩效面谈主要是由管理者主导,牵引员工就上一绩效周期的成果做出讨论。在面谈过程中,首先分析症结所在,商讨改进措施,然后观察绩效改进情况,如果绩效结果得以改进,便进入下一个绩效周期,如果绩效仍未有改进的话,需要进行下一次面谈,直至绩效得以改进。

(二)面谈技巧

进行一个有效的面谈需要充足的准备和较好的面谈技巧。面谈评估可谓机遇与危机并存。因为经理必须在面谈中表扬员工并提出建设性的批评意见,这对经理和员工而言都是一次难得的情感交流机会。

面谈时需要具备倾听的技巧、解释的技巧、认同的技巧和表达的技巧。表5-10就很好地说明了这四个方面的技巧在面谈中是如何体现的。

表 5-10 绩效面谈标准谈话术示范

给予和接受意见反馈	
以试探性的问题来发掘员工的观点和判断	你觉得工作进展得如何？ 你觉得哪些方面顺利，哪些方面有困难？
让员工知道你在对照事前同意的目标检视他的绩效	我来总结一下我对你的绩效的看法，然后我们比较一下双方的意见是否一致。
强调员工的优秀绩效	你把这个月的业务会议办得非常好，你对战略研讨会的贡献也很大，好好保持下去！
综述需要改进的方面	所以，站在这个立场上，你需要增加一下每周与客户的接触。
避免概括不清的评语，给出事例	我注意到你连续几次错过了项目完成期限，为什么呢？
建立共识，了解改进的需要	可不可以请你总结今天面谈中你所了解到的需要改进的项目？
如果有需要，鼓励员工进一步解释	我不太了解你的意思，请举例说明。
拟订绩效改进计划	
避免责备的语气，强调解决问题	针对我们讨论的绩效问题，我们应该如何在未来六个月内加以解决？
让员工提出改善问题绩效的计划	关于这点，你将如何改进？
顺着员工的构想做出反应并试着加以延伸	我明白你刚才的意思。 你刚才提出来的办法非常可行，你觉得具体实施起来需要注意些什么呢？
如果员工不能提出良好的改进计划，或是没有意愿，则采取更直接的处理方式	我觉得你的计划不够完善，我认为……会更有利于解决你的问题。
传达改进或不改进绩效的可能后果	我会在你这方面绩效改进后，考虑你的升迁。 这项工作需要你达成这一点要求，我对你的进展很期待。

同时面谈时，面谈者可以根据被面谈者的不同类型来制定不同的面谈策略，以达到最好的效果。

（1）贡献型（好的工作业绩＋好的工作态度）

在与贡献型员工进行面谈时，应该在了解公司激励政策的前提下予以奖励，并提出更高的目标和要求。

（2）冲锋型（好的工作业绩＋差的工作态度）

对冲锋型员工采取的面谈策略应当是沟通加辅导。既然冲锋型下属的工作态度不好，只能通过良好的沟通建立信任，了解原因，改善其工作态度；通过日常工作中的辅导改善工作态度，不要将问题留到下一次绩效面谈。

（3）安分型（差的工作业绩＋好的工作态度）

对安分型员工面谈的策略应当是：以制订明确的、严格的绩效改进计划作为绩效面谈的重点；严格按照绩效考核办法予以考核，不能因为态度好代替工作业绩不好，更不能用工作态度掩盖工作业绩。

(4) 堕落型（差的工作业绩＋差的工作态度）

对此下属的面谈策略应当是：重申工作目标，澄清下属对工作成果的看法。

二、绩效评估结果应用

绩效评估的结果会对企业目标和计划的审视、员工职位调整与薪酬汇报、人力资源开发计划等产生重要的影响，但其最重要的作用在于为绩效管理下一轮循环提供参考，以促进组织绩效的持续改进。

（一）评估结果表示方法

绩效评估结果表示方法一般有文字叙述评估法、图线表示法、数字表示法等。

1. 文字叙述评估法

评估者以文字叙述的形式描述员工绩效，对所涉及的话题给出提示。文字叙述多为定性描述，具有形象化的特征，有较强的直观性，重点突出，内容集中，具有适当的分析，同时以定量为基础，充分体现了定性与定量相结合的特点。但这种方法的缺点是评语容易雷同化，被评估者容易对评语产生理解偏差。

2. 图线表示法

这种方法是通过建立直角坐标系，利用已知数据，描绘出图线来表示评估结果的方法。用图线表示评估结果简单明了、直观形象、对比性强，但被评估者无法了解到具体信息，只能了解到总体情况。

3. 数字表示法

这是结果表示法的最基本形式，它是直接利用评估结果的分值对被评估者的绩效情况进行描述的方式。数字表示法具有可比性强、言简意赅的特点，但同样具有不能全面反映每个被评估者具体情况的缺点。

（二）绩效改进

进行绩效评估的一个主要目的就是改进绩效。所以，制订绩效改进计划并贯彻实施是绩效管理的核心部分。绩效改进是绩效评估后续应用阶段的一个最重要的部分，是连接绩效评估和下一循环计划目标制定的关键环节。绩效评估的目的不仅仅是作为确定员工薪酬、奖惩、晋升或降级的标准，员工能力的不断提高以及绩效的持续改进才是其根本目的，而实现这一目的的途径就是绩效改进。绩效改进的主要流程如下。

（1）管理者进行绩效改进的过程中，绩效诊断与分析是绩效改进流程的第一步，也是最基本的环节。在绩效面谈中，管理者和员工通过分析和讨论评估结果，找出关键问题和产生绩效问题的原因，这是绩效诊断的关键任务。

（2）通过绩效诊断环节发现员工需要改进的地方可能很多，但最好能够选取一项重要并且容易进行的率先开始。如果多个问题同时着手，很可能由于压力过大导致失败，这种情况下就存在挑选绩效改进要点的问题。

（3）对绩效改进要点的影响因素有了较为清晰的认识之后，就要考虑解决问题的途径和方法,员工可采取向管理者或有经验的同事学习、观摩他人做法、参加相关培训、阅读相关书籍、选择某一实际工作项目等方法。管理者可以采用参加人员管理培训、向人力资源管理专家咨询等方法。

(4) 完成上述分析后,就要着手制订绩效改进计划。所谓绩效改进计划,是指根据员工有待发展提高的方面所制订的一定时期内有关工作绩效和工作能力改进和提高的系统计划。绩效改进计划通常包括以下四个方面:第一,员工和直接上级的基本情况以及该计划的制订时间和实施时间。第二,有待改进的方面。第三,对存在的问题提出有针对性的改进措施和明确责任人。第四,明确经过绩效改进之后要达到的绩效目标。

(5) 实施绩效改进计划并且评估绩效改进结果。

(三) 为人力资源管理提供信息

绩效评估结果整理完毕之后,除了可以用于管理者和员工共同探讨绩效改进方法,还可以为企业内的人力资源管理提供信息,包括对绩效薪酬的分配、调整职位以及培训与开发等提供依据。

1. 绩效薪酬的分配

以评价结果作为薪酬发放的依据与前提条件是绩效结果最为普遍的一种用途。员工薪酬有一部分与绩效挂钩,可以激励员工更加努力地去实现绩效目标。当然,员工在组织中所处的层级不同,工作性质不同,薪酬构成中与绩效挂钩的部分所占比重也有所不同。此外,员工的薪资等级调整也常常跟绩效评估的结果有关。

斯金纳(Burrhus Frederic Skinner)的强化理论简单来说是通过刺激使某种行为加强或削弱。根据强化理论,员工因为某种行为而获得绩效薪酬奖励,这反过来又具有强化作用,会促使员工继续表现该种行为。这就要求评价指标具有足够的科学性,如果选择了不合适的评价指标,又没有相应的约束机制,绩效薪酬的强烈刺激也可能引发员工的短期化行为甚至不当行为。

2. 调整职务

绩效评估可以反映出员工的优缺点,能够在一定程度上反映出员工是否适合自己所在的岗位,这也能为调整职务提供依据。理想的做法是,通过职务调整,让每个员工都从事最适合他的工作,扬长避短,取得最大绩效,实现个人价值与贡献最大化。如果某个员工经过多次职务调整都无法达到绩效目标,那么企业不得不考虑将其解聘。

3. 培训与开发

如果绩效评估中发现员工在技能方面有欠缺,那么企业就应该提供相应的培训。员工在制订和修改自己的职业发展计划时,可以参考绩效评估的结果,更进一步地了解自己的长处和短处,从而校准自己的职业目标和发展方向。绩效评估也给员工提供了机会来定期检查自己能力开发目标的实现情况。

案例分析 5-1

B 公司人力资源绩效管理概况

一、背景介绍

B 公司的前身是一家建于 1960 年的拖拉机站，2000 年由国有企业改制为全员持股的民营企业。现发展成为拥有 5 个制造事业部、5 家子公司的大型企业集团，总资产 11 亿元，固定资产 6 亿元，形成了汽车、农用车、农业装备、电动车、汽车配件五大产业，主要产品有农用车、农业机械、电动车、汽车配件和载货汽车、客货汽车、客车、专用汽车等，畅销全国并出口德国、法国、美国、澳大利亚、墨西哥等 30 多个国家。企业规模居行业第 2 位、中国机械工业第 25 位、全国大企业集团竞争力第 107 位、中国工业企业第 452 位（其中资产周转率列第 8 位）。

二、人力资源管理部分情况

2000 年改制以来，B 公司发展较快，人员规模已达 14 000 多人。企业规模快速发展带来人力资源体系支撑问题（人员的数量、质量和管理体系）。原有人力资源体系沉淀比较少，现在矛盾比较突出。

首先，B 公司从农用车向轻卡汽车进行业务转型的过程中，也面临着汽车行业从国 3 到国 4 的转变，这对员工素质和能力要求较高，当前的人力资源已不足以支撑企业的发展。如何对汽车行业人才进行选拔和培养是该公司亟须解决的主要问题。其次，该公司人力资源管理还面临着缺少整体规划、岗位设置臃肿；高水平人员进不来、现有人员提升较慢、新进大学生留不住；员工职业发展不清晰、管理人员与技术人员之间的发展通道没有打通等问题。

B 公司已汇聚 1000 多名本科及以上学历的大学毕业生，但对于如何培养他们成为公司的骨干力量，如何从他们中间选拔出公司未来发展的领军人物，公司还没有清晰的认识与规划。

该公司在 2009—2010 年期间花费两年时间梳理和建设公司的人力资源管理基础平台，并出台了各职能板块的方案性成果，但在使用过程中发现很难落地，各个职能板块之间衔接不好。

综合以上，B 公司当前人力资源管理需要解决两个最核心问题：人才选拔和培养，核定人员编制。

三、案例分析

当前最需要解决的问题不是人才选拔和培养，而是如何激活现有员工、调动现有员工的积极性来创造价值，做出贡献。由案例描述可见该公司不缺少人才，缺少的是让人才脱颖而出的机制。这样的激活可以从能力、意愿和机会三个方面着手。其中，意愿的前提是激励机制和发展机会，而意愿的结果是员工主动提升能力以争取更大的机会。在绩效方面，可以对公司现有的绩效管理机制进行完善，建立价值分配的业绩依据。同时通过建立各级组织和员工的目标责任,以及科学、公正的绩效考核制度,来识别那些勇于担当、能力强、业绩好的员工。

企业生存发展的核心命题是创造卓越绩效,实现可持续健康成长。而企业绩效管理的核心命题则是如何客观公正地评价员工的能力与绩效,依据评价进行价值(利益)分配。稻盛和夫曾说:"对经营者而言,如何有效激励员工的积极性是一个永恒的话题,而这其中难度最大的一点当属如何对部下进行适当的评价。"

绩效管理的一个要点是战略绩效目标的传递、分解与落实,要做到层层分解、逐级实现。具体来说,将公司战略目标分为公司年度绩效目标、部门目标、岗位目标、个人目标,是一个切实可行的方法。绩效管理的另一个要点是各级管理者的责任承担。绩效管理不只是"绩效管理专业人员"的工作,需要公司各个层级的努力,主要需要做到以下四点。

(1) 高层推动。高层是"一把手",需要从高层推动管理完善。

(2) 业务认同。直线经理是PM(绩效管理)的直接实施者,对绩效管理起着至关重要的作用。

(3) 员工认同。员工自身是绩效的自我管理者,只有员工认同的绩效管理才能有效。

(4) 专业支持。PM专业人员提供管理支持,为绩效管理的科学性提供保障。

而在这四个方面中,绩效管理专业人员是绩效考核的技术专家、考核方案的推广者、业务的绩效管理服务者、考核工作的执行推动者、考核结果的分析发布者;直线经理是考核工作的直接实施者、关键信息的核定者、主要的考核评分者、绩效结果的应用者;员工自身是绩效的自我管理者。

绩效管理体系的设计可以依照以下步骤进行。

(1) 分解部门KPI。目标:基于公司战略、年度策略目标分解,以及部门的功能定位,确定各部门的KPI指标体系,作为衡量部门对公司业绩贡献度的标准与依据。

(2) 确定职位的KPI。目标:确定职位的KPI,依据部门对职位的要求和行为规范,制定反映量化行为结果的KPI,从而落实职位以及部门责任,共同指向公司战略的实现。

(3) 绩效管理制度设计。目标:基于分层分类的人力资源管理要求,完善B公司绩效管理流程、制度和程序。强化各级相关部门的绩效管理责任。

(4) 经营检讨方案设计。目标:建立管理者定期经营检讨与述职报告制度,强化持续的绩效改进,通过绩效分析,找出经营问题与短板,提出改善绩效的行动或措施。

思考与讨论

1. 如何理解稻盛和夫的话?
2. 如果你是B公司人力资源部主管,你如何调整公司绩效机制?

案例分析 5-2

A 公司的考核体系

一、背景介绍

从 1996 年开始,A 公司电脑销量一直位居中国国内市场首位;2004 年,A 公司收购某大型电脑制造商 B 公司事业部;2013 年,A 公司的电脑销售量升居世界第一,成为全球最大的 PC 生产厂商。

二、人力资源部分情况

A 公司的考核体系结构围绕"静态的职责+动态的目标"两条主线展开,建立起目标与职责协调一致的岗位责任考核体系。考核实施体系的框架包括四个部分:静态职责分解、动态目标分解、目标与职责结合、考核评价。

(一)静态职责分解

静态职责分解是以职责和目标为两条主线,建立以"工作流程"和"目标管理"为核心,适应新的组织结构和管理模式的大岗位责任体系。

一是明确公司宗旨,即公司存在的意义和价值。

二是在公司宗旨之下确立公司的各个主要增值环节、增值流程,比如市场—产品—研发—工程—渠道—销售等。

三是确立完成这些增值环节、增值流程需要的组织单元,构造组织结构。如产品流程牵头部门为各事业部产品部,服务流程牵头部门为技服部,财务流程牵头部门为财监部等。

四是确立部门宗旨。依据公司宗旨和发展战略并在相应的组织结构下,阐述部门存在的目的和在组织结构中的确切定位。

(二)动态目标分解

一个岗位仅仅知道"做什么""怎么做"还不够,还要知道什么时间要做到什么程度、达成什么目标。动态目标分解就是按照职责这条横线,与时间、目标这条纵线的有机整合,使各部门、岗位之间的职责和工作关系有机地协调起来。

(三)目标与职责结合

1. 战略规划

战略规划的过程是将企业目标具体化。公司战略更多关注的是在哪儿竞争的问题,而不是如何竞争的问题。公司范围的战略分析可以导致增加业务、保持业务、强调业务、弱化业务和调整业务的决定。业务部门将战略落实到组织每一单元的活动中去。A 公司的战略规划分为三个层次:集团战略发展纲要、子公司战略规划、业务部门战略规划。子公司层次的战略规划是业务部门年度业务规划的重要指导,业务规划的结果落实到每年的经营预算,各业务模块的预算都必须与业务规划相联系,在"能量化的量化,不能量化的细化"的原则指导下,业务规划按责任中心和时间进度,分解落实成具体的成本、利润、销量、时间、满意度等指标。业务规划要求首先确立宗旨、职责,根据宗旨和职责,在非常详细的环境分析基础上得出全年的目标。之后,进行经营预算、业务规划、管理规划。

2. 目标分解

为保证各项规划的实施,各牵头部门在与相关部门进行沟通与交流的基础上,将目标按职责分解到相关部门。各部门根据《年度发展规划与目标》,按职责—时间分解为部门内各处的年度目标、各季度的工作目标和实施计划,形成《部门季度计划》;处级经理以上干部,要按季度分解季度目标,并列入处级经理以上干部的考核之中,形成《处级季度(月)工作计划》;重要干部或岗位,要按月分解,制订月工作计划。具体到员工要落实到与岗位责任书对应,比如电脑公司采用了"目标任务书"进行方针目标管理,其要点是:针对部门目标和薄弱环节,重点抓关键环节和重要步骤,对重点工作制订改进措施和计划,并重点推进监控实施,以保证最终实现目标。确定最重要的又确实有能力解决的工作目标,一个部门或岗位一个季度的重点工作3至4项;日常职责则不在"目标任务书"上体现。把企业宗旨和目标分解到个人的"岗位责任书"和"目标任务书"后,为监控和考核打下了扎实基础。

3. 目标落到实处

首先需要在目标与职责之间建立清晰的分解和对应关系,为了建立这种联系,集团管理部门协助建立了大量的各种运作和核算模型,最具特色的是A公司的"屋顶图"。"屋顶图"是A公司根据管理会计原理,结合自己的产品成本结构建立的一个量化的产品经营核算体系。电脑公司台式机事业部通过"屋顶图",将所有的费用细分成广告费、部门费,成本分成材料、制造、运输、技术服务、积压和财务六块,再把前两年的历史数据装进去,就得到清晰的产品成本结构。这六块成本都可以落实到一个最直接的部门,比如说广告费是由市场部负责,部门费用是经营管理部负责,等等。这样就建立起一个架构,使开源节流的任务分解到每一个部门,控制成本的任务进而分解到每一个岗位上去,就把每项费用变成它最直接的部门考核指标。

(四)考核评价

设定职责和目标后,A公司利用制度化的手段对各层员工进行考核评价。

1. 定期检查评议

以干部考核评价为例,A公司干部每季要写对照上月工作目标的述职报告、自我评价和下季工作计划。述职报告和下季工作计划都要与直接上级商议,双方认可。

2. 量化考核,细化到人

比如,A公司的综合考核评价体系分部门业绩考核、员工绩效考核两部分。部门业绩考核的目的是通过检查各部门中心工作和主要目标完成情况,加强公司对各部门工作的导向性,增强公司整体团队意识,促进员工业绩与部门业绩的有机结合;员工绩效考核的目的是使员工了解组织目标,将个人表现与组织目标紧密结合,客观评价员工,建立有效沟通反馈渠道,不断改进绩效,运用考核结果实现有效激励,帮助组织进行人事决策。

考核形式是多视角、全方位的,包括上级对下级的考核,平级之间、下级对上级的评议,以及部门互评等。部门互评的目的是对各部门在"客户意识、沟通合作、工作效率"等软性工作指标方面进行评价,评价结果作为对部门负责人年度绩效考核的参考依据。通过部门互评,发现组织在工作关系方面存在的问题;民主评议的目的是为了考察干部管理业绩,为干部选拔提供参考依据,并为培养干部及干部的自我发展提供参考,帮助干部清醒认识自我,建立干部提升的透明、健康发展机制。员工绩效考核和部门业绩考核每季度进行,部门互评和民主评议,每年综合考评一次。

部门业绩考核均围绕"利润中心"进行考核,同时要体现各自的主题业务。

员工绩效考核的内容分两部分:一是工作业绩结果导向。针对员工根据直接上级与员工预先商定的目标业绩工作计划进行;针对各级管理者则主要是:围绕"管理三要素"并分解成"目标计划、激励指导、公正考评"等管理业绩进行。二是行为表现及能力。这部分为过程导向,按普通员工、各级管理人员分别制定不同的考核标准和权重。

各部门在制订年度规划的同时,制订各自的年度考核方案及季度分解方案;各部门方案上报企管部门,由企管部门负责组织相关业务考核部门与被考核部门沟通、协商,最后确定部门考核方案,包括考核项目、权重、考核数据来源、评分标准等;人力资源部根据考核方案,计算考核得分,再根据部门类别对应,计算分值并反馈给各部门。员工绩效考核则是由个人根据工作述职报告、绩效考核表自评打分,再与直接上级共同商定制订下一季度工作计划、考核表,作为下一季度业绩考核的主要依据;直接上级在员工自评基础上,对照工作计划考核表和员工的实际业绩和表现进行打分,同时对其下一季度的工作计划、完成效果、考核建议等进行审批,通常采用面对面交流或每季一次的干部民主生活会形式;部门总经理对员工及所属部门的考核等级进行审核调整后,汇总到人力资源部,要求符合公司的正态分布比例;绩效面谈,告之考核结果,肯定成绩,提出改进意见和措施,挖掘员工潜力,同时确定下季度工作计划,面谈结果双方签字认可;员工如果对考核评定过程有重大异议,有权向部门总经理或人力资源部提出申诉;所在部门及人力资源部为每位员工建立考核档案,考核结果作为工薪、年度奖金、干部任免、评选先进、岗位调换以及考核辞退的重要依据。

三、案例分析

A 公司绩效考核体系整体来说,体系完整,是一个将目标管理和绩效考核相结合的过程,其优点如下。

(一) 目标管理法应用的优点

(1) 这种对部门、对员工的绩效考核模式,是把公司的目标分派各部门完成,而各部门的目标又分派到各员工身上,让员工订立工作目标。这样就能够把个人目标、部门目标和公司目标连成一线,一级一级地下达命令和执行任务,有利于最终实现组织目标。

(2) 目标管理法以考评员工或组织的工作效果为主,注重的是员工或团队的产出和贡献,即工作业绩,而不是员工和组织的行为和工作过程,所以考评的标准容易确定,操作性强,节省大量的人力、财力、物力。

(3) 运用目标管理法,将组织目标按职责分解到相关部门、岗位和员工个人,这样就在目标和职责之间建立了清晰的对应关系,易确定各部门、岗位的考核指标。如 A 公司的"屋顶图"和对处级经理以上干部的考核。

(二) 制度化考核手段的优点

(1) 制度化考核手段之一是定期检查评议,其中书面报告作为考核评价手段之一,能够将员工在工作中遇到的问题,及时向公司做出反馈和说明情况。同时以员工的工作档案的形式存档,作为将来员工职业发展和公司人事调动、分配的参考依据。而且述职报告和下季工作计划都要与直接上级商议,对下级的工作具有指导和参考价值,如对干部的考核手段。

(2) 量化考核、细化到人的考核方式,操作简便,结果易于统计,而且考核成绩能够直观地反映出员工所做工作的优点、不足,便于及时进行绩效改进。

(三) 多视角、全方位的考核形式的优点

(1) 多视角、全方位的考核形式能够提高考核结果的信度和效度,可将考评者由于个人偏见、人际关系状况等因素造成的考评结果的偏差降到最低,如上级考评、下级考评、同级考评、部门互评方式的结合使用。

(2) 自我考评的方式,能充分调动被考评者的积极性,特别是对那些以"自我实现"为目标的人更显重要。

(四) 考核期限设置的优点

从 A 公司的"员工绩效考核和部门业绩考核每季度进行,部门互评和民主评议,每年综合考评一次"可以看出,该公司很重视绩效考评,这样可以及时掌握各部门、岗位、员工的动态,有利于及时进行绩效改进。

(五) 考核内容的优点

(1) 部门考核内容围绕"利润中心"展开,结合各部门主题业务,操作简便,且体现各部门特色,考核灵活。

(2) 员工考核内容为结果导向和过程导向,而不只是结果导向,通过与员工相互协商就目标的背景与实现方式达成共识,从而认识到组织运作的灵活开展是很有必要的。

思考与讨论

1. 怎样评价 A 公司绩效考核体系?
2. A 公司绩效考核体系给你什么启示?

第六章　薪酬管理

 学习要点

1. 薪酬的含义与作用
2. 薪酬基础理论
3. 薪酬管理的内涵
4. 基于支付依据差异的薪酬体系设计方式
5. 薪酬体系设计的基本原则
6. 薪酬体系设计的步骤和方法
7. 薪酬执行管理中的预算分析
8. 薪酬执行管理中的成本控制
9. 员工福利制度与项目内容
10. 弹性福利计划

第一节　薪酬概述

一、薪酬的含义

薪酬是员工因向所在的组织提供劳务而获得的各种形式的酬劳。现代的薪酬指的不仅是货币和可以转化为货币的报酬,更包括了各种非货币形式的回报。从某种意义上说,薪酬是组织对员工的贡献包括员工的态度、行为和业绩等所做出的各种回报。

从广义上讲,薪酬包括工资、奖金、休假等外部回报,也包括参与决策、承担更大的责任等内部回报。

外部回报是指员工因为雇佣关系从自身以外所得到的各种形式的回报,也称外部薪酬,包括直接薪酬和间接薪酬。直接薪酬是员工薪酬的主体组成部分,它包括员工的基本薪酬,即基本工资,如周薪、月薪、年薪等;也包括员工的激励薪酬,如绩效工资、红利和利润分成等。间接薪酬即福利,包括公司向员工提供的各种保险、非工作日工资、额外的津贴和其他服务,比如单身公寓、免费工作餐等。

内部回报是指员工自身心理上感受到的回报,主要体现为一些社会和心理方面的回报。一般包括参与企业决策,获得更大的工作空间或权限,更大的责任,更有趣的工作,个人成长的机会和活动的多样化等。内部回报往往看不见,也摸不着,不是简单的物质付出。对于企业来说,如果内部回报运用得当,也能对员工产生较大的激励作用。

从狭义上讲,薪酬是指个人获得的以工资、奖金等以金钱或实物形式支付的劳动回报。

二、薪酬基础理论

(一) 传统薪酬理论

1. 马克思主义经济学的工资决定理论

传统的马克思主义工资理论认为工资是资本主义社会特有的经济现象,工资是劳动力价值或价格的转化形态,是在劳动力市场中根据劳动力生产费用和劳动供求关系而形成的。

2. 维持生存薪酬理论

这一薪酬理论最初是由古典经济学的创始人威廉·佩蒂(William Petty)提出的,他把薪酬和生活资料的价值联系起来,提出薪酬是维持工人生活所必需的生活资料的价值。

3. 人力资本理论

人力资本理论虽不是薪酬决定理论,但是它对薪酬的决定有影响。西方经济学认为,资本主要有两种形式,即体现在物质形式方面的物质资本和体现在劳动者身上的人力资本。劳动者的知识、技能、体力等构成了人力资本,人力资本对经济增长起着十分重要的作用,能够促进国民收入明显的增加,因此,人力资本投资必然影响到薪酬收入。

4. 薪酬资金理论

这一理论认为,如果雇佣劳动者的就业总基金没有增加或者如果竞相就业的人数不减少,薪酬是不可能增加的。同理,如果用作支付劳动力的资金不减少,或者如果领取薪酬的劳动力人数不增加,薪酬是不会下降的。

5. 边际生产率薪酬理论

边际生产率这一概念由约翰·克拉克(John Bates Clark)提出,指最后追加的单位劳动所带来的产量的增加。由于存在边际生产率递减的规律,对劳动的雇佣数量并非越多越好,在劳动雇佣量达到某一足够大的量后,劳动的边际生产率为零。

6. 供求均衡薪酬论

供求均衡薪酬论的创始人是阿弗里德·马歇尔(Alfred Marshall)。他以均衡价格论为基础,从生产要素的需求与供给两方面来说明薪酬水平的决定。他认为各种生产要素都可视为商品,而要素收入都表现为这些商品的价格,作为价格,它们也都取决于市场供求这两方面的均衡力量,即取决于要素的边际产出与要素供给者的边际负效用之间的某种均等关系。

7. 效率薪酬理论

效率薪酬理论的基本观点是工人的生产率取决于薪酬率。薪酬率的提高,将导致工人生产率的提高,故有效劳动的单位成本反而可能下降。

8. 绩效薪酬的激励理论

(1) 需要层次理论的基本观点认为,人的行为是由动机引起的,而动机又是由人的需要决定的。因此,首先要把需要变成目标,从需要出发,激发人们的行为动机,引导其行为。

(2) 人性假设理论,指任何组织的管理者在管理下属时,对其管理对象所持的基本看法,有人称之为"管理的假定"。

(3) 期望理论认为一个人从事某种活动的动力取决于两种因素:该项活动所产生成果的吸引力和预计获得成果的可能性。某项活动成果的吸引力是指人们在获得成功后能够得到的满足感,这取决于他们个人的主观感受,而且同种成果对于不同的人可能具有不同的吸引力。

(4) 公平理论,揭示了人们由于将报偿与他人比较而得到心理平衡感与他的行为积极性之间的关系,人们总是习惯将自己所得的报偿进行比较。

(二) 薪酬理论的新发展

1. 内容型激励理论和综合型激励理论

内容型激励理论强调内在性激励因素对人们行为的影响,如双因素理论、需要层次理论和需求成就理论。激励理论中的过程学派注重外在激励,而内容型激励理论注重内在激励,如果把两者结合起来,将达到更好的激励效果,这就是综合型激励理论。

2. 委托代理理论

可以用委托代理理论对薪酬管理模式进行分析。委托代理理论认为提高员工工作效率的关键,是要改善组织管理中的激励规则,即建立敬业激励内容的激励规则,使得每个员工在其自由选择的自利目标下,追求自我利益时恰好实现组织的敬业激励目标。

3. 利润分享理论

分享利润强调把工人的薪酬与某种能够恰当反映厂商经营的指数相联系,这样,工人与厂商在劳动力市场上达到的不再是具体规定每一工作小时的固定薪酬合同,而是确定工人与资本家在厂商收入中各占多少分享率的协议。

三、薪酬的作用

任何一种管理制度都要实现一定的作用和目标,薪酬管理也不例外,从功能角度看,企业对员工支付薪酬主要是为了实现以下目标。

(一) 补偿性

职工在劳动过程中体力与脑力的消耗必须得到补偿,保证劳动力的再生产,劳动才得以继续,社会才能不断进步发展。同时,职工为了提高劳动力素质,要进行教育投资,这笔费用也需要得到补偿,否则就没有人愿意对教育投资,劳动力素质就难以不断提高,进而影响社会发展。在市场经济体制下,对以上两方面的补偿不可能完全由社会来承担,有相当一部分要由个人承担解决,对于员工来说,通过薪酬的取得以换取物质文化生活资料,就可保证劳动力消耗与劳动力生产费用支出得到补偿。

(二) 激励性

在社会生活中,物质文化生活资料是作为商品来生产和流通的,价值规律仍起着调节作用,货币仍然是价值尺度和流通手段。职工为了取得所需要的物质文化生活资料,只能用货币去购买。货币薪酬多,购买的生活资料就多,生活水平就高;反之就低。显然,为了提高生活水平,就要通过多劳动来多得薪酬,但是薪酬的多少不仅取决于提供的劳动量,还在于劳动的质量。质量高,薪酬就多;反之薪酬就少。因此,职工为了取得较多的薪酬,提高生活水平,还应不断地提高自身素质,以求能够提供数量更多、质量更高的劳动,从而获得更多的薪酬。通过薪酬的这一激励职能,就能从物质利益上激励员工关心自己劳动力素质的提高和劳动成果的增加,最终使全社会的经济不断发展提高,人民生活不断改善。

(三) 调节功能

首先,薪酬的调节功能主要表现在引导劳动者合理流动。在劳动力市场中,劳动供求的短期决定因素是薪酬。薪酬高,劳动供给数量就大,反之就少。因此,科学合理地运用薪酬这个经济参数就可以引导劳动者向合理的方向流动,使其从不急需的产业(部门)流向急需的产业(部门),从发挥作用小的产业(部门)流向发挥作用大的产业(部门),达到劳动力的合理配置。其次,薪酬的调节功能还表现在通过对薪酬关系、薪酬水平的调整来引导劳动力努力学习和钻研企业等经济组织急需的业务(技术)知识,从人才过剩的职业(工种)向人才紧缺的职业(工种)流动,既满足了各行各业的需要,又平衡了人力资源结构。最后,薪酬的确定,还能协调国家、集体、个人三者的利益关系。

(四) 效益性

薪酬对企业等经济组织来说是劳动的价格,是所投入的可变资本。所以,不能将企业的薪酬投入仅看成是货币投入。它是资本金投入的特定形式,是投入活劳动(通过劳动力)这一生产要素的货币表现。因此,薪酬投入也就是劳动力投入,而劳动是经济效益的源泉。此外,薪酬对劳动者来说是收入,是生活资料的来源。在正常情况下,一个劳动者所创造的劳动成果总是大于他的薪酬收入,剩余部分就是薪酬经济效益。从雇主的角度来看,薪酬具有效益职能,也正因为薪酬的效益职能,社会才可能扩大再生产,经济才能不断发展,人们的生活水平才会不断提高。

(五) 统计与监督

薪酬是按劳动数量与质量进行分配的,所以,薪酬可以反映出劳动者向社会提供的劳动量(劳动贡献)大小。薪酬是用来按一定价格购买与其劳动支出量相当的消费资料的,所以,薪酬还可以反映出劳动者的消费水平。因此,通过薪酬就把劳动量与消费量直接联系了起来。通过对薪酬支付的统计与监督,实际上也是对于活劳动消耗的统计与监督,进而也是对消费量的统计与监督,这有助于国家从宏观上考虑合理安排消费品供应量与薪酬增长的关系以及薪酬增长与劳动生产率增长、国内生产总值增长的比例关系。

第二节 薪酬管理

一、薪酬管理的内涵

企业薪酬管理就是企业管理者对本企业员工报酬的支付标准、发放水平、要素结构进行确定、分配和调整的过程,主要以薪酬构成要素、薪酬体系重审、薪酬水平管理三方面为主。在当前激烈的市场经济环境下,企业要想提高自身竞争力,则需要不断引进和吸纳高素质的人才。同时还要对人工成本进行充分考虑,因此企业在发展过程中,其用于薪酬支付的额度不仅要能够提高企业的竞争力,而且还要将人工成本控制在合理范围内。企业薪酬构成要素包括基本工资、奖励工资和各种福利等,同时薪酬体系重审也涉及技术、能力和绩效等多个方面的薪酬体系,因此科学合理的薪酬管理对于企业的长远发展及经济效益目标的实现具有非常重要的意义。

(一) 薪酬管理的传统定位

组织中的战略大体分为三个层次。

(1) 公司战略:包括产业选择以及产业内扩张方案的选择。

(2) 经营战略:指通过何种方式在一个特定产业内竞争,包括波士顿产品矩阵及迈克尔·波特(Michael E. Porter)的三种基本竞争战略,即总成本领先战略、差异化战略和集中化经营战略,以及米尔科维奇的三种基本经营战略,即创新战略、成本领先战略和客户中心战略。

(3) 功能战略:包括管理各个部门(职能)的方向与模式,比如市场营销战略、财务战略、人力资源战略等。

按照上述战略的层次划分,薪酬管理既可以被视为一种相对独立的功能战略——它与人力资源战略属于同一层级,公司战略直接决定经营战略从而决定薪酬战略;它又可以被视为从属于人力资源战略——公司战略影响人力资源管理战略从而对薪酬战略产生间接影响,这样,薪酬战略就成为经营战略和人力资源管理战略的一种直接延伸。这两种视角都强调了一点,即公司战略对薪酬战略具有驱动作用,同时薪酬战略对公司战略和经营战略的实现具有重大影响。

(二) 薪酬管理的全新内涵——战略性薪酬管理

随着薪酬管理理论的不断发展和人们对薪酬在组织运营中所扮演角色的重新认

识,薪酬管理的内涵已经发展到一个全新的阶段——战略性薪酬管理。简单地说,战略性薪酬管理就是从战略的角度来看薪酬管理。薪酬管理不再被视为仅仅对员工所付出劳动和所做出贡献的补偿和回报,而是一整套把企业愿景、价值观和经营目标转化为具体的行动方案,并使这些行动方案得以有效实施的管理流程。

战略管理理论对于战略有着不同的解释。迈克尔·波特在《竞争论》中指出了对战略的关键理解:"经营的有效性不等于战略","战略是差异化的选择和定位","战略就是使企业的各项活动都具有适应性","适应性"驱动竞争优势和可持续的发展。

因此,基于战略管理理论和薪酬管理理论,战略性薪酬管理有以下三大要素。

1. 适应性

战略性薪酬管理不是一成不变的薪酬管理,而是动态的,具有不断适应企业内外部环境变化的能力。

2. 基于未来

战略性薪酬管理能协助企业战略的确定和实施,帮助企业实现愿景和目标。薪酬的制定不是被动地解决当期问题,而是基于对未来主动的思考。

3. 基于人性

战略性薪酬管理能向员工有效传达企业所需要和认可的行为和态度,同时根据员工的个性化需要,设计符合战略需求的薪酬体系。

二、薪酬体系

基于支付依据的差异,薪酬体系主要有以下几种方式。

(一) 职位薪酬——以职位为基础的薪酬体系

不同层次的员工对薪酬的需求并不相同,适合不同层次员工(高管人员、中层员工、销售人员、研发人员、生产人员等)的薪酬形式和支付模式也应不同,总体薪酬的各个不同模块的激励效果也应该有所区分。因此,企业应该构建一套分层分类的薪酬体系,通过职位分析进行以职位为基础的薪酬管理,这体现了企业对不同层级员工价值的基本看法。

职位薪酬的建立,需要相关的理论假设。从企业内部的角度看,需要注重薪酬的相对公平,根据员工对企业的贡献进行付酬;从外部劳动力市场来看,职位薪酬要有一定的竞争力,避免优秀人才的流失。职位评价和市场薪酬调查是职位薪酬设计过程中最为重要的两个环节,也是实现职位薪酬内部公平和外部公平的基础。顾名思义,职位薪酬在体系设计中,以职业职位为中心,而非以任职者为中心,以该职位对组织的相对重要性和贡献大小作为其薪酬决定的基础。当任职者不足以胜任该职位时,组织将以职位调动的方式对任职者进行调换,以保证在职人员能够达到该职位的任职资格,履行职位职责。因此,对于那些职位相对稳定,职责分工较为明确的组织而言,职位薪酬是较好的选择,职位薪酬体系通常具有较为明确的薪酬等级,金字塔式的薪酬结构决定了员工通过职位晋升获得薪酬的提升。

(二)能力薪酬——以人为核心的薪酬激励体系

广义的能力薪酬是对人的各项素质的一种补偿,即对人的素质的各项人力资本投资的一种补偿,并假设人在具备这些素质后,能运用到工作中产生绩效。因此,它不同于职位薪酬是根据职位的价值给予员工补偿,而是根据员工成功获得与工作相关的技术或知识来奖励他们在工作中做出的贡献的潜能。

广义的能力薪酬应该包括技能工资、知识工资和胜任力工资等主要的工资类型。

技能工资一般用于从事专业技术劳动的员工,在他们掌握了新技术以后增加他们的工资。知识工资用于奖励成功学习了某些课程的管理、服务或专业人员。胜任力工资也是一种能力工资,有时被等同于广义的能力工资,即它是包含了为员工的技能、知识和各种能力或素质支付薪酬的综合性工资计划。相对于前两者而言,胜任力工资涉及的素质或能力更为抽象,与组织对员工的具体的技术和知识要求离得相对较远,更为关注组织的愿景、使命、价值观、战略目标对员工个人能力的要求。胜任力工资一般常用于组织的中高层管理人员,或者高级知识型人才或技术专家,胜任力工资实质是一种对这些员工的深层次素质、内在特质与动机的一种报酬支付。拥有这些良好素质的员工,往往被认为能够取得更好的工作绩效,因此,胜任力工资是对他们的潜在高绩效的一种奖励,同时又进一步开发与激励员工更深层次的内在特征,从而形成一种良性循环。

(三)资历薪酬——以资历为基础的薪酬体系

资历薪酬是指薪酬随着年龄和工作年限的变化而变动的薪酬体系,是企业对员工为企业发展做出贡献的一种认可与激励。在资历薪酬体系中,资历薪酬以员工在企业的工作时间长短为依据,不区分职位等级,根据不同工作年限设置不同的资历薪酬标准。资历薪酬体系中的资历一般是指员工在企业中的工作年限,即资历薪酬随员工在企业中工作时间的增加而增加,具有代表性的资历薪酬制度是日本终身雇佣制中的资历薪酬。

资历薪酬具有浓厚的社会保障色彩。从薪酬结构来看,保障员工本人及其家属生活消费需要的薪酬占总薪酬的比重最大,除考虑到员工为企业做出的贡献之外,企业还会考虑员工在衣食住行等方面的需要,为员工提供各种津贴、补贴,以帮助员工解决其个人以及家庭的生活需要。各个企业的员工序列薪酬标准不同,薪酬序列由企业单独制定,而不是根据行业或产业竞争来决定,强调了薪酬的内部公平性。

资历薪酬有以下优点:首先,可以保障员工的基本生活需求,薪酬随年龄以及工作年限的增加而增长,会增强员工的归属感,同时能够减少员工的生活压力。其次,资历薪酬可以帮助营造和谐融洽的团队氛围,避免员工之间的不当竞争,减少员工的工作压力,增强团队协作能力;而且,资历薪酬减少了员工的失业风险,同时企业为员工提供长期的技能培训,有利于技术水平的进一步提高和改进,提高了工作质量。最后,资历薪酬的适应性较强,有利于企业内部的人才流动,实现合理的人岗匹配。

值得注意的是,资历薪酬同样存在缺点:首先,资历薪酬容易被员工误解,对于不同学历、不同生产熟练水平的人来讲,薪酬取决于年龄以及在企业的工作年限,与员工的贡献大小无关,只要员工在企业内的工作时间长,即使能力不高,薪酬也能够增加。由于不能反映员工的实际工作能力以及工作绩效,资历薪酬容易造成员工薪酬与工作绩效之间的不匹配,削弱具有高学历、高生产技能的员工的工作积极性。其次,资历薪酬,不仅考虑到薪酬与员工贡献相挂钩,还将员工的个人及家庭生活需求联系起来,薪酬体系中包含各种间接性的补贴和津贴,包含要素过于庞杂,在增加薪酬时对能力要素的把握缺乏准确性。再次,员工薪酬的增长不能够与企业的战略目标相结合,不利于企业战略目标的实现。最后,资历薪酬阻碍了企业招聘更为优秀的员工,企业内部原有的绩效差的员工缺乏应对市场竞争的能力,限制了企业竞争力的提高。

根据资历薪酬各个薪等之间的关系,资历薪酬包含四种模式:重叠模式、接合模式、分离模式和混合模式。

(四) 绩效薪酬——以绩效为标准的薪酬体系

所谓绩效薪酬,就是与工作绩效相挂钩的薪酬,其额度的大小取决于员工绩效的好坏。目前理论界在绩效的界定方面主要有以下三种观点:第一,将绩效视为结果。该观点认为,绩效实际上是指个体行为的结果。第二,将绩效视为行为。该观点认为,绩效是指个体在工作场所的行为。第三,将工作行为与胜任特性相联系。一方面强调能力就是行为,另一方面将能力定义为个人的潜在特性,基于能力的评价是一种向前看的管理方式。

因此可将绩效薪酬定义为与工作结果以及工作相联系的行为和能力、组织环境等与绩效相关的工资支付。按照绩效薪酬激励的对象,可将绩效薪酬计划分为个体激励计划与团队激励计划两种类型。

绩效加薪被定义为员工获得基于对他们前一个工作时期的个体绩效(绩效排序)的工资酌情增加的薪酬计划。绩效加薪依据于对员工工作结果的评价,得到的评价越高,获得的加薪就越多。绩效激励计划往往针对性强,能够将个体的工作表现与薪酬紧密地联系起来,在提高生产率、降低成本和增加收入方面发挥着巨大作用。在多数情况下,如果能够改进组织和工作的测量水平,与其他付薪制度相比,绩效薪酬制度能够更加精确地估算劳动力成本,从而有助于控制成本和预算。

但是,学者萨平顿(David E. Sappington)认为,绩效薪酬计划存在着两个普遍性的问题:第一个问题是绩效薪酬的激励效果受到这样一个因素的影响,即一位劳动者的产出在多大程度上会受到不为自己所控制的外部力量的影响。第二个问题是必须选出一个与雇主的最终目标保持一致的产出衡量指标,虽然定量产出容易衡量,然而一些定性的方面,如客户忠诚度、员工满意度等也至关重要,一种设计不够完善的绩效衡量指标可能产生一种相反的效果,它会引导员工将自己的努力配置至那些容易被衡量的绩效方面,而忽视对自己工作真正重要的其他方面的职责。

(五) 团队薪酬——以团队效益为基础的薪酬体系

在组织中,通常会遇到的团队大致包括以下四种类型:问题解决团队、自我管理团队、多功能团队和虚拟团队。

问题解决团队的工作重点是改进工作程序,提高生产效率,改善工作环境等,由于团队中的成员拥有的自主决策权较小,几乎不能根据他们提出的建议采取单方面行动,因此问题解决团队在提高员工参与工作的积极性以及工作效率方面的激励效果较小。自我管理团队通常由10至15个具备相关技能、工作经验或从事相互依赖性工作的成员组成,具有较大的自主决策权,负责安排工作日程、分配工作任务、把握工作进度、制定实施决策、实施决策等。多功能团队也叫交叉功能团队、跨职能团队,团队由来自同一等级、不同工作领域的员工组成,其目的是能够共同完成某项任务。虚拟团队由分散于不同时间、空间以及组织边界的成员组成,他们通过电子信息技术进行沟通协作,完成共同的目标。

一般而言,判断是否应当建立团队的依据,是团队工作的效益是否高于使用团队的成本。当团队工作的效益高于团队成本时,应该使用团队,即团队的工作总体效益大于团队成员单独工作的效率之和。团队工作的正效益,主要包括三个方面,即互补性、专业化和知识传授。

团队的激励方式分为显性激励和隐性激励。显性激励主要包括团队奖金、利润分享计划、收益分享计划、股票及股票期权等,以上激励主要是从物质奖励方面对团队成员进行激励。隐性激励是指在公开的显性收入之外,企业对员工采取的非公开的隐性激励方式。通常情况下,隐性激励在团队激励中所占的比重很大,可能高于显性激励所占的比重。隐性激励主要包括隐性利润分享计划、文化与规范、职业生涯规划与培训等。

三、薪酬体系设计

(一)薪酬体系设计的基本原则

图6-1为薪酬设计的传统原则。

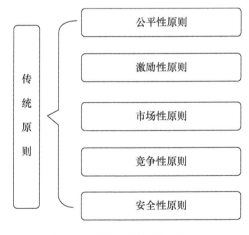

图6-1 薪酬设计的传统原则

1. **公平性原则**

管理者在制定薪酬政策时，必须处理好三个公平问题：外部公平、内部公平和员工公平。

外部公平是指公司员工所获得的报酬，比得上其他公司完成类似工作员工的报酬；内部公平是指在组织内部，依照员工所从事工作的相对价值来支付报酬，这就要对员工所做的工作进行评价；员工公平是指仅依据员工的诸如业绩水平和资历等个人因素，对同一家企业完成类似工作的员工进行付酬。

2. **激励性原则**

从对员工的激励角度上讲，可以将广义的薪酬分为两类：一类是保健性因素（或称为维护型因素），如工资、固定津贴、社会强制性福利等；另一类是激励性因素，如奖金、物质奖励、股份、培训等。一方面，如果保健性因素达不到员工期望，会使员工感到不安全，进而出现士气下降、人员流失，甚至招聘不到人员等现象。另一方面，尽管高额工资和多种福利项目能够吸引员工加入并留住员工，但这些常常被员工视为应得的待遇，难以起到激励作用。真正能调动员工工作热情的是激励性因素。

3. **市场性原则**

不管采取什么原则确立企业员工的薪酬，对于企业所有者来说最终的目的都是为了激发员工的工作积极性、主动性和创造性，确保所经营资产的保值与增值以及企业的可持续发展。如果没有人才市场，企业员工没有危机感和竞争意识，那么，不管根据什么原则、确定多高的薪酬，都难以对其产生好的激励和约束作用。企业员工的劳动、资本价值以及知识，只有通过市场才能得以衡量和最好发挥。

4. **竞争性原则**

企业要想留住具有竞争力的真正的优秀人才，必须制定出一套对人才具有吸引力并在行业中具有竞争力的薪酬系统。如果企业制定的薪资水平太低，那么必然在与其他企业的人才竞争中处于不利地位，甚至还会损失本企业的优秀人才。所以除了较高的薪资水平和正确的价值取向以外，灵活多变的薪酬结构也是企业吸引优秀人才的重要举措之一。

5. **安全性原则**

薪酬系统的安全性原则即为薪酬系统的合法性原则，这是必不可少的。它是建立在遵守国家相关法律法规、相关政策和企业一系列管理制度基础之上的合法性。如果企业薪酬系统与现行的国家的法律法规和政策、企业管理制度等不相符合，则企业应该迅速进行改进，使其具有合法性。

（二）薪酬设计步骤

图 6-2 为薪酬设计步骤。

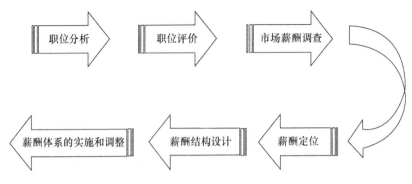

图 6-2 薪酬设计步骤

1. 职位分析

职位分析是职位薪酬制定的基础。职位分析将职位本身所要求的技能、教育水平、工作环境、工作职责等通过职位说明书展现出来,这些信息对于每个职位的相对价值至关重要。

在企业现有的包含职位基本信息、工作环境、任职资格等内容的职位说明书的基础上,对企业现有的职位类型进行种类划分,然后按照这几大类设计基本的薪酬体系,从而简化程序。岗位分类法一般适合职位说明书清楚明确、工作对象比较固定的企业。具体的职位分析主要包括以下六个步骤。

(1) 确定职位分析信息的用途。

(2) 搜集与职位相关的背景信息,设计组织图和工作流程图。组织图不仅明确了每一个职位的名称,而且用互相联结的直线明确表明了谁应该向谁汇报工作,以及工作的承担者将同谁进行信息的交流,等等。工作流程图则提供了与工作有关的更为详细的信息。

(3) 选择有代表性的职位进行分析。

(4) 搜集职位分析的信息与数据。

(5) 同承担此工作的有关人员共同检查所搜集到的职位信息。

(6) 编写职位说明书和职位规范。

2. 职位评价

职位评价是确定组织内部职位相对价值的大小的过程,它通过提取职位中的报酬要素,对职位价值大小进行相互比较从而确定组织内部的薪酬等级和结构市场。

职位评价通常包括以下五个步骤。

(1) 职位评价前的准备工作。

(2) 基准职位和报酬要素的选取。

(3) 职位评价方法的选择。

(4) 职位评价的实施阶段。

(5) 评价结果的调整。

3. 市场薪酬调查

除内部的职位价值评价之外,外部市场薪酬水平对企业薪酬制度的确立也至关重要,因此要进行外部市场薪酬调查。市场薪酬调查的主要作用是保证组织职位薪酬水平和结构的外部合理性和公平性,保证能够吸引和留住那些能够促进企业长期发展的优秀员工在企业任职,至少不会让企业核心员工过多地流失。市场薪酬调查的程序一般包括界定相关劳动力市场、划定调查范围和对象、确定调查内容和方法、组织实施调查、分析调查数据、运用调查结果等步骤,如图6-3所示。

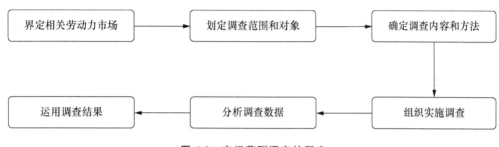

图6-3 市场薪酬调查的程序

4. 薪酬定位

在分析同行业的薪酬数据后,需要做的是根据企业状况,选用不同的薪酬水平。影响公司薪酬水平的因素有多种。从公司外部看,国家的宏观经济、通货膨胀、行业特点和行业竞争、人才供应状况甚至外币汇率的变化,都对薪酬定位和工资增长水平有不同程度的影响。在公司内部,盈利能力和支付能力、办公人员的素质要求是决定薪酬水平的关键因素。企业发展阶段,人才稀缺度、招聘难度、公司的市场品牌和综合能力也是重要影响因素。在薪酬定位上,企业可以选择领先策略或跟随策略。

5. 薪酬结构设计

薪酬结构设计是整个薪酬体系设计的关键环节,清晰合理的薪酬结构既可以帮助企业有效地控制薪酬成本,又能够对员工的工作行为起到指示性作用,传达组织对员工的工作期望,从而最大化地激励员工。工资结构设计涉及确定每一职位或者职位等级的工资范围,包括中点工资、最高工资、最低工资和工资范围系数。它使得企业能够建立起对工资进行管理的结构,并使企业能够针对从事相同工作但拥有不同能力水平和工作绩效的员工给予不同的报酬。在国际上通行的工资结构往往包括传统的职位等级结构和宽带结构:职位等级结构是根据职位评价结果将组织内的职位划分为若干等级,然后针对不同职位等级设计工资范围;宽带结构是相对于传统的职位等级结构所提出来的,是指将传统职位等级结构中的几个相邻等级合并为一个等级,从而使每一等级的工资范围变得更大的一种工资结构设计方法。

6. 薪酬体系的实施和调整

在确定薪酬调整比例时,要对总体薪酬水平做出准确的预算,为准确起见,最好由人力资源部和财务部共同作此预算。在制定和实施薪酬体系的过程中,及时的沟通,必要的宣传或培训,是保证薪酬改革成功的因素之一。从本质意义上讲,劳动报酬是对人力资源成本与员工需求之间进行权衡的结果,世界上不存在绝对公平的薪酬方式,只存在员工相对满意的薪酬制度。人力资源部可以利用薪酬制度问答、员工座谈会、满意度调查、内部刊物甚至论坛等形式,充分介绍公司的薪酬制度制定依据,提升员工对现行薪酬制度的满意度。

(三)薪酬设计的具体方法

薪酬政策需确定企业各类员工薪酬的具体计算方法。在同一企业中,不同类别的员工可以选择不同的薪酬计算方法。例如对一线员工选择计件制或者计时制,对高级管理人员采取年薪制,对一般员工采取考绩制,对营销人员采取分红制。在不同企业间薪酬计算的具体方法更有可能存在差异性。薪酬计算的方法如图6-4所示。

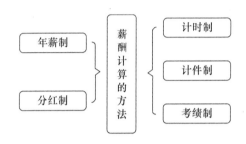

图 6-4 薪酬计算的方法

1. 计时制

计时制是根据工作持续时间的长短,确定员工薪酬的计酬制度。作为计酬的时间单位可以是年、月、周、日、小时等,特定员工的薪酬是取决于其工作持续时间长短和单位时间里的薪酬率。在计时制下,薪酬设计的重点就是确定薪酬率。薪酬率的高低,可能受制于企业内外部的各种因素及员工自身的各种因素,企业在设计薪酬时有可能考虑或重点考虑其中某些因素,这些都取决于企业员工的客观情况以及管理者的管理观念等。

2. 计件制

计件制是以完成产品的数量计量薪酬的薪酬计算方法。在实际操作中,计件制又有三种具体形式:一是单一计件制。在此计件制下,企业中所有适用计件制的员工,均统一地按同一的单位产品薪酬计酬。二是保证计件制。这是一种较为人道的计件制,在此制度下,若员工在特定时间里完成的产品数量较低,且低于某一临界值,则员工可获得固定的保证薪酬;员工在特定时间里完成的产品数量若高于临界值,则按件计酬,从而使员工获得超出保证薪酬的薪酬。三是差别计件制。这种计件制的基本思路是要激励员工在一定的时间里能完成更多的产品件数。差别计件制规定,员工完成的产品数量越多,单位产品的薪酬也就可以越高。

3. 考绩制

考绩制也是计时制的具体表现形式之一。通常情况下,考绩可以有两种具体形式,完全考绩制与部分考绩制。

完全考绩制是指员工的薪酬完全由员工的绩效考核结果确定。有些企业对员工的薪酬就完全按其考核的业绩来确定。但是在实际生活中,企业用得比较多的是部分考绩制,此时员工的薪酬实际上被分为两个基本的部分:基础薪酬和考绩薪酬。基础薪酬对与他同等资历的员工来说是相同的,一般占员工薪酬的30%—70%不等。对特定的员工来说,考绩薪酬最低的为零,最高薪酬则依据薪酬政策的具体规定而定。

在考绩之下,最低薪酬与最高薪酬的差度是需要认真斟酌的问题。差度太小,效果可能不明显;差度太大,背离公平原则,效果也就可能适得其反。就考绩制的基本思路来说,它应该是一种计算薪酬的较为理性的方法,尤其是部分考绩制既照顾到员工的基本需求,又能对员工产生较好的激励。

4. 年薪制

企业实施年薪制薪酬体系的测算流程大致如下:第一步,对薪酬体系中年薪制的员工进行参评岗位工作评价。第二步,按照评价点值将岗位排序,确定基准岗位,通常是确定排序之后点值最低的岗位为基准岗位,但可以根据实际情况做相应调整。例如,当测算点值最低的岗位具有特殊性而不便于做基准岗位时,可以取点值倒数第二位的岗位为基准岗位。确定基准岗位的内容有两点:一是确定基准岗位年薪,并且可以使用基准年薪系数对基准年薪总额进行调整。二是得出其他岗位的对比系数,可以使用评价点值调整系数对对比系数进行调整。第三步是测算工资,将基准岗位核定工资乘以对比系数从而得到初步的测算工资,再对岗位调整系数进行调整,从而再次得到以基准岗位核定工资乘以对比系数再乘以岗位调整系数的测算工资。

5. 分红制

这不是一种完全的薪酬计算方法,而只是基本计算方法的补充方法。企业中存在的薪酬计算的基本方法,可以是计时制的,也可以是计件制、年薪制、考绩制的。分红制与我们通常所讨论的分享制度在基本思路上有一致之处,差别在于分享制度是将企业销售收入扣除生产资料耗费后的部分,作为企业的所有者、管理者与员工之间分享的对象物;从经营的基本理念来看,分享制度是把企业所有者、管理者与一般员工的利益较为紧密地捆绑在一起,而分红制只是想使管理者与一般员工的利益与企业所有者的利益具有一定的联系。在具体操作上,分红制有两种形式:一是以企业中的管理层或者核心管理层为对象的分红制;二是以全体员工为对象的分红制。

在实际生活中,作为分红对象的利润,有时一部分是较为严格意义上的利润,有一部分则是将员工的正常薪酬扣除采取利润形式发放,后者所谓的分红制只是企业的一种薪酬策略,一种与一般的心理定价策略类似的心理薪酬策略。

第三节　薪酬执行管理

一、薪酬执行管理环节

薪酬执行管理是建立完整的薪酬体系并保证其实施落地的关键环节,薪酬的执行在实施上应当是贯穿始终的。薪酬预算、薪酬成本控制和薪酬沟通是薪酬执行的三个主要环节,其中,薪酬预算与薪酬成本控制是紧密相扣的,而薪酬沟通反馈的结果又将为企业薪酬策略的调整提供宝贵的意见,从而形成薪酬管理的循环闭环。

薪酬预算是组织规划过程的重要部分,是确保未来财政支出的可调整性和可控性的关键环节。在进行薪酬预算时要充分考虑到企业的内部环境和外部环境,通常的薪酬预算方法有自上而下法和自下而上法。

薪酬成本控制与薪酬预算互相制约、紧密相连,共同确保企业的财务预算在可承受的范围之内,薪酬成本控制的关键点包括劳动力雇佣量和薪酬结构的各个组成部分等。

薪酬沟通的形式纷繁多样,意义重大,在薪酬沟通的操作过程中有许多需要避免的误区,薪酬沟通应当贯穿于薪酬管理的整个过程,并为薪酬策略的调整提供宝贵的建议。

二、薪酬预算

(一) 薪酬预算的内涵

薪酬预算,是指企业管理者在薪酬管理过程中进行的一系列成本开支方面的权衡和取舍。薪酬预算是薪酬控制的重要环节,准确的预算可以保证企业在未来一段时间内的薪酬支付受到一定程度的协调和控制。薪酬预算要求管理者在进行薪酬决策时,综合考虑企业的财务状况、薪酬结构及企业所处的市场环境因素的影响,确保企业的薪酬成本不超出企业的承受能力。

薪酬预算是一项较为复杂的工程,它通过成本收益分析控制企业成本支出,同时为企业评估提供基础。薪酬预算的难点不在于预算的编制,而在于预算所反映出的组织结构和薪酬设计的难度。薪酬预算影响着组织权力的分配,是人力资源部门与财务部门、运营部门功能的结合。薪酬预算本身作为一种沟通工具,提供了调和组织内部部门冲突的手段。

(二) 薪酬预算的作用

薪酬是企业与员工之间达成的一项隐含契约,它体现了雇佣双方就彼此的付出和给予达成的一致性意见。正是凭借这一契约,员工个人与企业之间的交换才得以实现。因此,在企业复杂的人力资源管理过程中,科学、合理的薪酬预算可以发挥以下几个方面的作用。

- 服务于战略规划。
- 降低劳动成本。

- 影响员工流动率。
- 影响员工绩效表现。

(三) 薪酬预算的环境分析

在薪酬预算之前,充分了解企业所处的内外部环境对于准确的薪酬预算是十分重要的。通过这一环节,企业可以更清晰地了解自己目前的位置、市场环境、竞争对手状况、行业动态以及其他要面临的机遇与挑战,同时还有助于企业制定相应的应对策略。

1. 内部环境分析

企业制定薪酬预算的内部环境主要取决于组织既有的薪酬决策和它在招募、保留员工方面所花费的费用。为了清楚地把握企业自身当前的内部状况,企业必须深入了解企业薪酬支付能力、薪酬策略、人力资源流动情况、招聘计划、晋升计划、薪酬满意度等人力资源政策的各个方面。

2. 外部环境分析

从薪酬预算的角度来说,企业了解外部市场的一种常见方式就是进行薪酬调查。通过这种薪酬调查,企业可以收集到有关市场情况、市场薪酬水平、市场薪酬变化趋势以及标杆企业或竞争对手的薪酬支付水平等方面的信息。

3. 薪酬预算的方法

薪酬预算对于任何达到一定规模的企业来说都是不可掉以轻心的一件大事。虽然企业在这方面采用的方法众多,但最常规的薪酬预算方法主要是以下两种,即自上而下法和自下而上法。

(1) 自上而下法

自上而下法也称宏观接近法,是指组织的高层管理人员根据组织的总体业绩指标和下一年度发展的预期,确定组织薪酬预算的总额和增薪的标准,再按照一定的比例把它分配给各个部门。自上而下法的特点表现为特定企业里这一流程所需的层级数是与组织结构的繁简程度成正比的。因此,在结构复杂、层级繁多的机械型企业里这一过程是相当烦琐的,倘若管理不力,可能给组织带来较大的管理成本。下面将介绍采用自上而下法进行薪酬预算时的三种常见的操作方法。

①根据劳动分配率推算合适的薪酬费用总额

劳动分配率表示企业在一定时期内新创造的价值中有多少比例用于支付人工成本,它反映分配关系和人工成本要素的投入产出关系。同一企业在不同年度劳动分配率的比较、在同一行业不同企业之间劳动分配率的比较,说明人工成本相对水平的高低。劳动分配率的计算公式为:

$$劳动分配率 = 薪酬费用总额/附加价值 \times 100\%$$

公式中的附加价值,对企业来说,是企业本身创造的价值,它是生产价值中扣除从外面购买材料或劳动力的费用之后,所附加在企业上的价值。附加价值是劳动与资本之间分配的基础。

②根据盈亏平衡点推断出适当的薪酬费用比率

盈亏平衡点又称零利润点、盈亏临界点,通常是指全部销售收入等于全部成本时(销售收入线与总成本线的交点)的产量。以盈亏平衡点为界限,当销售收入高于盈亏平衡点时企业盈利,反之,企业就亏损。盈亏平衡点可以用销售量来表示,即盈亏平衡点的销售量;也可以用销售额来表示,即盈亏平衡点的销售额。图 6-5 中的 A 点即为盈亏平衡点。

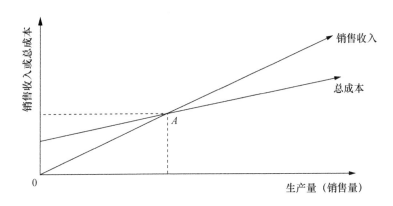

图 6-5　销售收入或总成本——生产量曲线

盈亏平衡点的计算公式如下:

$$盈亏平衡点 = 固定成本/(1 - 变动成本/销售收入)$$
$$= 固定成本/(1 - 变动成本比率)$$

除了盈亏平衡点以外,这里还要用到边际盈利点和安全盈利点两个概念。其中,边际盈利点是指销售产品和服务所带来的收益不仅能够弥补全部成本支出,而且可以给付股东适当的股息;安全盈利点则是在确保股息之外,企业还能得到足以应付未来可能发生的风险或危机的一定盈余。

③根据薪酬费用比率推算合理的薪酬费用总额

在企业采取的各种薪酬预算方法中,这是最简单、最基本的分析方法之一,薪酬费用总额的计算公式为:

$$薪酬费用总额 = 薪酬费用比率 \times 销售额$$

公式中的薪酬费用比率表示如果企业过去经营业绩稳定并且增长适度,则可以根据企业过去经验薪酬费用比率来确定;若本企业经营水平不佳,也可参考本行业一般水平确定薪酬费用比率。公式中的薪酬费用总额是指为所雇用的员工支付的一切费用,不仅包括基本薪酬、可变薪酬,还包括各种福利费用、保险等。

根据通常的经验,薪酬费用总额与销售额的比率大致为 14%,具体数值则随着企业的规模、发展阶段和行业的不同而异。一般而言,为了保持薪酬比率的稳定,企业的销售额或总收入提高了一定的比例,则其薪酬总额亦可增加相同的比例;反之,企业若想实现一定比例的员工加薪,则必须实现销售收入同等比例的增长幅度。

(2) 自下而上法

自下而上法也称微观接近法,是首先由管理者预测每一个员工下一年度的薪酬水平,然后将这些个体数据进行汇总,得到整个企业薪酬预算的一种方法。在实际操作中,这种做法比自上而下法更为常见,具体包括以下这些内容。

①培训管理者薪酬政策和薪酬技术

在自下而上法中,各级管理者是决定企业的薪酬预算能否顺利进行的最重要的力量。因此,在实施具体的薪酬预算之前,有必要首先对他们进行培训,使他们掌握加薪和预算等方面的常规性薪酬技术。

②提供预算说明书和工作表格等薪酬预算工具

在实际的薪酬管理工作中,为管理者们提供一定的薪酬预算工具是十分必要的,包括薪酬预算说明书和工作表格等。薪酬预算说明书是对薪酬预算需要应用的技术以及这些技术的具体使用方法做出的简要介绍,具有指导性的作用;而工作表格则主要是提供特定员工在薪酬方面的一般性信息,例如该员工一贯的绩效表现、过去的加薪情况和过去的加薪时间等。

③为管理者提供薪酬咨询服务

为了促进组织内部薪酬预算的顺利进行,持续地向管理者提供咨询建议和薪酬信息、为他们提供技术上和政策上的支持是非常重要的。企业的人力资源部或薪酬委员会需要统一口径为管理者们答疑,提供咨询服务,从而使得企业的薪酬预算能够得以顺利地推行。

④核查薪酬数据和编辑报告

在管理者就各个部门的薪酬预算形成初步意见之后,就需要对这些意见进行深一步的核查。要对这些预算意见进行初步的审核,使它们与组织已制定出来的薪酬政策和薪资等级相符合。

⑤分析预测

把组织内部各个部门的薪酬预算意见汇总在一起,检查每一位管理者所做的预测,进行总体上的调节和控制,确保内部一致性和外部一致性的实现,保证各个部门之间的平衡,对所观察到的不同管理者之间的预算差异建议进行修正。

⑥与管理层一同回顾并修改预测与预算

对部门预测的数据进行统计分析、总结并设定部门目标,向做分析和建议修改的管理层咨询,获得高层对预测的许可,通过高层的参与可以保证薪酬预算的过程符合战略发展的目标方向,及时纠正偏差。

⑦提供反馈

管理者必须始终保持与员工的畅通交流,了解他们的看法和态度,并对他们的反应做出积极、快速的反馈。同时,管理者也要从企业全局的角度出发,做好因时因地对方案进行调整的准备。

⑧监控薪酬预计的和实际的增加

在预算方案下达到各个具体部门并加以执行的整个过程中,管理者必须对该方案的执行状况进行严密监控,通过追踪和向管理层报告周期状况来控制预计的增加与实际的增加,有始有终,使得企业薪酬预算流程形成一个闭合的环。

预算循环的结果是形成每个组织来年的预算以及每个员工的工资待遇。值得注意的是,薪酬预算的结果并不禁止管理者对员工的工资进行调整,相反,它仅仅代表一个规划,在实际操作中,因未能预见的改变,如绩效改进,未预见的晋升等而调整雇佣薪资是很正常的。

三、薪酬成本控制

从本质上来说,薪酬支付属于企业成本,因此如何提升薪酬支付效率、控制薪酬成本尤为重要。

1. 通过控制雇佣量进行薪酬控制

雇佣量取决于企业里的员工人数和他们相应的工作时数,而通过控制这两个要素来管理劳动力成本是最简单、最直接的一种做法。

2. 通过薪酬水平和薪酬结构进行薪酬控制

对薪酬的控制,主要通过对薪酬水平和薪酬结构的调整来实现。此处的薪酬水平主要是指企业总体上的平均薪酬水平,薪酬结构则主要涉及基本薪酬、可变薪酬和福利支出这样一些薪酬的构成以及各个具体组成部分所占的比重大小。各种薪酬组成的水平高低不同,所占的比重大小不同,因此对企业薪酬成本的影响也是不同的。

(1) 基本薪酬

基本薪酬是员工获得的较稳定的收入,对其生活提供了基本保障。对企业而言是较固定的成本,基本薪酬的增加将会形成成本累积的作用。而且社会保险费与基本薪酬之间有固定的比例关系,因而,基本薪酬的管理应该是合理控制人工成本的重中之重。

基本薪酬对薪酬预算与控制的最主要影响体现在加薪方面。在原有薪酬水平之上的加薪一般基于以下三方面的原因:①原有薪酬低于理应得到的水平;②根据市场状况进行的调节;③更好地实现内部公平性。而任何一次加薪能够发挥的效用直接取决于加薪的规模、加薪的时间以及加薪的员工覆盖率。

(2) 可变薪酬

可变薪酬是指奖金等直接与员工绩效挂钩的收入,由于其能够起到较强的价值引导作用,而且是变动成本,因而可变薪酬的合理设计可以更好地发挥人工成本的经济杠杆作用。可变薪酬的目的是在绩效和薪酬之间建立起一种直接的联系,这种联系既可以是员工个人的业绩,也可以是企业中某业务单位员工团队甚至整个企业的业绩。

从劳动力成本方面来看,可变薪酬相对于基本薪酬所占的比例越高,企业劳动力成本的变化余地也就越大,而管理者可以控制预算开支的余地也就越大。这对于今天这种崇尚灵活性和高效率的企业环境来说,无疑是一种不错的选择。

(3) 福利支出及其他

根据对薪酬预算与控制的作用大小,我们可以把企业的福利支出分为两类:与基本薪酬相联系的福利以及与基本薪酬没有联系的福利。前者大多是像养老保险这样比较重要的福利内容,它们本身变动幅度一般不大,但是由于与基本薪酬相联系,因而会随着基本薪酬的变化而变化。同时,由于它们在组织整体支出中所占比重较大,因而会对薪酬预算和薪酬控制产生较大的影响。而后者则主要是一些短期福利项目,例如商业医疗保险、工伤补偿计划等。比较来说,它们对于企业的薪酬状况所能发挥的作用要相对小得多。

四、薪酬沟通

在薪酬管理的整个流程中,薪酬沟通是其中不可或缺的组成部分,它贯穿于薪酬方案的制订、实施、控制、调整的全过程。在薪酬管理中,有一个很重要的原则就是沟通。如果员工不知道为什么会加薪,那么企业即便发再多的钱对员工也起不到激励作用。

(一) 薪酬沟通的内涵

所谓薪酬沟通是指为了实现企业的战略目标,管理者与员工在互动过程中通过某种途径或方式将薪酬信息、思想情感相互传达交流,并获取彼此理解的过程。也就是说,薪酬沟通主要指企业在薪酬战略体系的设计、决策中就各种薪酬信息(主要指企业薪酬战略、薪酬制度、薪酬水平、薪酬结构、薪酬价值取向等内容以及员工满意度调查和员工合理化建议)与员工全面沟通,让员工充分参与,并对薪酬体系执行情况予以反馈,再进一步完善体系;同时,员工的情感、思想与企业对员工的期望形成交流互动,相互理解,达成共识,共同努力推动企业战略目标的实现。

(二) 薪酬沟通的意义

薪酬管理在人力资源管理中的重要性已经在很多研究分析中得到论证。对于企业的经营绩效而言,薪酬既可以起到正面的推动作用,也可能产生阻碍和制约的作用,薪酬管理实际效用的关键在于企业的薪酬沟通做得如何。因此,良好的薪酬沟通已经成为有效激励员工、提高组织盈利率的关键要素。

第四节 员工福利管理

一、员工福利的概念、功能和原则

(一) 福利的概念和功能

在企业提供的全面薪酬体系中,福利成为越来越重要的组成部分。所谓福利,是企业为了改善和提高员工的生活水平,刺激生产和鼓励员工工作的积极性,向员工及其家庭提供的除工资、奖金之外的各种保障计划、补贴、服务以及实物报酬。

福利相对于工资、奖金来说属于间接报酬,它在整个薪酬体系中发挥着重要的作用。

1. 福利是员工保留计划的重要手段

福利在本质上属于员工激励机制的范畴,是企业吸引、保留和激励人才并借此赢得竞争优势的重要手段。越来越多的劳动者在择业时,将福利作为十分重要的因素来考虑。

2. 福利能传递企业的文化和价值观

福利是体现企业的管理特色,传递企业对员工关怀的重要手段。它能帮助企业创造一个积极的、得到员工普遍认可的文化氛围,从而引导员工实现对组织的认同,提高组织的经营效率。

3. 福利能够享受税收优惠

福利相对于工资和奖金来说,很大的一个区别就是其形式不同。工资和奖金主要是现金发放,而福利一般是提供给员工的各种保障计划、服务和实物等,这些福利能够享受所得税减免,因此对于员工和企业来说都是非常受欢迎的一种支付选择。

(二) 福利的支付原则

(1) 给付比例:现金越少越好,福利越多越好

与工资、奖金这类直接报酬不同,员工福利作为薪酬体系中的间接报酬,应该充分发挥其与直接报酬不同的作用。二者之间一个很大的区别在于,直接报酬主要是即期的现金支付,与员工的个人业绩挂钩,对员工的生活水平起决定性作用;而福利则多以实物和延期支付为主,更多体现企业对员工需求的关注,对员工的生活水平起到保障和提高的作用。此外,福利的一大优势是能够为企业节省现金成本。所以,设计员工福利计划时,应该充分发挥福利本身的特点,现金福利越少越好,同时,也应该将福利项目设置得尽可能满足员工的个性化和多样化需求。

(2) 给付标准

年薪制员工享受特殊福利,普通员工享受标准福利,困难员工享受特困福利。

特殊福利是为企业高层人才设计的福利。由于福利项目本身也是薪酬体系的一部分,在设计员工福利计划时,应该充分考虑发挥福利的激励作用,尤其是对核心人才的激励作用,控制好福利给付水平,适当将福利项目与员工的业绩相联系,避免过于均等化,增强员工的公平感和成就感。针对核心员工的特殊福利一般有:出差时特殊待遇、高级住宅补贴、高档轿车服务等。

此外,由于福利是企业内部的二次分配,原则上体现的是按需分配而非按劳分配,所以还应当考虑员工的特殊需求,为困难员工提供特困福利,例如员工家庭突然发生重大变故,企业可以为其提供适当的紧急救助经费。

(三) 员工福利项目

1. 法定福利

法定福利是国家通过立法强制实施的员工福利保护政策,具体而言是指企业必须为员工缴纳五大类社会保险(养老保险、医疗保险、失业保险、工伤保险和生育保险)和住房公积金,以及向员工提供法定休假。

(1) 养老保险

养老保险制度是国家和社会根据一定的法律和法规,为解决劳动者在达到国家规

定的解除劳动义务的劳动年龄界限,或因年老丧失劳动能力退出劳动岗位后的基本生活而建立的一种社会保险制度。养老保险是社会保障系统中的一项重要内容,是社会保险五大险种中最重要的险种。养老保险具有三个主要特点:普遍需求性、长期积累性和管理复杂性。

目前世界各国实行养老保险制度有三种模式:传统型养老保险制度、国家统筹型养老保险制度、强制储蓄型养老保险制度。

(2) 医疗保险

医疗保险是指由国家立法规定并强制实施的,由国家、用人单位和个人缴费建立医疗保险基金,当个人因病接受了医疗服务时,由社会医疗保险机构提供医疗费用补偿的社会保险制度。医疗保险是国家社会保障制度的重要组成部分,也是社会保险的重要项目之一。

(3) 失业保险

失业保险是国家以立法形式,集中建立失业保险基金,对因失业而暂时中断收入的劳动者在一定期间提供基本生活保障的社会保障制度。失业保险的基本功能是缓解因失业带来的贫困并促进就业。

(4) 工伤保险

工伤保险是国家立法建立的,为在生产、工作中遭受事故伤害和患职业性疾病的劳动者及其亲属提供医疗救治、生活保障、经济补偿、医疗和职业康复等物质帮助的一种社会保障制度。在世界范围内,工伤保险是产生最早、实施国家最多、制度设计最严密的社会保险制度。

(5) 生育保险

生育保险是国家通过立法,对怀孕、分娩的女职工提供生育津贴、生育医疗服务和产假,帮助她们恢复劳动能力、重返工作岗位的一项社会保险制度。生育保险建立和实行时间较晚,到1990年年底,全世界仅有86个国家和地区建立了生育保险制度。

(6) 住房公积金

住房问题关系到员工生存的基本问题。在计划经济时代,我国实施"统一管理,统一分配,以租养房"的公有住房实物分配制度,即由国家或企业进行住宅建设、免费或低租金分配给员工使用,住房建设资金的来源90%主要靠政府拨款,少量靠单位自筹,福利分房是大多数员工获得住房的主要来源。1980年开始,我国经历了从福利分房到住房商品化的住房制度改革,即由企业和员工共同承担住房成本。总体上存在两种形式:住房公积金计划,它是依据国家政策法规建立起来的强制性住房储蓄计划;企业补充性住房计划,它是企业依据自身经营状况和员工的住房需求特点建立的具有企业特色的住房计划。后者是企业自主福利项目。

(7) 法定休假

公休假日:指劳动者通常的周末休息时间。我国现在实行的是40小时工作制,国家机关、事业单位实行统一的工作时间,星期六和星期日为周休息日。企业和不能实行上述规定的统一工作时间的事业单位,可以根据实际情况灵活安排周休息日。在法定节假日,劳动者有权享受休息,工资照发。全体公民放假的假日,如果适逢星期六、星期日,应当在工作日补假。部分公民放假的假日,如果适逢星期六、星期日,则不补假。按新《劳动法》规定,如果在法定节假日安排劳动者工作,企业应该支付不低于300%的劳动报酬。

2. 企业福利

企业福利是指企业根据自身的管理特色、财务状况和员工的内在需求,向员工提供的各种补充保障计划和各种服务、实物、带薪休假等。企业福利不具有法律强制性,企业可根据自身需要合理选择,但也需要遵守一定的原则和相关的法律法规。

(1) 企业年金计划

企业年金计划又称为企业补充养老金计划,它是企业根据自身经济能力为员工建立的一种辅助性的养老保险计划,由国家宏观指导,企业内部决策执行,所需费用从企业自有资金中的奖励、福利基金中提取。企业在员工工作期间通过缴纳一定的保险费和进行投资运营来积累资金,直到员工退休时才可以享用,因此它实际上是一笔延期支付的工资收入。

(2) 利润分享计划

利润分享计划是指由雇主建立并提供资金支持,让其雇员参与利润分配的计划。利润分享计划是一次性支付的奖励,即按照一定比例将公司利润分配给雇员。在实际运用中,利润分享计划在成熟型企业中显得更为有效。

利润分享计划的形式:一是现金利润分享计划,是最传统的利润分享形式,即每隔一定时间,把利润的一定比例作为分享额,直接作为当期红利发给员工。这种计划结构简单,没有基金托管、投资收益等问题,但最大的缺点就是员工的这部分收入将在当期被征税;二是延期利润分享计划,在该计划中,利润分享额将在托管状态下被计入员工账户,留作日后分配之用(如退休或者死亡、残疾、解除劳动关系等,或者计划规定能够领取这部分基金的条件)。

(3) 员工持股计划

员工持股计划(Employee Stock Ownership Plan,ESOP)是指通过让员工持有本公司股票或期权,而使其获得激励的一种长期绩效奖励计划。员工持股计划既是一种享有税收优惠的员工福利计划,又是企业所有者与员工分享企业所有权和未来收益权的一种新的财产组织形式和制度安排。

3. 其他福利项目

还有一些其他的福利项目,如健康保险计划(企业补充医疗保险)、住房援助计划(企业补充性住房计划)、员工援助计划、带薪休假、餐饮福利、交通福利、旅游福利等。

二、员工福利制度设计——弹性福利计划

（一）弹性福利计划的概念

弹性福利计划又被称为"自助餐式的福利计划"，是指员工可以根据自己的需要从企业所提供的福利项目菜单中选择他们认为对自身最有价值的福利项目，从而每一个员工都有自己"专属的"福利"套餐"。弹性福利计划的最大特点是个性化、可选性。正是由于这种福利安排所带来的灵活性和成本控制效率的提升，弹性福利计划正在越来越多地被企业所采用。

弹性福利计划主要有以下三种类型。

1. 福利组合

企业可以推出有区别的多种福利组合，员工可以在这些组合之间自由地进行选择，但是没有权利自己选择自认为合适的福利项目组合。不同福利组合之间的区别可能在于福利水平的不同，也可能是同样的福利水平，福利项目的构成存在差异。

2. 部分自选

对所有员工来说，有些福利项目是必选的，视该项目的特点或者企业的实际情况（例如特殊的战略目标）而定，而另一些福利项目则根据员工自身需要自由选择。

3. 全部自选

企业提供的全部福利项目员工都可以在其福利的总限额内自由挑选和组合。

（二）弹性福利计划的优缺点

弹性福利计划具有很多明显的优点，主要包括以下几个方面。

1. 满足员工个性化需求

企业给予员工很高的自主选择权，从而满足员工个性化需求，提高员工的满意度。

2. 加强员工参与和沟通

弹性福利计划非常强调员工参与的过程，这能使员工及其家庭参与福利方案的设计过程，有助于提高其对福利的认知和心理效用。同时，这种参与过程促进了员工和企业之间的沟通，强化了企业和员工之间的相互信任关系。

3. 福利成本控制

弹性福利计划真正从员工需求入手，员工可在公司提供的福利限额之内自由选择福利项目，因而每一份福利都能发挥较大的激励作用，从而大大弱化了传统标准福利组合的刚性和无效激励，提高企业福利成本的投资回报率。

但是，弹性福利计划的实施也存在一些难点：一是管理负担和费用的增加，企业不仅需要提供有区分的备选项，而且还要评估每项福利项目的相对价值，另外每年项目内容和相对价值都在不断变化，需要根据市场和企业实际情况动态调整，方案的管理与实施相对复杂；二是员工个人可能会做出错误选择，致使当可预见的突发事件发生时员工的生活得不到保障。

(三）弹性福利计划的操作流程

一般来说，部分自选是企业通常的做法。一方面，企业要根据特殊的战略目标和福利项目的特征，将一些福利项目确定为必选福利，即针对所有员工的强制性企业福利。另一方面，企业为了满足员工个性化需求，提高福利成本的有效性，需要设计一个自选福利库，供员工自由选择。下面以部分自选为例详细介绍弹性福利计划的操作流程。

1. 确定福利总成本

企业根据其战略目标和支付能力，结合其他相关因素，确定福利的总成本，同时确定必选福利与自选福利的目标定位和资金分配原则。

2. 确定必选福利项目及额度

企业根据特殊的战略目标和福利项目的特征，确定必选福利的福利内容和具体安排，并计算出必选福利项目的总额度。例如，某个企业想要提升企业整体和员工的对外形象，可以将制作高档服装作为必选福利项目。又如，企业该阶段的战略特别强调提升现有人力资源素质，加强人才梯队的建设，则可以将教育培训类的福利作为必选福利项目。

3. 确定自选福利菜单及额度

首先核定员工参与必选福利的情况，用企业福利总成本与必选福利总成本之差作为企业自选福利的总额度。然后针对员工展开调查，收集他们对于福利项目的需求信息。需要注意的是，员工需要的物品尽量要有可以衡量的标准；员工需求的满足要在公司的能力范围之内。

4. 自选福利项目定价

由于每种福利项目可能有不同的衡量方式，所以需要通过"福利点数"这一虚拟货币来统一各种福利项目相对价值的衡量标准。如果某福利项目是按价格衡量，则根据市场价格计算该福利项目所对应的福利点数，例如旅游福利可以按每一千元福利额度相当于一个福利点数的标准来换算。如果某福利项目是按时间衡量，则将时间换算成相应的福利点数。

案例分析 6-1

××集团薪酬管理体系

一、背景介绍

××集团的前身是一家建于1960年的县级拖拉机站，2000年由国有企业改制为全员持股的民营企业。历经半个多世纪的发展，××集团现已形成农用车、汽车、专用车、农业装备、现代农业和地产六大主导产业，主导产品有三轮汽车、载货汽车、客车、皮卡车、农业机械、电动车、汽车配件等多个系列1000多个品种，畅销全国，并已出口20多个国家和地区。主导产品先后荣获"山东名牌"和"全国免检产品"等称号，曾两进中南海，受到党和国家领导人的检阅。2012年××集团实现销售收入140亿元，位居全国同行业第 2 位,全国机械工业第 34 位,山东省工业企业第 51 位,山东省机械工业第 7 位,资产收益率位列全国工业企业第 10 位。2000 年改制以来,发展比较快,人员规模已达 14000 多人。企业规模快速发展带来人力资源体系支撑问题(人员的数量、质量和管理体系)。原有人力资源体系沉淀比较少,现在矛盾比较突出。

二、人力资源部分情况

××集团从农用车向轻卡汽车进行业务转型的过程中,也面临着汽车行业从国 3 到国 4 的转变,这对员工素质和能力要求较高,当前的人力资源已不足以支撑企业的发展。如何对汽车行业人才进行选拔和培养是亟须解决的主要问题。

××集团已汇聚 1000 多名本科及以上学历的毕业生,但对于如何培养他们成为公司的骨干力量,如何从他们中间选拔出公司未来发展的领军人物,还没有清晰的认识与规划。××集团在 2009—2010 年期间花费两年时间梳理和建设公司的人力资源管理基础平台,并出台了各职能板块的方案性成果,但在使用过程中发现很难落地,而且各个职能板块之间衔接不好。此外,××集团人力资源管理还面临着缺少整体规划、岗位设置臃肿;高水平人员进不来、现有人员提升较慢、新进大学生留不住;员工职业发展不清晰、管理人员与技术人员之间的发展通道没有打通等问题。

综合以上,××集团提出当前人力资源管理需要解决两个最核心问题:
(1) 人才选拔和培养;
(2) 核定人员编制。

三、案例点评

××集团过去的成功发展,更多是抓住了机遇,但随着环境变化,必须从机会转向能力,一方面积极创造市场,另一方面还需要提升企业的组织能力,形成核心竞争力。

企业的组织能力一般由以下三大要素构成:组织结构、管理机制和人才队伍。

所谓组织结构,即企业采取何种形式安排组织资源;所谓管理机制,包括薪酬激励机制、考核约束机制和选拔培养机制等;而人才队伍则是包括职业化的管理人员、专业的技能人员和专业职能人员等。

从本质上来讲,××集团的人力资源管理问题是如何通过建设人力资源管理机制来打造一支优秀的人力资源队伍。

××集团人力资源管理问题的解决需要系统思考,分步实施。

××集团当前最需要解决的问题不是人才选拔与培养,而是如何激活现有员工、调动现有员工的积极性来创造价值,做出贡献。××集团不缺人才,缺少的是让人才脱颖而出的机制。

××集团人力资源的激活需要从以下三个方面着手进行:意愿、能力、机会。其中,意愿的前提是激励机制和发展机会,而意愿的结果是员工主动提升能力以争取更大的机会。

从激活人才的角度出发,××集团应当按照以下顺序建设人力资源管理机制。

首先,建立业绩导向的薪酬激励机制,建立价值分配的规则,为一流的业绩提供一流的报酬和一流的晋升与发展机会,解决员工意愿和机会的问题,激活员工不断提升能力并为企业创造更大价值。

其次,完善集团现有的绩效管理机制,建立价值分配的业绩依据。同时通过建立各级组织和员工的目标责任,以及科学、公正的绩效考核制度,来识别那些勇于担当、能力强、业绩好的员工。

再次,建立各类员工的职业发展通道和任职资格体系,建立价值分配的能力依据。根据员工的能力、业绩和薪酬水平等将其套入不同的任职资格等级和薪酬等级。

最后,进行人力资源盘点与规划,建立各类各级人才的招聘选拔计划、储备计划与能力提升计划。

另外,在人力资源管理机制建设的过程中,可根据公司发展需要,适时开展外部人才引入与内部人才选拔工作。

接下来,我们就来具体谈谈薪酬激励机制。这个机制是通过与人力资本分享来促进组织的价值实现与增值。

正如任正非提出的,"对于人力资本,要舍得投、优先投、持续投"。

(一)薪酬激励的关键要点

1. 价值创造:谁创造了价值?价值分配的基础?注重把价值做大。
2. 价值评估:创造了多少价值?价值分配的依据。注重明确和区分价值贡献。
3. 价值分配:价值应该如何分配?价值分配实现。注重回报和奖励价值创造者。

(二)薪酬激励的目标

1. 通过对合格度、任职资格的审查,奖励适当的人。
2. 通过对组织的价值、绩效评价,奖励适当的事。
3. 通过对薪酬结构的调整(固定与浮动、短期与长期),用适当的方式进行奖励。
4. 通过对内部/外部市场进行价值评估,奖励水平适当。

(三)薪酬激励的重点

企业在快速发展过程中容易陷入低水平循环陷阱,内部人员能力储备不足导致业绩做不好、工资处于低水平,结果无法吸引和保留优秀人才。目前必须以集团最优秀的人才为突破口,为他们提供有竞争力的薪酬,激励他们努力提升自身能力,创造更大的业绩,得到薪酬与职位的提升,继而激励他们,实现高水平的循环。

(四)薪酬激励体系的设计步骤

1. 确定薪酬战略

薪酬战略激励体系设计的指导原则与目标:××集团要建立具有内部公平性和外部竞争性的薪酬体系,从而通过薪酬来吸引、激励并留住优秀员工,以支持公司战略目标的实现与公司的可持续发展。

为了确定薪酬战略,要思考如下要解决的问题,这些问题分为两个方面:

一是为了保证内部公平性而需要思考的问题:

决定薪酬水平的因素是什么?

薪酬的结构如何确定？

薪酬支付方式如何？

对于特殊贡献者的特殊奖励政策是什么？

……

二是外部竞争性的几个问题：

薪酬水平在市场中的定位如何？

选取哪类标杆数据？

薪酬曲线的斜率如何？

……

2. 职位价值评估

确定职位(职种)之间的相对价值大小，为建立一个公平、具有内部一致性的薪酬体系提供依据。

工作内容与工作方法：确定评估方法、组建评估小组、内部研讨与资料分析。

3. 外部薪酬调查

使集团的薪酬具有外部竞争力，帮助集团吸引和保留核心人才。

工作方法：市场工资指导价、标杆企业薪酬数据、外部市场薪酬数据调查。

4. 薪酬体系设计

设计集团基于分层分类管理要求的薪酬结构，对薪酬各构成要素的水平、比例及支付方式进行规划。

工作内容：

(1) 薪点表设计

薪点表设计分为三部分：基础层、骨干层和中坚层，每个层级之下又分为2～3个不同的等级，每个等级制下又有着不同的级别，这就导致了相应不同层次、不同等级、不同级别的员工获得的薪酬也不一样。中坚层薪酬最高，骨干层次之，而基础层薪酬最低。而等级的划分则是从一等到七等依次增多，级别亦同理，随着级别上升薪酬也变得越来越多。

(2) 薪酬结构设计

为保证一家企业能够获得最大的利润，对薪酬结构的把控是必不可少的一件事。由高层到基层，长期激励(股权)所占比例逐渐减少，固定收入(工资)所占比例不断增加。而短期激励(奖金)占据比例最大的则是在中层员工之中，高层与基层人员的短期激励较少。

(3) 薪酬调整设计

随着绩效的改进，该集团的薪酬政策线要高于市场平均薪酬线。而随着员工任职能力提升与职位变动，其工资要增加薪酬等级，并不断改善。

5. 薪酬制度设计

确立集团范围内实施薪酬管理的统一规则与方法，界定薪酬体系与人力资源管理其他模块的接口关系，完善薪酬管理制度及流程。

工作内容和方法：

考察现行薪酬管理体系与制度、考察外部标杆企业的薪酬管理体系与制度、编制新的薪酬管理制度及流程。下面让我们来了解一下该集团的薪酬制度的设立。

集团高层职责如下：

(1) 确定集团的薪酬政策及相关指导原则；

(2) 确定集团的薪酬管理制度；

(3) 审议并确定集团年度调薪方案及相关比例；

(4) ……

人力资源部职责如下：

(1) 根据集团经营状况与外部人力资源市场数据分析，对集团的薪酬政策提出修订意见；

(2) 制定、执行并优化集团的薪酬管理制度；

(3) 按月计算、审核员工薪酬（包括异动员工的认定），并备案；

(4) ……

6．薪酬实施试点

选择试点职类职种进行员工薪酬套入，解决在薪酬套入过程中可能出现的问题与抵制情绪，积累成功经验。

工作内容与方法：薪酬套入、薪酬试算。

思考与讨论

1. 该集团制定薪酬管理体系的依据是什么？
2. 你认为上述薪酬管理体系的制定是否合理？请简述原因。

案例分析 6-2

诺基亚薪酬制度建设

一、背景介绍

诺基亚是一家总部位于芬兰埃斯波，主要从事移动通信产品生产的跨国公司。诺基亚成立于 1865 年，当时以造纸为主业，后来逐步向胶鞋、轮胎、电缆等领域扩展，最后发展成为一家手机制造商。自 1996 年以来，诺基亚连续 14 年占据市场份额第一。随后，因新操作系统的智能手机的崛起，诺基亚全球手机销量第一的地位在 2012 年第一季度被三星超越。

2011 年 2 月 11 日，诺基亚与微软达成全球战略同盟并深度合作共同研发 Windows Phone 操作系统。诺基亚未来将努力发展 Here 地图服务、解决方案与网络（NSN）以及领先科技三大支柱业务。2014 年 4 月 25 日，诺基亚宣布完成与微软公司的手机业务交易，正式退出手机市场。自此诺基亚集团致力于移动网络基础设施软件和服务、测绘导航和智能定位、先进技术研发及授权。

二、人力资源部分情况

有人曾经采访诺基亚集团的内部员工,对其企业的内部薪酬体系进行了一定的了解。他当时是这么评价该企业的薪酬制度的:"制度里就有一种吸引力,有一种让人感觉受重视、受公平待遇的魅力,而且绝不是纸上谈兵,那种从思考到操作细节的严谨,就让人明白,这是实实在在的、自己身边的事。"

(一) 帮助员工明确工作目标

当代管理大师肯·布兰查德(Ken Blanchard)在其著作《一分钟经理》中指出:"在相当多的企业里,员工其实并不知道经理或者企业对自己的期望,所以在工作时经常出现'职业偏好病'——即做了许多经理没有期望他们做的事,而在经理期望他们有成绩的领域里却没有建树。造成这样的情况,完全是由于经理没有为员工做好目标设定,或者没有把目标设定清晰地传递给员工。"

这个观点指明了员工绩效管理里一个长期为人忽视的问题,在许多情况下,员工的低效业绩并不是因为员工的低能力或低积极性,而是因为目标的不确定性。而绩效体系是整个薪酬体系的基础,如果没有解决好这个问题,薪酬体系的合理性与公平性必然会受到挑战。精于管理的诺基亚集团早就看到这个问题,其解决方案甚至比肯·布兰查德的解决方案更具前瞻性和战略性。

肯·布兰查德指出,解决这个问题的办法是"一分钟目标确定",让经理向员工清晰地表达他对员工的工作期望。而诺基亚集团则认为,不但要对每一个员工的工作目标,更要对员工的发展方向进行明确的界定和有效的沟通。只有这样,员工才能在完成眼前工作目标的基础上,与企业的发展保持同步,才能在企业成长的同时找到自己更大的发展空间。而且,集团倡导在这个目标确定的过程中,员工才是主动角色,而经理则应该从旁引导。其企业员工告诉记者,为了达到这个目标,这个集团启动了一个名为 IIP (Invest in People,人力投资)的项目:每年都要和员工完成两次高质量的交谈,一方面要对员工的业务表现进行评估,另一方面还要帮助员工认识自己的潜力,告诉他们特长在哪里,应该达到怎样的水平,以及某一岗位所需要的技能和应接受的培训。

通过 IIP 项目,员工可以清晰地感觉到企业是希望员工获得高绩效而拿到高薪酬的,而且不遗余力地帮助员工达到这个目标,这就为整个薪酬体系打下了良好的基础。

(二) 薪酬参数保持行业竞争力

诺基亚认为,优秀的薪酬体系不但要求企业有一个与之相配的公平合理的绩效评估体系,更要在行业企业间表现出良好的竞争力。比如说,如果行业中 A 层次的员工获得的平均薪酬是五千元,而集团付给企业的 A 层次员工的薪酬只有三千元,这就很容易造成员工流失。这样的薪酬体系是没有行业竞争力的。

然而这里又存在一个问题,如果企业员工的薪酬水平远高于业内平均水平,就会使企业的运营成本高于同业,企业的盈利能力就会削减,这同样也是不利于企业发展的。如何解决这一矛盾呢?诺基亚的解决之道是为了确保自己的薪酬体系具备行业竞争力,而又不会带来过高的运营成本,在薪酬体系中引入了一个重要的参数——比较率,计算公式为：

比较率＝企业员工的平均薪酬水平/行业同层次员工的平均薪酬水平

当比较率大于1，意味着企业员工的平均薪酬水平超过了行业同层次员工的平均薪酬水平，比较率小于1则说明前者低于后者，比较率等于1则两者相等。

为了让比较基数——行业同层次员工的平均薪酬水平能保持客观性和及时性，诺基亚集团每年都会拨出一定的经费，让专业的第三方市场调查公司进行大规模的市场调查，根据这些客观数据，再对企业内部不同层次的员工薪酬水平做适当调整，务求每一个层次的比较率都能保持在1~1.2的区间内。这样既客观有效地保持了薪酬体系在行业中的竞争力，又不会带来过高的运营成本。

三、重酬精英员工

巴雷特法则(Pareto's Law)又称80-20法则，它概括性地指出了管理和经销中大量存在的一种现象：比如20%的顾客为企业产生了80%的利润或20%的员工创造了企业80%的绩效。根据前者，营销界衍生出一套大客户管理营销的管理理论与方法，而后者则促进了人力资源管理上的一种新理论——重要员工管理——的产生。

诺基亚是重要员工管理理论的推崇者，从其薪酬体系中即可明显发现这一点。例如，诺基亚的薪酬比较率明显的随级别升高而递增：在3~5级员工中，其薪酬比较率为1.05；而在6级员工中，其薪酬比较率为1.11；到了7级员工这个数字提高到了1.17。也就是说，越是重要，越是对企业有贡献的精英员工，其薪酬比较率就越高。这样，就确保了富有竞争力的薪酬体制能吸引住企业的重要员工。

这使得诺基亚的薪酬体系具备这样的特征，级别越高的员工，其薪酬就越有行业竞争力，让高层人员的稳定性有了较好保障，有效避免了企业高层动荡带来的伤害，使企业发展战略保持了良好的稳定性，而这对于企业的持续发展来说是至关重要的。

在不同层次的薪酬结构上，诺基亚也根据重要员工管理原则做了相应的规划。其薪酬结构上有三个趋向性特征：一是基本工资随着等级的升高而递增。二是现金补助随着等级的升高而降低。三是绩效奖金随着等级的升高而升高。前两点保证企业的薪酬体系在稳定性方面会随着员工等级的升高而更有行业竞争性，其目标在于保持上层员工的稳定性。而第三个特征则注重鼓励高层员工对企业做出更大贡献，因为高层员工的绩效对企业整体效益的影响是数倍，甚至数十倍于一般员工的。

重要员工管理理论在诺基亚企业薪酬体系中的嵌入，一方面保证了高层员工有更好的稳定性和更好的绩效表现，另一方面也给低一层次员工开拓了一个广阔的上升空间，薪酬体系表现出相当强的活力和极大的激励性。

四、注重本土化与人性化的薪酬制度

如果说以上先进管理理论在其薪酬体系中的灵活应用，让人感受到一种来自理性制度的优越，那么诺基亚在薪酬体系中表现出来的本土化与人性化的元素，就足以让人感受到一种来自感性上的欢畅。观察诺基亚的薪酬体系的现金福利部分，我们可以看

到一个排满中国节日的现金福利发放表：春节每位员工发放现金福利××元,元旦××元,元宵节××元,中秋节××元,国庆节××元,员工生日××元。这个企业是一个典型的跨国公司,其现金福利的发放,虽然不算一个大数目,却完全是按照中国传统的节日来设计的,其中体现出的对中国文化的理解,让中国员工有被尊重与被照顾的感觉,而员工生日现金福利的规定更是让员工感受到细致入微的个性化体贴。在薪酬体系中表现出来的对中国文化与中国员工的尊重,使员工们"受尊重、被肯定"的组织认同需求得到满足,无疑是其薪酬制度上的另一个闪光点。

以人为本,诺基亚不但这样说了,也的确这样做了。这套兼具理性与感性的薪酬体系,是其集团文化的一次完美体现。它深刻地展示出其这么多年的传奇并非偶然,严谨的态度和宽容的文化,也是其成功的重要因素。

思考与讨论

1. 诺基亚的薪酬管理体系有什么特色？这样制定的目的是什么？
2. 诺基亚的薪酬制度建设还有哪些不足,你认为该如何进行改进？

第七章 培训管理

 学习要点

1. 培训的含义及战略地位
2. 培训管理的基本流程和组织基础
3. 组织培训需求分析的内容
4. 培训需求信息收集的方法
5. 组织培训计划的制订与实施
6. 培训效果的评估与操作方法
7. 培训效果转化的影响因素

第一节 培训概述

一、培训的含义及战略地位

培训是一种有组织的知识传递、技能传递、标准传递、信息传递、信念传递、管理训诫行为。其中以技能传递为主,侧重上岗前进行,是企业有计划地实施以提高员工学习与工作相关能力为目的的活动。这些能力包括知识、技能和对工作绩效起关键作用的行为,它是人力资源开发的基础性工作。

培训战略作为人力资源战略的一部分,能够支持组织战略的实现。培训管理战略可以分为两大类:一是前瞻性导向战略,即以组织未来规划为导向,培训组织"未来"需要的人才;二是解决问题导向战略,即以组织现在的需求为导向,培训组织"现在"需要的人才。

二、培训管理的基本流程

培训需求分析是培训工作的第一步,也是最重要的一步。在培训需求分析的基础上,培训管理者才能制订培训计划并组织实施,才有对每个培训项目效果评估的科学依据和标准。培训需求分析的科学性,直接决定培训内容、培训方法和考核标准设计的科学性和客观性。只有培训需求分析过程科学、合理和准确,才可以保证培训项目的质量和效果。

培训管理的第二步是制订培训计划。培训计划是指导培训操作最具体、最详细的计划性文件。制订培训计划的过程也是企业的培训主管(或组织者)理顺思路、系统思考如何组织培训活动的过程。

计划制订之后是培训的实施。培训实施过程是决定培训效果的直接影响因素,无论培训计划多么完善,必须付诸实践才有可能取得想要的效果。对于企业内部实施的培训来说,建立一支高水准的培训师队伍必不可少;对于实施培训外包的企业来说,如何选择名副其实的培训服务机构和培训师是首要问题。

培训管理的最后一步是培训效果评估。培训效果评估是一个运用科学的理论、方法和程序,从培训项目中收集数据,并将其与整个组织的需求和目标联系起来,以确定培训项目的优势、价值和质量的过程。一般说来,这个过程包括做出评估决定、实施培训评估和培训效果转化三个部分。

三、培训管理的组织基础

首先,培训管理在组织中是一个螺旋式上升的闭环,而组织得以存在和延续的基础是核心竞争力。为了形成核心竞争力,培训需要把个人的能力组织化,即把个人所掌握的能力转化为标准化的流程和方法,然后通过培训在组织内部普及,使之成为组织的能力。其次,培训需要营造一种氛围和环境,一种外部的经验能够迅速被内化的环境,即有了什么新的技术或方法,能够迅速被组织内部所识别,并转化为可以复制的标准化课程。

培训的这些功能都实现之后,这时组织就具有强大的学习能力,组织就发展成了学习型组织。

学习型组织,是由美国学者彼得·圣吉在《第五项修炼》一书中提出来的管理观念。彼得·圣吉提出企业应建立学习型组织,其含义为面临变化剧烈的外在环境,组织应力求精简、扁平化、弹性应变、终生学习、不断自我组织再造,以维持竞争力。知识管理是建设学习型组织的最重要手段之一。学习型组织的具体内涵如下:强调团结、协调及和谐;在组织内部建立完善的"自学习机制";提倡学习、思考和创新;系统思考、团队学习。

第二节 培训需求分析

一、培训需求分析的内容

根据培训需求分析所涉及内容的不同层次,又可将培训需求分析分为组织分析、任务分析和人员分析三项内容。

(一)组织层面的分析

组织层面的分析涉及能够影响培训规划的组织的各个组成部分,包括对组织目标的检查、组织资源的评估、组织特质的分析以及环境的影响等方面。组织分析的目的是在收集与分析组织绩效和组织特质的基础上，确认绩效问题及其病因，判断组织中哪些部门需要培训，寻找可能解决的办法，以保证培训计划符合组织的整体目标和战略要求，保证为培训提供可利用的资源以及获得管理者和同事对培训活动的支持。组织分析的维度主要有以下四点。

1. 组织目标分析

分析组织目标，主要分析其清晰度与可行性。

当组织目标不清楚时，相应的支持组织目标实现的培训目标也是难以确定的，这时设计和实施培训项目就十分困难，评价效果的标准也不可能确定。并且，培训项目的目标若与组织目标冲突时可能会导致员工因目标矛盾而产生不知所措或者不满意。表 7-1 为目标的清晰性和可行性与培训策略的对照。

表 7-1　目标的清晰性和可行性与培训策略的对照

目标状况	采取的方法	发生的情境（举例）
目标清晰且可行	组织把所有注意力集中在员工培训； 评估培训项目； 确保培训项目的开展	组织选择了一个新的技术并且确定培训是需要的
目标清晰但不可行	确定员工需要哪些知识技能和能力的培训； 设计培训的氛围； 集中关注员工的培训	新技术引进了，但培训项目可能得不到开展
目标不清晰或在过程中不断变化	对目标进一步分析，以接近第一或第二种情形； 再根据第一种或第二种情形采取相应的策略	两个公司正在合并或新生产线的责任还不明确；组织正在试图发展多元化或考虑到外部冲击带来的变化

同时，任何组织的培训资源始终是有限的，而组织需要进行培训的项目又有很多，但是组织不可能也没有必要对所有的培训项目都投资，所以培训决策必须确定将有限的经费投入到什么培训项目上。分析组织目标的意义在于，它能够为组织提供培训必须优先考虑的方向，有利于选择培训重点。

2. 组织战略分析

企业的战略与培训的数量及其种类方面存在一定的相关性。培训的主题因企业经营战略的不同而存在非常大的差异。企业有四种常见的经营战略——集中战略、内部成长战略、外部成长战略、紧缩战略，每种战略都会对应不同的培训需求，见表 7-2。

表 7-2　经营战略对培训的影响

战略	重点	达成途径	关键点	培训重点
集中战略	增加市场份额； 降低运作成本； 建立和维护市场地位	改善产品质量； 提高生产力或者技术流程创新； 产品和服务的客户化	技能的先进性； 现有劳动力队伍的开发	团队建设； 跨职能培训； 专业化的培训； 人际关系培训； 在职培训

续表

战略	重点	达成途径	关键点	培训重点
内部成长战略	市场开发；产品开发；创新；合资	现有产品的营销或者增加分销渠道；市场的扩展；修正现有的产品；创造新的产品或者不同的产品；通过合资进行扩张	创造新的工作和任务；创新	支持或者促进高质量的产品价值沟通；文化培训；帮助建立一种鼓励创造性的思考和分析问题的组织文化；工作中的技术能力；反馈与沟通方面管理者的培训
外部成长战略（兼并）	横向一体化；纵向一体化；集中的多元化	兼并在产品市场链上与本企业处在相同阶段上的企业；兼并能够为本企业供应原料或购买本企业产品的企业；兼并与本企业毫无关系的其他企业	一体化；人员富余；重组	确定被兼并企业中的雇员能力；使两家企业的培训系统一体化；合并后企业中的各种办事方法和程序的系统化；团队培训
紧缩战略	精简规模；转向；剥离；清算	降低成本；减少资产规模；获取收入；重新确定目标；出售所有资产	效率	激励、目标设定、时间管理、压力管理、跨职能培训；领导能力培训；人际沟通培训；重新求职培训；工作搜寻技巧培训

3. 组织资源分析

涉及培训的组织资源主要包括两个方面：一是物质和资本资源，包括是否有充足的预算、固定场地及设备、时间等，主要指培训预算。二是组织中的人力资源，主要指从事培训的管理者、专兼职培训师、所有培训窗口等人员，包括人才储备和人才梯队建设。组织由于人员退休、调整、年龄等原因会引起对人员储备方面的培训需求。组织应该建立人员接替计划，并依照该计划对组织的人力资源进行分析，以确定组织培训重点。人员接替计划，指根据企业战略，在人员储备需求和培训需求之间建立紧密的联系，以尽可能地确保由于提升、退休、死亡、离职带来的空缺有合适的管理者，同时确保在未来建立可供任命的管理者梯队。企业可以建立一个与人力资源储备相关的数据库，以随时监督企业的人力资源情况，当发现人员配置达不到企业要求时，就可以根据企业人员需求确定培训的重点。

4. 组织环境分析

组织涉及培训的环境包括三个方面：一是领导的态度和支持，包括领导的意愿和能力，如是否意识到了培训的重要性，是否愿意支持培训等；二是组织的观念和态度，即大家对于培训的看法，如员工的上级和同事对于受训者参与培训活动的支持，对于受训者使用新的技能的看法等；三是组织的制度支持，即是否有保障培训学到的技能能够顺利和频繁使用的制度和环境，例如工作的流程是否使新技能有用武之地等。

表7-3是组织分析的各个维度对培训的影响的总结。

表 7-3　组织分析的各个维度对培训的影响

培训需求组织分析的维度	对培训活动的影响
1. 组织目标	决定培训重点
2. 组织战略	决定培训重点
3. 组织资源	
组织的物质和资本资源	影响培训方式的选择
组织的人力资源	决定培训重点
4. 组织环境	
组织的领导支持	影响培训执行
组织的观念和态度	影响培训迁移
组织的制度支持	影响培训迁移

(二) 任务层面的分析

任务分析主要是通过对工作任务和岗位责任的研究，发现从事某项工作的具体内容和完成该工作所需具备的各项知识、技能和能力，以确定培训项目的具体内容。任务分析的结果也是将来涉及和编制相关培训课程的重要资料来源。任务分析的内容主要有以下五点。

1. 建立全面的工作说明书

这种工作说明书主要是对职务中主要职责任务及任职条件的说明。有的组织有现成的职务工作说明书，对这些资料进行核实就可以了。但是如果没有，就需要进行工作分析，建立较为全面地反映职务内容和要求的工作说明书。

2. 进行职责任务分析

进行职责任务分析主要是对工作中的结构、内容及要求的分析，即主要是弄清楚每个职务的主要任务是什么，每项任务完成后应该达到什么标准。

3. 确定完成任务所需的 KSAO

对完成职责任务所需的 KSAO 进行分析，为人力资源培训与开发提供目标和依据。其中，K(knowledge)指知识，完成任务所需要了解的相关信息、原理、方法；S(skill)指技能，完成任务所需要的某些熟练性、技巧性的行为能力；A(ability)指能力，完成任务所需要的某些身体与精神方面较综合的行为能力；O(others)指其他个性特征，包括态度、品性与兴趣因素。

4. 确定培训需求

通过分析与比较每个任务及其相应的任职条件的评估分数，包括任务在职务中的重要性、出现的频率或者所花费的有效劳动时间、完成的难度、任职条件相对职务工作绩效的重要性、学习难度以及在工作中获得的机会等，来具体确定哪些任务与 KSAO 应该纳入培训需求系统中。

5. 确定培训需求系统的因素级别和开发顺序

培训需求系统的建立确定了组织培训的具体需求。但由于支持组织培训的资源有限，不可能让所有的培训需求都得到满足，所以就应该考虑每一种需求的优先级别，具体确定需求系统中每个任务与 KSAO 的开发顺序。

表 7-4 为任务分析调查问卷。

表 7-4　任务分析调查问卷

姓名		日期	
职位			
请从以下三个方面给每一项任务打分,任务对工作绩效的重要性、任务执行的频率和任务执行的难度。在评分时请参照下列尺度:			
重要性	4＝任务对有效绩效至关重要 3＝任务比较重要但并非至关重要 2＝任务比较重要 1＝不重要 0＝没有执行过这项任务			
频率	4＝每天执行一次任务 3＝每周执行一次任务 2＝几个月执行一次任务 1＝一两年执行一次任务 0＝没有执行过这项任务			
难度	4＝有效执行这项任务需要有丰富的工作经验和培训经历(12～18 个月或更长) 3＝有效执行这项任务需要有一定的工作经验和培训经历(6～12 个月) 2＝有效执行这项任务需要以前有过短期的工作经验和培训经历(1～6 个月) 1＝有效执行这项任务不需要以前有过特定的工作经验或培训经历 0＝没有执行过这项任务			
任务	重要性	频率	难度
1. 维修设备、工具和安全系统			
2. 监督员工工作绩效			
3. 为员工制定工作日程进度			
4. 使用计算机统计软件			
5. 监控生产过程			
6. 统计方法带来的变化			

任务分析是培训需求分析中最烦琐的一部分,但是,只有明确任务分析的重点,对工作进行精确的分析并以此为依据,才能编制出真正符合企业绩效和特殊工作环境的培训课程来。

(三) 人员层面的分析

人员分析是针对员工进行的人员分析,包括三个方面的内容:一是对员工个人的绩效做出评估,找出存在的问题,并分析问题产生的原因,以确定解决当前问题的培训需求;二是根据员工的职位变动计划,将员工现有的状况与未来职位的要求进行比较,以确定解决将来问题的培训需求;三是针对员工的培训诉求进行准备,以确保员工有接受培训的意愿,并具备基本技能。通过人员分析,要能够确定出企业中哪些人员需要接受培训,以及需要接受什么样的培训。

人员分析的第一个方面是基于对员工的绩效考核结果来进行的,这也需要首先设定出绩效考核的指标和标准。将员工目前的工作绩效和设定的目标或者以前的绩效进行比较,当绩效水平下降或者低于标准时,就形成了培训需求的压力点。需要注意的是,这个压力点并不意味着就必须对员工进行培训,企业还要对员工绩效不佳的原因进行分析,以提炼出现实的培训需求。

人员分析的第二个方面则是基于员工的职位变动计划来进行。首先要确定出哪些员工在未来的一个时期内,会进行职位的变动。然后把员工目前所具备的知识、技能和态度,与将来职位的要求进行比较,由此制定出培训需求。

人员分析的第三个方面是管理人员还应该对员工的基本情况进行分析,即确定员工接受培训的基本能力和动机。通常情况下,企业可以通过如下几个方面来确保受训人员对培训做好充分的准备:要使受训人员明白为什么要参加培训以及参加培训所能够带来的收益,这样会有助于强化他们的学习动机;要使受训人员相信自己能够学会培训的内容,即要让员工建立起充分的自信;要使受训人员有集中进行学习的一些基本能力,例如认知能力、阅读能力等。

在实践中组织分析、任务分析和人员分析,并不是一定要按照某种特定的顺序来进行,但是由于组织分析关注的是培训是否与企业的战略目标相匹配,解决的主要是企业层面的问题,因此进行培训需求分析时往往最先是组织分析,其次才是任务分析和人员分析。

二、培训需求信息收集的方法

要进行培训需求分析,首先应该收集培训需求的信息,而要进行培训需求信息的收集,就必须有相应的工具及这些工具的选择机制。这一部分,首先要对收集培训需求信息的方法进行一般的归纳和解释,并指出各自的优点和不足;在此基础上,再将对如何在众多的信息收集方法中确定适合本企业的信息收集方法或方法组合的原则进行一般性的界定。

收集培训需求信息的方法一般有九种,具体包括:员工行为观察法、问卷调查法、关键人物咨询法、印刷媒介法、访谈法、测试法、记录和报告法、工作样本法以及团队讨论法。各种分析方法的特点及优缺点可参照表 7-5。

表 7-5 培训需求分析方法的特点及优缺点

方法	方法的特点	优点	缺点
员工行为观察法	可以像时间—运动研究一样技术化,也可以在功能和行为方面特点化;可以非结构化;可以标准化使用,区分有效和无效的行为、组织结构及过程。	较少影响日常工作和生活;能够产生情境数据,同情境高度相关;能够对确定培训需要和兴趣反应起作用;(当同反馈步骤结合时)在观察者的推断和反应之间能够进行比较。	对观察者的技能要求比较高,既需要对过程,又需要对内容有很深入的了解;只能够收集工作情境内部的数据,在使用时有限制;被观察者有可能认为观察者的行为是"间谍"行为。
问卷调查法	可以做成问卷或调查的形式随机地或有计划地选择被试者,或者可以把测试样本自由放大;问题的结构形式多样(可以是开放式、投射式、强制性选择或优先性排列);可以在控制和非控制条件下由自己管理,或可以要求解说者和辅助者在场。	在较短时间内接触大量的人;相对来说成本较低;给予表达的机会而不必要难为情地去面谈;所得到的数据容易总结或汇报。	对没有预料到的反应不能给予表达的机会;对有效工具的建立需要相当的时间;很少能够得到问题的原因和解决方法等信息;会面临回收率低、被问者不给予回答等问题。

续表

方法	方法的特点	优点	缺点
关键人物咨询法	能够从公司的关键人物中获得关于特定群体的培训需求是什么;这些关键人物包括部门经理、相关服务的提供者、职业协会的成员以及服务群体中的个体;一旦确定关键人物后,可以从这些咨询者中通过访谈、问卷和群体讨论获得数据及印刷资料。	相对来说,操作简单且费用低;在过程的参与者中建立并加强联系。	由于每个人的观点仅代表了他们个人和他们的组织对培训需求的看法,所以在建立的过程中容易产生偏差;可能会仅得到部分需要资料的情形,导致无法掌握关键信息。
印刷媒介法	可以包括职业期刊、立法消息和规则、行业的杂志以及内部出版物。	揭示和澄清正式信息、准确信息的来源;即使不能提供未来的观点,起码可以提供关于现在的看法;可以立刻获得或容易被客户群体所理解。	在数据分析和合成的时候可能有问题。
访谈法	既可以是正式的形式也可以是非正式的形式,可以是结构化的或非结构化的;可以在目标群体中的一个样本中使用,或在目标群体中全部实行;可以电话访谈、在工作场所访谈以及在其他地方访谈。	适于揭示情感、揭示员工所面对的问题的原因和解决方法;为员工提供最大的机会来自发地表达他自己和他的团体的利益。	通常比较费时间;很难分析和得到数量性结果;除非访谈者有技能,否则访谈结果会受到怀疑;依赖访谈者的卓越技能,把被访谈者的疑虑打消,才能得到有效数据。
测试法	可以适用于各种目的,可以测试全体员工或部分员工的能力;可以对得到的想法和事实进行取样;可以在有或没有帮助者在场的情形下实行。	可以确定一个问题的原因是不是因为知识、技能以及态度的缺失等;结果很容易数量化和进行比较。	相对来说,只能得到很少数量的测验,而这些只对特定的情形有效;不能揭示测量到的知识和技能是否能真正应用到工作环境中。
记录和报告法	资料可以由组织好的图表、计划好的文件、政策手册、审计和预算报告等组成;员工记录,包括会议记录、每周或每月的程序报告、备忘录、部门服务记录、程序评价研究等。	针对特殊问题提供有价值的线索;在部门或群体内部提供关于结果的客观性细节;由于已经在工作场合存在,在收集的时候需要的努力最小,并且对工作的影响最少。	问题的原因和解决问题的方法经常不能显示出来;所得到的观点一般来说反映了过去的情境,不能表现现在的以及最近的变化;需要高技能的数据分析人员才能够使分散的原始数据显示出规律和趋势。
工作样本法	同观察法类似,只是采取的形式是书面的;在组织工作的过程中能够得到产品,比如广告设计、程序提议、市场分析、信件、培训设计等;假定的但是由咨询师提供的案例研究的书面反应。	具有记录和报告的大部分优点;是组织的数据。	案例研究的方法将花费组织实际的工作时间;需要专业的内部分析师;分析师对优势和弱点的评价可能被人们认为太"主观"。
团队讨论法	类似于面对面的访谈技能;可以集中于工作分析,群体问题分析,团队目标设定或任何其他的团队任务及主题,如"团队的领导力培训需要";使用一个或几个团队促进的技术,如头脑风暴法。	允许现场总结不同的观点;可以为最终决定的服务性反应建立支持;可以帮助调查人员成为更好的问题分析者和更好的倾听者。	对咨询师和部门来说都非常花费时间;可能产生很难合成或量化处理的数据(对非结构化的技术来说更是一个问题)。

从表 7-5 中我们可以看出，收集培训需求信息时，比较明智的做法是同时发展和采纳以上九种方法中的几种，从而减少所选方法的缺点，使通过各种方法综合反映出来的培训需求更加客观、真实，培训的效果也就更明显。

第三节 培训的组织与实施

一、制订培训计划

（一）培训计划的分类

一个良好的培训开发计划能够使受训者真正学有所获，而且激起受训者学习的渴望，愿意继续接受培训，从而促进培训过程的良性循环。同时，一个成功的培训开发计划能使企业领导注意到培训开发的重要性，提高培训开发部门在企业中的地位。因此制订培训开发计划是培训管理者最重要的工作之一。常用的培训计划分类方法有以下两种。

1. 横向划分

从培训计划的横向层次来划分，培训计划可以分为三个层面，分别是全局性的公司整体培训计划、部门级培训计划以及个人培训计划。

公司整体培训计划直接体现了公司的经营管理战略，能够有效保障组织内部的整体培训目标和培训战略的贯彻。部门级培训计划根据部门的实际培训需求制订，比较灵活机动，侧重于员工对实际操作技能的掌握，以适应不断变化的客户需求与组织发展的需要。部门级的培训计划制订以后，培训管理部门要与各部门经理进行讨论，根据培训内容严格控制培训预算，明确双方在培训过程中的责权划分。最后，协同合作，共同达成培训目标。个人培训计划有利于个人的发展和提高，也是顺利实现前两个计划的必备的手段。将整体、宏观的计划或培训目标分解开来，具体地落实到每个人，这样就使得培训计划不再是空中楼阁。

2. 纵向划分

以培训计划的时间跨度为标志，可以分为短期、中期和长期培训计划。

短期培训计划是指时间跨度在一年以内的培训计划，目的是让员工掌握某一特定的知识或技能，因此更多地注重培训计划的可行性和效果，例如伴随机器更新带来的操作技术更新。中期培训计划是指时间跨度在一到三年内的培训计划，它起到了承上启下的作用，是长期培训计划的进一步细化，同时又为短期培训计划提供了参照。其目的不仅是让员工掌握某项知识或技能，更多地需要考虑企业的战略方向及经营发展状况。长期培训计划一般指时间跨度在三到五年或以上的培训计划。需要注意的是，无论是中期还是长期计划，并非计划完成后就一成不变，在保持原计划战略原则与方向的前提下，每年都要根据实际情况有所调整。

在实际操作中，应用得比较多的是公司年度培训计划。根据本年度公司各方面的经营管理状况及各部门的培训需求制订下一年度的培训计划。年度培训计划的时间安排应具有前瞻性,要根据培训诉求的轻重缓急合理安排。时机选择要得当,以尽量不与日常的工作相冲突为原则,同时要兼顾学员的时间。一般来说,可以安排在生产经营淡季、周末或者节假日的开始一段时间,并应规定一定的培训时数,以确保培训任务的完成和受训人员水平的真正提高。

(二)制订培训计划操作流程

企业培训的开展通常有两种情况:一是企业自身具有比较完善的培训的能力,包括详细的培训课程体系及高素质的培训师队伍,按部就班的安排受训者参加培训即可;二是企业并不具备完善的课程体系及师资队伍,因此企业要么先明确培训者的需求逐步完善培训课程,培养师资队伍,要么聘请专业的咨询公司协助企业进行培训。为了方便了解培训的系统操作,在此给出完整的企业内部培训计划制订流程。

1. 确定培训对象,选择培训时机

培训需求分析输出的结果是明确、具体的培训目标及需要培训的对象。培训计划的目标要详细说明完成培训后,受训者所能够达到的标准。例如,通过一周3个学时的学习,掌握至少三种产品营销的方法。因此,培训目标不仅能够为接受培训和实施培训的人员提供共同的努力方向和目标,也能为培训计划的效果评价提供依据。培训学员的选定可由各部门推荐,或自行报名再经甄选程序而决定。可依照职位级别(垂直的)及职能级别(水平的)加以区分。职位级别大致可分为普通操作员级,主管级及中、高层管理级;而职能级别的培训又可以分为生产系统、营销系统、质量管理系统、财务系统、行政人事系统等项目。

培训时机的选择是培训规划的一个关键项目,培训时间选择得及时、合理,才能保证企业目标和部门、岗位目标的实现,提高劳动生产率。首先,培训的安排最好不要与员工的工作时间冲突,如果必须要占用员工工作时间的话,一定要与员工的主管沟通协调,征得主管的同意,并且以不会给员工收入上带来明显的损失为好;其次,培训时间的长度要恰当,时间太长的话容易让员工感觉疲劳;第三,培训的时机选择要恰当,培训时间过于超前,就可能会出现需要运用培训所学知识时,员工已经忘了培训内容的现象,时间滞后,则失去了培训的预期作用。培训时间的选择以提前1~7天为宜,尽量少占用员工工作时间,最好不要占用员工休息时间,如果不得不如此的话,需要对员工做出一定的经济补偿。

2. 准备培训教学资料包

培训目标及培训对象共同确定了培训内容,培训教学资料包是一个完整的培训所需要的各种培训资料的集合,包括各种讲义、视听辅助材料及设备,是培训内容的具体体现。一般培训资料包括培训师资料包和学员手册两部分。培训资料包的优势在于将开发并实施某一课程的所有培训资料集合在了一起,更加有利于学员自学,尤其适合员工比较分散的培训——即使处在偏僻地带的学员也能接受标准化的培训。另外一个很重要的优势就是资料包集合了课程设计实施的所有资料,为将来的培训课程设计实施提供了非常好的参考,有些可以借鉴的资料也免去了重新制作的麻烦。

3. 准备培训设备及资源

培训设备及各种资源是辅助培训师进行培训，加强培训效果的工具，培训中最常用到的培训设备就是各类视听辅助工具，见表7-6。视听辅助工具最主要的作用之一就是简化复杂的或者被模糊的教学内容。一纸图片、一张表格或者一个模型就可以抵得上千言万语。视听辅助工具的另一个作用是使学员将注意力集中在某个课题上。比起文字来，引人入胜的幻灯片、模型、电影片段、图表、海报或者声音，能够在学员的大脑中持续更长的时间。需要注意的一个原则是，所使用的视听工具必须有益于简化教学内容或者使学员更容易记忆，否则任何的视听辅助手段都变得没有必要。

表7-6 常用的视听辅助工具

> 投影仪：普通投影仪、计算机投影仪
> 激光指示器\Mark笔
> 麦克风
> 展示架\海报
> 挂图
> 白板
> 印刷材料

4. 选择培训场地

培训环境在一定程度上决定了受训者能否全身心地投入培训，而环境主要是由内外部环境和内部空间布置决定的。选择室内培训地点时需要考虑的部分内外部环境因素有：参加培训的人数、光源、环境的噪声、道路、服务设施、培训设备、温度和空气。

5. 编制培训预算

培训预算是指在一段时期（通常是1年）内，用于组织内培训及培训部门所需要的全部开支的总和，是未来培训计划实施和控制的重要依据和衡量标准。由于培训效果具有滞后性，不像其他生产、销售等部门那样可以直接看到经济效益，并且组织资源通常是有限的，因此如果中高层管理者对培训没有引起足够的重视，往往很难申请到培训资金。培训人员常常面临这样的境况，一旦企业银根紧缩，需要削减项目，一般首当其冲的就是培训资金，所以编制好的年度培训预算尤为重要。培训管理部门必须根据详细的年度培训计划及历史数据制订年度培训预算及管理费用，取得高层管理者的认同和支持后方可实行，在实施的过程中注意不要超支。

6. 编写培训计划表

培训项目计划书是关于培训项目计划制订结果的一份文字总结。其作用在于清晰地展示整个项目，同时充分陈述项目的意义、作用和效果，简化培训程序。培训项目计划书可为高层领导的决策提供必需的依据，也可预先帮助管理者加深对各个环节的了解，从而做到统筹规划。下面以年度培训计划为例，说明培训计划书的撰写流程与方法。

企业年度培训计划的制订是在培训管理人员做好一系列培训需求分析及培训准备工作之后，将年度培训计划文档化的一个过程，这个过程中需要企业各职能部门及参加培训的业务部门的参与，主要通过培训计划会议的形式进行。培训计划会议通常由培训管理部门（如培训部、人力资源部）牵头召开，由各个部门参与计划制订的人员参加。主要就年度培训计划制订的时间表、要点等详细内容进行规划、说明，即通过该种方式说明培训计划的制订标准并控制培训计划制订的节奏。表7-7为××公司年度培训计划示例。

表7-7　××公司年度培训计划示例

第一部分：培训需求分析与目标确定

一、企业战略对培训的要求
　　1. 公司战略中对培训职能的界定
　　2. 次年度经营计划分析
　　　　（1）次年度的经营目标阐述
　　　　（2）达成目标的关键成功因素分析
　　　　（3）达成目标的难点分析
　　　　（4）培训在达成经营目标方面的贡献

二、本年度人力资源分析
　　（1）组织机构的调整带来的培训需求分析
　　（2）内部岗位调整（晋升、岗位轮换）带来的培训需求

三、外部环境变化对培训的要求
　　1. 行业环境分析
　　　　（1）国家立法或相关规定对培训的需求
　　　　（2）本行业主要技术发展对培训的需求
　　2. 竞争对手变化
　　　　（1）本企业重要竞争对手采取的提升竞争力的方法
　　　　（2）这些措施对市场或终端产生了什么影响？
　　　　（3）我们应该采取什么对策来适应竞争？
　　　　（4）需要通过培训解决的工作
　　3. 客户构成与渠道的变化
　　　　（1）本企业主要的客户
　　　　（2）这些主要客户在经营管理方面最新的动向分析
　　　　（3）这些最新动向对本企业的业务的影响（正面、负面）
　　　　（4）这些主要客户对目前本企业产品、质量、服务、人员工作方面的改善建议

四、企业内部各职能部门培训需求
　　1. 部门A
　　　（1）本部门本年度培训效果总结
　　　（2）本部门次年度经营目标
　　　（3）本部门次年度主要工作
　　　（4）需要通过培训完善的工作
　　　（5）需要通过培训完成的技能储备
　　2. 部门B
　　　（1）本部门本年度培训效果总结
　　　（2）本部门次年度经营目标
　　　（3）本部门次年度主要工作
　　　（4）需要通过培训完善的工作
　　　（5）需要通过培训完成的技能储备

3. 部门 C
　　　　(1) 本部门本年度培训效果总结
　　　　(2) 本部门次年度经营目标
　　　　(3) 本部门次年度主要工作
　　　　(4) 需要通过培训完善的工作
　　　　(5) 需要通过培训完成的技能储备
五、次年度培训的中心目标与任务
　　1. 次年度培训的中心工作
　　2. 次年度培训工作的基本任务

第二部分：本年度培训专项职能分析

一、本年度培训工作总结
　　1. 本年度培训计划的整体执行情况分析
　　2. 部门培训计划执行情况分析
　　3. 岗位培训计划执行情况分析
二、本年度培训效果评估
　　1. 本年度主要的培训课题与项目名称
　　2. 课题培训效果分析
三、本年度培训工作的经验与教训
　　1. 本年度培训管理工作方面的经验与教训
　　2. 本年度培训方案方面的经验与教训
　　3. 本年度培训计划方面的经验与教训
　　4. 本年度培训课题与内容方面的经验与教训
四、次年度培训工作面临的课题与建议对策
　　1. 公司整体培训计划
　　　　(1) 培训目标
　　　　(2) 培训对象
　　　　(3) 培训时间及地点
　　　　(4) 培训内容及方式
　　　　(5) 培训讲师
　　　　(6) 培训设备及资料
　　　　(7) 培训预算
　　2. 各部门培训计划(内容同上)
　　　　(1) 部门 A
　　　　(2) 部门 B
　　　　(3) 部门 C

第三部分：次年培训计划与相关费用总预算

关于年度培训基本安排						
月度	部门	对象	人数	培训课题	讲师	预算费用
1月						
2月						
3月						
4月						
5月						

续表

月度	部门	对象	人数	培训课题	讲师	预算费用
6月						
7月						
8月						
9月						
10月						
11月						
12月						
总计						

第四部分：次年度培训计划实施关键问题

关键问题一

关键问题二

关键问题三

关键问题四

第五部分：培训工作分工与职责划分

一、培训管理体系的基本组织结构

二、工作分工与职责划分

三、培训工作的评估要点与关键指标

二、实施培训

在确定了培训项目、培训时间、培训地点以及参与者以后，便进入培训的实施阶段。针对不同的培训项目，会有不同的具体实施工作。但一般而言，授课类的培训项目的实施都包括如下几个方面的工作：第一步，接待培训师，不管是企业内部的培训师，还是外部的培训师，在授课的当日最好都能够提前做好准备，这样可以使授课过程更加从容；第二步，由工作人员做好签到并要求参加培训的员工签字，一方面更好地管理培训，另一方面为以后的培训效果评估收集信息；第三步，由工作人员向学员简要介绍培训师和培训项目，帮助大家更好地掌握培训，有助于增强培训效果；第四步，发放相关材料，也可以提前让员工自行准备培训材料；第五步，培训师开始授课；第六步，在培训课程快要结束的时候向学员发放并回收问卷，用作培训效果评估的依据；第七步，一系列的收尾工作，主要包括向培训师支付培训费用，教室打扫、设备整理，培训资料归类整理等。培训工作人员在培训过程中，要随时准备处理各种应急突发状况，并且要做好课间的服务工作，耐心地解答学员的各种疑问。

对于如户外拓展之类的室外培训项目具体的实施步骤,与室内培训项目有一定的差别。首先要统一安排员工抵达拓展目的地,然后详细介绍拓展项目和活动的地区范围,更重要的是要详细告知员工安全注意事项,以防出现意外事故,在开始实施户外活动或比赛时,要确保参与者按要求进行活动,在学员活动过程中,要有工作人员随时对学员的行为进行监控和保护。活动结束后,组织参与者分享启发、感悟,并与所有学员进行沟通和交流,最后护送学员安全返回。总之,培训过程的实施是针对不同的培训项目而言的,不同的培训项目需要工作人员从事不同的工作内容和工作流程。总的来说,培训的实施必须做好以下准备:准备培训文书、布置培训场地、培训后勤准备、培训过程的控制与纠偏、培训档案管理。

第四节 培训效果评估

培训效果评估是一个运用科学的理论、方法和程序,从培训项目中收集数据,并将其与整个组织的需求和目标联系起来,以确定培训项目的优势、价值和质量的过程。一般说来,这个过程包括以下三个部分:作出评估决定、实施培训评估和培训效果转化。

一、作出评估决定

培训评估的可行性分析,就是在对培训项目的评估开始之前收集和分析有关培训项目及其评估的系统资料,进而得出该培训项目是否可行的结论。可行性分析主要有两个目的:一是决定该培训项目是否应交由评估者进行评估;二是了解项目实施的基本情况,为以后的评估设计奠定基础。

评估的可行性分析涉及面很广且随着项目特点和内容的不同而不同,没有一个固定的框架和分析程序。在此,我们给出两个极端:应该评估和不应该评估的情况,供读者参考,见表7-8。

表7-8 应该评估和不应该评估的情况

应该评估	不应该评估
培训项目所需要的经费超过一定的"警戒线" 培训周期较长,如某培训项目需要三个月或更长的时间 项目的效果对于整个公司具有十分重要的意义时 一个单元的培训项目对其他单元会产生很大影响 公司面临一系列重大的改革举措,需要评估结论作为依据	培训项目目标不明确或在目标上缺乏共识 培训项目评估结果不能得到利用 时间有限,不能保证有质量的评估 ● 评估决策者给的评估时间太紧,可能影响到评估质量; ● 培训项目的效果还未充分展示出来,进行评估难以得出科学结论。 评估资源不足,不能保证有质量的评估 培训项目本身缺乏外在价值

进行评估的可行性分析是为了确定培训项目是否需要评估以及评估的程度。在多数情况下,评估者不是简单地拒绝或接受评估任务,而是利用获得的信息与决策者谈判,在明确项目目标、内容等的基础上争取更多的资源或更好的条件,保证评估顺利进行。

二、实施培训评估

培训评估主要在两个层面上进行:一是个体层面;二是组织层面。评估的对象不同,相应的评估内容、方法都有很大差别。

1. 个体层面的评估

个体层面的评估对象主要是参加培训的员工本人,评估的维度包括:认知成果、技能成果、情感成果和绩效成果。表7-9给出了这些成果以及它们如何被衡量的一个例子。

表7-9 个体层面评估维度

评估使用的成果	举例	如何衡量
认知成果	安全规则 电子学原理 评价面谈的步骤	笔试 工作抽样
技能成果	使用拼图 倾听技能 指导技能 着陆一架飞机	观察 工作抽样 评分
情感成果	对培训的满意度 其他文化信仰	访谈 关注某小组 态度观察
绩效成果	缺勤率 事故发生率 专利	观察 从信息系统或绩效记录中收集数据

(1) 认知成果

认知成果可用来衡量受训者对培训项目中强调的原理、事实、技术、程序或过程的熟悉程度。认知成果用于衡量受训者从培训中学到了什么。一般应用笔试来评价认知结果。

(2) 技能成果

技能成果用来评价受训者的技术或运动技能以及行为方式的水平,它包括技能的获得与学习(技能学习)及技能在工作中的应用(技能转换)两个方面。可通过观察员工在工作抽样(如模拟器)中的绩效水平来评价受训者掌握技能的水平。技能转换通常是用观察法来判断的。例如,在医院实习的医科学生会在外科医生的观察、指导和帮助下做手术,同事或管理者也会根据他们的观察来给受训者的行为方式或技能打分。

(3) 情感成果

情感成果包括态度和动机,主要指有关受训者对培训项目的反应。反应成果指受训者对培训项目的感性认识,包括对设施、培训教师和培训内容的感觉。这类信息通常是在课程结束时收集的,反映受训者哪些想法是有助于或会阻碍学习的。一般用让受训者完成调查问卷的方法来收集反映成果的信息。一般会问这样的问题:"你对该培训项目满意吗?""培训符合你的个人期望吗?""你认为教室舒适吗?"

(4) 绩效成果

绩效成果包括由于员工流动率或事故发生率的下降导致的成本降低、产量提高及产品质量或顾客服务水平的改善。例如,为了对送货司机安全驾驶培训项目进行评价,在受训者完成培训后,邮政公司记录了数天内送货司机的肇事次数。

2. 组织层面的评估

组织层面的评估主要是通过货币量化的方法对培训项目的成本和收益做出分析比较,即通过计算投资回报率来衡量培训活动的成效。具体流程如下。

(1) 评估数据的收集

①数据类型

培训效果评估的主要数据来源可以归纳为两大类:硬性数据和软性数据。硬性数据是指那些客观的、理性的、无争论的事实,是培训评估中非常希望掌握的数据类型。但由于培训效果有时有一定的滞后性,而硬性数据的结果需要经历一段时间后才能表现出来,因此,有时组织还必须借助于软性数据进行评估。

硬性数据主要有四个来源:产出、质量、成本、时间。

软性数据主要有六个来源:组织氛围、满意度、新技能、工作习惯、发展、创造性。

具体指标举例及两类数据的特点见表 7-10。

表 7-10 硬性数据和软性数据对照

数据类型	主要来源	具体指标举例	特点比较
硬性数据	产出	生产的数量 制造的纯熟 装配的件数 售出件数 销售额 加工数量 贷款批准数量 存货的流动量 对申请的处理数量 毕业的学员数 任务的完成数据 订货量 奖金 发货量 新建的账目数量	硬性数据的特点: 一般是定量化的数据; 容易测量; 是衡量组织绩效的常用标准; 比较客观; 比较容易转化为货币价值; 衡量管理业绩的可信度较高
	质量	废品 次品 退货 出错比率 返工 缺货 产品瑕疵 与标准的差距	

续表

数据类型	主要来源	具体指标举例	特点比较
		生产故障 存货的调整 工作完成的比例 事故数量 客户投诉	
	成本	预算的变化 单位成本 财务成本 流动成本 固定成本 营业间接成本 运营成本 延期成本 罚款 项目成本节约 事故成本 规划成本 销售费用 管理成本 平均成本节约	
	时间	运转周期 对投诉的应答时间/次数 设备的停工时间/次数 加班时间 每日平均时间 完成所需时间 贷款的处理时间 管理时间 培训时间 开会时间 修理时间 效率 工作的中断时间 对订货的回应时间 晚报告时间 损失的时间天数	
软性数据	组织氛围	不满的数量 歧视次数 员工的投诉 工作满意度 组织的承诺 员工的离职比率	软性数据的特点： 有时难以量化； 相对来讲不容易测量； 作为绩效测评的指标,可信度较差； 在多数情况下是主观性的； 不容易转化为货币的价值； 一般是行为导向的
	满意度	赞成性反应 工作满意度 态度的变化 对工作职责的理解	

续表

数据类型	主要来源	具体指标举例	特点比较
		可观察到的业绩变化 员工的忠诚程度 信心的增加	
	新技能	决策 问题的解决 冲突的避免 提供咨询的成功机会 倾听理解的能力 阅读速度 对新技能的运用 对新技能的运用意图 对新技能的运用频率 新技能的重要性	
	工作习惯	旷工 消极怠工 看病次数 违反安全规定 沟通破裂的次数 过多的休息	
	发展	升迁的数量 工资的增加数量 参加的培训项目数量 岗位轮调的请求次数 业绩评估的打分情况 工作效率的提高程度	
	创造性	新想法的实施 项目的成功完成 对建议的实施量 设定目标	

② 数据收集的方法

常用的评估数据收集的方法有问卷调查、访谈、直接观察、档案记录分析、测验和模拟等，其各自的优缺点总结见表 7-11。

表 7-11 各种数据收集方法优缺点

方法	具体过程	优点	缺点
问卷调查	用一系列标准化的问题去了解人们的观点和观察到的东西。	成本低； 可以在匿名的情况下完成； 匿名的情况下可以提高可信度； 填写问卷的人可以自己掌握速度； 有多种答案选项。	数据的准确性可能不高； 如果是在工作中完成问卷填写的，那么对这个过程很难进行控制； 不同的人填写问卷的速度不同； 无法保证问卷的回收率。

续表

方法	具体过程	优点	缺点
访谈	和一个或多个人进行交谈,以了解他们的信念、观念和观察到的东西。	灵活; 可以进行解释和澄清; 能深入了解某些信息; 私人性质的接触。	引发的反应在很大程度上是回应性的; 成本很高; 面对面的交流障碍; 需要花费很多人力; 需要对观察者进行培训。
直接观察	对一项任务或多项任务的完成过程进行观察和记录。	不会给人带来威胁感; 是用于测量行为改变的极好的途径。	可能会打扰当事人; 可能会造成回应性的反应; 可能不可靠; 需要受过训练的观察者。
档案记录分析	使用现有的信息,比如档案或报告。	可靠; 客观; 与工作绩效关系密切。	要花费大量的时间; 可能会带来威胁感。
测验和模拟	在结构化的情境下分析个人的知识水平或完成某项任务的熟练程度。	容易计分; 可迅速批改; 容易施测; 可大面积采样。	对现实进行模拟往往很困难; 开发成本很高; 也许与工作绩效不相关; 可能有文化带来的偏差。

（2）分解培训效果

尽管绩效的变化可能与培训有关,但并不是我们所观察到的所有的知识、技能、行为和结果的改变都是由培训项目带来的,其他的非培训因素也有可能对绩效改进产生影响,因此,为了提高培训投资回报评估的精度,有必要对这些效果进行分解。

分解培训效果的方法见表 7-12。

表 7-12　分解培训效果方法

方法	方法说明	可能存在的问题
使用控制组	对两个小组收集相关数据,一个是参加了培训活动的实验小组,一个是没有参加培训的控制小组; 选择对照的成员应该与实验组大致可比。	小组成员的选择应该是相同的,但是实际上完全相同是不可能的; 受训者将可能学到的东西通过不同的途径传播到控制组中,或是控制组成员模仿了培训组成员的行为; 各组之间有不同的环境影响因素; 管理层可能不愿对项目采用带有研究倾向的方法进行评估。
使用趋势曲线	先以历史绩效,绘制一条趋势线,用趋势线预测未来绩效,在培训结束后,把实际的绩效曲线同历史趋势进行对比,任何超出趋势线预测的绩效提升,都可以归功于培训。	优点是操作简单、成本低,如果历史数据可以得到,就能很容易画出趋势线,可以很快评估出培训效果; 缺点是不是很精确,如果没有历史数据则这个方法完全失效; 总的来说是评估培训效果的一条合理途径。

续表

方法	方法说明	可能存在的问题
预测分析法	利用预测模型来预测绩效变量的变化;适用于只有一个其他变量影响绩效,并且两者的关系是一条直线时,类似 $y=ax+b$ 的直线模型的情况。	如果培训期间存在其他变量因素,有许多变量影响绩效时,这种方法就显出了重要缺陷,就需要使用多个变量分析和复杂统计软件包。
使用主观分析法	通过直接参与者、主管、管理层、骨干、下属以及聘请专家来评估培训效果。	因为各个参与者的主观因素,导致结果不可能十分精确,同时可能会面临许多人为的障碍。

(3) 将数据转化为货币

培训可以帮助员工与企业提高绩效,获得更大的收益,主要包括两方面:产量或销售量增长的价值、成本和费用减少的价值。其中,成本和费用减少的价值,包括原材料、燃料、消耗的减少,人工成本节省的价值,生产残次品减少和机器设备维修减少而节省的费用,员工流失率降低而节省的费用,提高设备利用率及降低生产事故而节省的费用。

(4) 培训投资成本核算

培训成本分为直接成本和间接成本。所谓直接成本为明确的可计算成本。直接成本包括参与培训的所有的雇员(受训者、培训教师等)、咨询人员和项目设计人员的工资和福利;培训使用的材料和设施费用;设备或教室的租金或购买费用;交通费用。间接成本是与培训的设计、开发或讲授完全直接相关的费用,它主要包括办公用品、设施及相关费用。

具体成本项见表 7-13。

表 7-13 培训成本

项目名称	说明
工资与福利——人力资源开发人员	这个账目包括人力资源开发部门的主管人员和非主管人员的工资与员工福利成本。
工资与福利——公司其他人员	这个账目包括公司其他人员(包括主管人员和非主管人员)的工资与员工福利成本。
工资与福利——学员	这个账目包括学员(包括主管人员和非主管人员)的工资与员工福利成本。
用餐、差旅和住宿——人力资源开发人员	这个账目包括公司人力资源开发部门员工的用餐、差旅、住宿和杂费。
用餐、差旅和住宿——学员	这个账目包括人力资源开发培训项目的学员的用餐、差旅、住宿和杂费。
办公用品和开支	这个账目包括文具、办公用品和服务、期刊订阅、邮资、电话费用等所发生的开支。
培训项目资料与用品	这个账目包括特定培训项目所购买的资料和用品的成本,其中包括文件、讲义资料以及所购买的培训用品等。
打印与复制	这个账目包括所有资料的打印和复制所发生的开支。

续表

项目名称	说明
外部服务	这个账目包括外部公司、机构或除本公司员工以外的个人(如管理顾问和专业培训讲师或辅导员等)在提供特殊服务时所引起的费用和开支。
设备——开支分摊	这个账目包括最初设备成本中被分摊到特定人力资源开发项目(包括计算机)中的部分。
设备——租赁	这个账目包括在行政管理工作和人力资源开发培训项目中所使用的设备的租金。
设备——维护	这个账目包括对公司自有设备和家具进行修理和维修时所引起的开支。
注册费	这个账目包括学员参加讲座和会议时产生的由本公司支付的注册费和学费;这个账目还包括员工加入行业、技术和专业协会时产生的并由本公司支付的会员费。
设备开支分摊	这个账目包括使用公司自有设施进行人力资源开发培训项目时发生的开支。
设施租赁	这个账目包括与人力资源开发培训项目相关的所有设施的租金。
一般费用分摊	这个账目包括对每个人力资源开发培训项目按比例计算的一般费用开支。
其他费用	这个账目包括为培训提供的其他费用。

(5) 计算投资回报

投资回报率是通过投资成本与收益的比较,来衡量培训项目的实际价值。计算公式为:

$$投资回报率=(项目收益÷项目成本)\times 100\%$$

主要可以通过对比类似项目的投资回报率等方法,来比较培训项目的价值。

(6) 识别非货币收益

除了有形的、货币的收益,大多数培训项目都会有无形的、不能以货币表示的收益。非货币收益是指那些与培训项目直接相关,但不能转化为货币价值的收益(或损失)。这些指标尽管不能转化为货币价值,但是对评估流程来说也是很关键的。

一般的做法是,将有关数据以非货币化收益形式列出,并加以恰当的解释和描述,以增加培训评估的准确性。

表 7-14 列出了与培训相关的典型非货币性衡量指标,供读者参考。

表 7-14 非货币性衡量指标

• 态度调查数据 • 组织归属感 • 组织气氛调查数据 • 员工抱怨与委屈 • 歧视投诉 • 压力减轻 • 员工离职率 • 员工缺勤 • 员工怠工	• 员工转岗 • 客户满意度调查数据 • 客户投诉 • 对客户反馈的时间 • 团队合作 • 协作 • 冲突 • 果断性决策 • 沟通

三、培训效果转化

影响培训迁移的环境因素包括:管理者的支持、同事的支持、技术支持和运用所学技能的机会等。因此,我们同样可以从这些角度来提高培训成果的转化。

(一) 管理者对培训成果转化的支持

这里所说的"管理者"应该指的是企业中各级别的管理者,既包括最高主管,也包括中层管理人员和一线的基层管理者。管理者可能为培训活动提供不同程度的支持,支持程度越高,就越可能发生培训成果的迁移。表 7-15 列出了管理者的态度对培训效果迁移的影响,管理者提供的最基本的支持水平是允许参加培训,最高水平是亲自参加培训工作。

表 7-15 管理者对培训成果转化的支持

支持程度		重点内容	
高支持 ↑ 低支持	在培训中任教	作为培训指导者参与培训计划,督促最大限度转移。	高转化 ↑ 低转化
	目标管理	与受训者共同制定转移目标;提出待解决的项目或难题,提供必要的各种资源,明确进度要求。	
	强化	与受训者讨论培训成果应用情况,对成功应用加以表扬,对失误加以引导解决。	
	时间技能	提供工作中的现有机会让受训者应用新知识技能。	
	参与	全过程关心了解培训进展、受训者的收获。	
	鼓励	通过重新安排日程让员工安心参加培训。	
	接受	承认培训的重要性,同意员工参加培训。	

为获得企业各级管理者对培训迁移的理解与支持,可以采取如下方面的措施。

(1) 在准备开展某一培训之前,向管理者介绍培训的目的,培训将给企业带来的收益及与企业或部门经营目标、经营战略间的关系,使管理者对培训收益有一个良好的预期;

(2) 鼓励受训者将他们在工作中遇到的难题带到培训中去,通过培训努力解决实际工作中遇到的问题,并将结果反馈给管理者,以引起管理者对培训项目的重视,从而信任受训者能经过培训提高工作能力;

(3) 将收集到的有关信息与管理者共享,如以往受训人员所获得的收益,开展过此项培训的企业所获得的收益,这些企业为培训迁移提供了哪些支持等;

(4) 把各级各类管理者应该做的有助于培训迁移的事项列出一份清单分发给有关人员;

(5) 可能的话,聘请管理者做培训师,或者让管理者先接受培训,然后赋予他们培训下属的责任。

(二) 同事对培训效果转化的支持

同事的支持主要指来自参加过培训的同事的支持。受训员工的上级主管应鼓励参加过培训的员工之间建立联系，及时沟通，共享在工作中应用培训所学技能的成功经验，探讨处理阻碍培训迁移因素的具体办法。管理者也可以推荐一名同事作为刚接受培训员工的咨询人员或实践顾问，这位同事应该参与过同样的培训项目，并且已有培训迁移的成功经验。此外，受训者的同事当中有一部分可能因种种原因尚未有机会参加培训，获得他们的支持也很重要。作为管理者应向这部分员工做好解释并与之进行沟通，预防受训者与其他未参加培训的同事之间可能出现的矛盾，受训者本人也应设法与他们融洽相处，使暂未参加培训的员工也成为促进培训迁移的一股力量。

(三) 提供有利于转化的技术支持

如果受训员工需要不断学习新的知识技能，并需不断地将所学运用于实践，那么企业为培训迁移提供技术支持则十分必要。比如，有一种叫作"电子操作支持系统"的计算机应用软件，它能为员工提供技能培训、所需信息及专家建议。一旦员工在操作过程中出现设备故障，可以通过安装在操作台旁的电子操作支持系统很快地诊断出问题，并接受系统的指导，以便对机器进行修理。有了这样的技术支持系统，无疑将为培训迁移提供极大的便利。

(四) 在工作当中运用新技能的机会

为了促进培训迁移，提高迁移效度，当受训员工回到工作岗位后，他们的上级主管应及时向他们提供应用所学知识技能的机会，如受训者的直接上司可以有意识地分配给受训员工需要应用新知识技能的工作。管理者尤其是受训者的直接上司应给受训人员提供实践机会并进行反馈，如岗位轮换、外出交流实习、国际交流或集团内部交流等，鼓励培训技能在工作中的运用，同时管理者应当多关心培训人员的学习、工作和生活。一般情况下，所学知识技能如不及时应用，没有应用的机会，就会退化直至完全丧失。为此，有关管理者应对受训员工应用所学知识技能的机会有一个较全面的了解。比如他们是否有过应用的机会，第一次应用机会距离培训结束有多久，机会的多寡情况，应用的效果如何等。对于机会甚少，甚至没有机会的受训者应采取相应的补救措施。若受训员工确实无应用所学技能的机会，那就说明企业的这种培训是不必要的。

(五) 学习氛围

几名同事一同参加培训比单独一名员工参加培训的迁移效果好。培训结束后，参加培训的同事经常交流、共享应用新技能的心得、经验，探讨工作中的难题，共同克服迁移应用中的障碍。这种相互探讨能给予受训者极大的勇气和信心，能促使员工积极主动进行培训成果转化。因此，培训组织者在实施培训项目时可利用这一点，尽量避免某部门一名员工独自参加培训。即使不得已遇到这种情况，也要让这名受训者与其他部门的受训者多交流沟通，共享经验，或者让该部门已参加过此类培训的员工作应用指导,以尽可能增强培训效果。

案例分析 7-1

麦当劳的培训系统

一、麦当劳企业概况

麦当劳(McDonald's)是全球大型跨国连锁餐厅,1955年创立于美国芝加哥,在世界上大约拥有3万间分店。主要售卖汉堡包,以及薯条、炸鸡、汽水、冰品、沙拉、水果等快餐食品。

(一) 以人为本、永续经营

在麦当劳的黄金拱门餐厅里,顾客除了可以享受到最快的餐饮,同时还能享受到人性化的服务,而这正是麦当劳"提供全世界最卓越的快速服务餐厅经验"的愿景。"人员""顾客""组织成长"是麦当劳达成愿景的三大策略,而"人员"更是麦当劳最重要的资产,麦当劳的产品是经由"人"传递给顾客的,所以麦当劳是个非常重视"人"的企业。

如顾客满意的学习一样,我们必须不断发现新的学习需求并因应需求发展更符合员工所需的资源。我们了解到所有的麦当劳训练成果并不是一蹴而成的,而是需要经过不断持续地改善及完整的追踪体系,才能创造真正的成功及绩效。

麦当劳在训练的过程中透过制造欢笑和愉悦的工作环境,使每个员工肯定自己所扮演角色的重要性,所有人员在遵循按部就班的训练系统时,仍能不断学习新事物。我们的期望是使麦当劳的员工,当他穿上制服的那一刹那,都会以身为麦当劳的一分子为傲。

(二) 麦当劳全球化学习发展系统

麦当劳企业在1955年开始营运后,即于1961年,选择了当时刚落成的伊利诺伊州Elk Grove村的麦当劳餐厅开始汉堡大学的培训课程。对麦当劳来说,汉堡大学成立的目的在于传承麦当劳的全球经营管理经验,就是全球一致的餐厅经验:强调品质、服务、卫生的高标准。其间,经历了1968年的迁移以及1973年的扩张,直到1983年10月才搬至美国芝加哥汉堡大学现址——橡溪镇(Oak Brook),继续培训麦当劳人才的任务。

而汉堡大学的设备也从早期在地下室仅能容纳九到十二名学生的规模,到现今拥有可容纳两百名学生的教室、一座大礼堂、六间多功能室、六座剧院式教室、十七间会议室以及一座图书馆,教室内附设有提供二十八种语言同步翻译的设备,目的在于使受训者接收到一致的餐厅经营管理知识。

目前,每年有超过五千名来自世界各地的学生至汉堡大学参与训练课程,而每年有超过三千名的经理人修习的高级营运课程(Advanced Operations Course),则是至今学生数目最多的课程。所有汉堡大学的餐厅管理与中阶管理课程都已获得美国教育委员会(American Council on Education)的认证。

近十多年来,随着国际市场的日趋成熟,麦当劳在国际市场的拓展速度比美国市场还大,麦当劳所代表的不仅是一个美国品牌,更逐渐于国际间发展成社区品牌。随着国际市场的需求愈来愈大,麦当劳为了更有效率地培训全球国际化人才,开始于各区域设立国际汉堡大学。目前全球已有七所,分别位于德国、巴西、澳洲、日本、美国、英国、中国香港。这七所汉堡大学分别以地区性语言作为主要教学语言,以达到最佳训练效果。

麦当劳是一个庞大的家庭,全球210个国家中已有超过三万家麦当劳餐厅,而截至目前,汉堡大学已拥有超过七万名高级营运课程的毕业生,另外则还有数千名的高阶主管获得这所世界级的汉堡大学其他课程的结业证书。

二、麦当劳培训系统

(一)"全球品牌,社区经营"的最佳写照——香港汉堡大学

所谓"全球品牌,社区经营",香港汉堡大学的成立便是最佳的写照。为了顺应华人市场的快速发展,大陆有五百余家,台湾三百五十余家,以及香港、澳门的二百余家麦当劳餐厅。麦当劳特于2000年在香港成立汉堡大学,针对华人地区的麦当劳主管进行人才培训工作。

汉堡大学的训练课程,是针对餐厅经理及以上的中、高阶主管所设计,并针对储备经理人才设计一系列的生涯规划。

在麦当劳担任到餐厅经理,就代表此员工已有足够的能力管理一家资产及营业额达到数千万元的餐厅。为培训管理人才有国际化的视野,特别安排餐厅经理以上的员工到汉堡大学接受训练,以提升整体经营水准。

香港汉堡大学的成立有自己的既定目标,包含了发展更符合地区市场的课程内容,避免因为语言及时差上造成的学习障碍以及更有效地运用培训经费。表7-16为香港汉堡大学的策略计划。

表7-16 香港汉堡大学的策略计划

愿景	成为最佳之人员培训专家,致力于麦当劳核心职能及领导职能之提升以达成麦当劳全球愿景。
使命	整合内/外部资源,积极地执行人员培训策略,藉以加强人员的职能,达到提供最佳之用餐经验和优异之营运成果。
价值观	荣誉、学习、欢笑
策略	1. 标准之捍卫者 2. 创造独特之学习经验 3. 缩小知与行之差距 4. 找出具创意以使用者为中心的解决方案
目标	1. 传递优质之HU经验 2. 成为中华地区学习发展团队之典范 3. 创造及整合有效的,易于运用的,且成本效益最佳的人员培训方案 4. 积极推动麦当劳成为高效能之学习型组织

(二)麦当劳职涯的训练规划

麦当劳强调的是"全职涯培训",也就是从计时员工开始到高阶主管,都设计有不同

的课程,透过各区域的训练中心以及汉堡大学进行进阶式的培训,如图 7-1 所示。例如在中国分为华中、华东、华北、华南区域来培训人才,使得麦当劳的员工能够持续不断地学习、成长。麦当劳全职涯的训练发展规划,是属于所有麦当劳员工的宝贵资产。

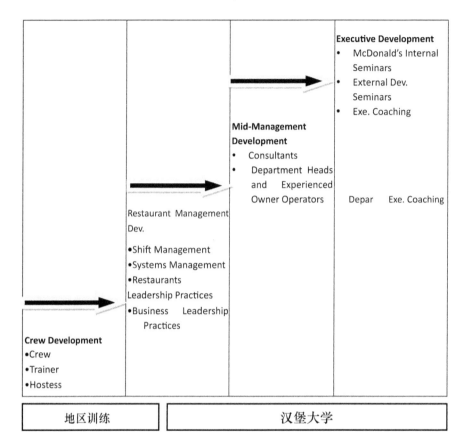

图 7-1 全职涯培训

在中国台湾,麦当劳的教育训练系统可分为服务组人员与管理组人员两个部分。计时人员的训练以现场工作为主,营运中心的管理人员随着职位则有各项管理课程,如基本营运课程、值班管理课程、基本管理课程、中级营运课程、进阶营运课程。除此之外,还有机器课程与各种工作室,如订货工作室、排班工作室、食品安全工作室、单店行销工作室与中心经理工作室。当员工晋升到中阶主管之后,如顾问或部门主管以上,将派外接受国际化的训练,依不同的职能分别有营运顾问课程、训练顾问课程、人力资源顾问课程、区域行销顾问课程、食品安全顾问课程、部门主管课程等。另外,除了为营运部门员工安排全职涯训练规划,公司亦为其他部门员工安排了一系列相关管理、团队建立、领导风格、个人发展、沟通及行政管理等课程。一位麦当劳的餐厅经理的诞生,需要花费至少 500 万元的投资与超过 450 个小时的训练。

在麦当劳我们教导员工一生受用的技能与价值观,让员工有学习发展与个人成长的机会。这意味着:给员工提供一个可以被训练发展和被鼓励的工作环境,并让员工了解未来规划和工作机会点。在麦当劳你有许多优于其他企业的学习机会。除了全职涯的完整训练规划外,你还可以在麦当劳实现自己的梦想。例如,你有跨部门的学习机会,这包含了公司任何一个部门,如企划、采购、训练、人力资源、会计或不动产开发等,只要你有兴趣皆可以有机会进到不同的部门学习及发挥所学。

在麦当劳有75%的餐厅经理是从计时服务员做起的;有50%的中、高阶管理人员也是从计时服务员做起;更有超过三分之一以上的计时服务员成为麦当劳的加盟经营者。由以上数据不难发现麦当劳非常重视员工的成长与生涯规划。

我们的人员策略是成为员工心目中最好的雇主,我们组织内各职级同仁的发展向来是最优先考虑的重点,因为人力资源的优势及多元化,能让我们抢先夺得竞争机会。我们更全力强调价值和领导行为,具竞争力的薪资与福利,对人员的尊重与肯定,学习发展及成长,同时确定员工有足够的资源完成工作,我们深信人员承诺才是建立品牌及确保顾客忠诚度的不二法门。

思考与讨论
1. 麦当劳"全职涯培训"对你有什么启示?
2. 分析麦当劳全球化学习发展系统的意义。

案例分析 7-2

ZYC 公司人员培训案例研究

一、企业概况

ZYC公司是一家典型的配套服务型企业,其发展战略目标就是以帮助专用车企业做大做强为己任,为企业提供配套的融资、研检、销售、招商、公共服务等一系列的配套服务。该公司最大特点就是提供高质量的服务,为专用车企业的发展提供一切可能的支持,确保企业能够快速健康地发展,因此公司对员工的素质有较高的要求标准,人力资本在公司资本中占比较高。

为了提升公司在专用车市场上的竞争力,最大效能发挥企业人力资本的优势,针对ZYC公司员工培训效率不高的现状,2014年9月,公司成立了由公司副总牵头、企业人力资源管理部门和ZYC公司下属各部、室参与的专项工作调查小组,针对企业员工的培训现状,采用访谈和电话回访方式对公司培训人员和受训员工进行双向交流调研,从而解决企业员工培训工作相关问题。

二、公司培训工作具体实例

公司组建初期,各项工作还没有形成规律,尽管按照职责划分了部门,但是仍显得纷繁芜杂,出现部门推诿,找不到具体负责人的情况。各部门之间颇有怨言,牢骚不断,加上公司聘用的人员学历比较高,领导层因此对人员培训工作不够重视,没有为员工的培训组建专业的培训团队,ZYC公司的培训工作就是在这样的背景下实施的。

因为单位没有专门的培训场所,会议地点就临时安排在会议室,培训的时间也是安排在平时例行的工作会议时间进行的,培训流程设置如下。

(1) 由 ZYC 公司的杨总总结前期的工作成绩,大家一起交流需要注意的问题。再谈一下员工学习的重要性,同时让员工感受到创业的筚路蓝缕,要大家珍惜公司的发展,同心同德,把企业发展起来,把服务的专用车下游企业带动起来。

(2) 由行政部长带领大家学习企业各项规章制度。

(3) 与会的员工讨论学习感受,交流学习心得。

培训就是这样确立了,但是并没有像预想中的一样按部就班地进行。由于先期只是领导口头参加的承诺,领导并没有太在意。在培训前,两个领导一位因为家里临时有事,时间安排不开。另一位因为培训和外事工作冲突,缺席培训,最后只能由行政部长一个人主持培训工作。行政部长是历史系的研究生,对行政工作有些地方缺乏经验,没有系统的学习过培训工作的相关知识,培训工作会就这样匆忙地召开了。

参与培训的员工到达会议室后并没有签到,也没有点名。因为是在平时的一般工作会议时间安排的培训工作,与会的员工很多事前并没有接到培训的通知。因此当行政部长宣布是培训会议时,大家都比较错愕,觉得有些突然。再有各部门部长一看是行政部长主持的会议,就没太重视。会上发言不积极,下面的员工讨论也不热烈。培训的内容流于形式,对工作没有实质性作用,再加上内容有些空洞,无非是让员工熟悉单位的一些规章制度,并没涉及如何才能使各部门更好地开展工作,大家都认为这次会议与自己关系不大,培训的主要内容变成了各部门对人力资源部门的批评。

招商一部的部长讲话比较温和,主要是发表了对人力资源部门的一些看法:公司没有成立自己的培训部门,虽然规定公司业务副局长负责公司的培训、对外招商、汽车产品的销售代理以及产品研发等,但是一直没有明确的人员负责具体的员工培训工作。新员工入职后,许多工作都要靠自己摸索,公司也没有对员工的工作进行指导,员工只是知道自己大致的工作职责就直接进入工作岗位,完全不熟悉工作状况,所以公司运营初期问题不断,工作失误时有发生,甚至出现因为业务职责的界定不清出现丢单的事故。虽说大多数员工个人素质都比较高,但是这种直接上岗的做法,在缺乏引导和帮助的情况下,新入职的员工要想适应公司工作环境,融入企业文化,对其达成共识,并且真正能够发挥作用、独当一面,依靠个人摸索还是会耗损较长的时间,对正常工作或多或少会有影响,有时会影响工作的实际效果,在新人培训上,必须要给予充分重视。招商四部的部长也指出,今天的学习无非是单位的各项规章制度,只要下发文件由各部门内部传达即可,没有必要作为培训内容,而且四部本来的工作量很大,每天干工作加班加点,如果让工作负担很重的本部门员工来参加此类培训,不但对工作的提升没有帮助,相反会耽误工作的进展。如果说培训实用性强,技术含量高的话,各部门的员工会主动参加培训。不只是中层领导,许多员工也纷纷发言,对培训内容和培训形式的科学性提出质疑,整个培训会议演变成了声讨大会。大家的诉求主要集中在以下几个方面:从内容上看,没有翔实、切合实际需要的培训内容;从重视程度上看,没有领导支持;从组织上看,缺乏专业人员主导。由于单位的主要领导并没有参加培训,整个培训最后也没有任何实际决策,也没有针对大家提出的实质性问题展开讨论,行政部长找了个借口离开后整个培训会议就这样草草收兵了。

三、案例点评

案例中发现该公司存在以下主要问题。

(一)培训支持体系建设相对滞后

主要体现在培训内容及师资力量亟待改善。做好培训工作,有两个关键因素密不可分:一是内容;二是授课的人。ZYC公司在培训工作上欠缺员工的培训需求调查,在培训内容的设置上不够系统,非常单一,主要是学习企业各项规章制度、业务方面的知识,以及园区新近出台的政策、专用车生产领域相关技术的普及等。ZYC公司员工培训只是简单地复制学习以上内容,管理层的学习内容更是无从说起,整个培训内容更谈不上系统性和超前性。对新员工而言,一年一度的新员工岗前培训内容也比较单一,主要是介绍企业经营发展的基本理念、企业文化体系、产品介绍等。针对从业时间较长的人员群体,培训内容重点集中在政策宣传、新产品介绍等方面。可以说,当前企业开展培训的重点集中在工作业务方面,而对企业整体发展、素质提升、文化体系建设等内容的培训较少,特别是关于企业发展愿景、价值体系、企业文化、团队建设等相关方面的培训严重短缺,导致员工缺乏以企业为家的意识,缺乏团结力和战斗力,这种情况下,ZYC企业大多数工作人员特别是一线人员的责任心不强、敬业意识较差。目前主要停留在针对工作、技能领域的培训,培训重点还没有实现向工作、技能以及素质能力提升等多个方面的拓展。具体细化到培训方法和师资上主要有以下问题。

1. 培训方法

从培训方法来看,企业开展培训的方式较为陈旧落后,主要是课堂学习式培训,老师单向地讲授,员工被动地听课,这个学习过程缺乏活力,参与者的积极性不够高,培训综合成效不够高。

2. 师资力量

从师资力量来看,负责培训的专职人员不能担当起相应的责任。培训的内容涉及不同的领域,培训老师不仅要懂得专业的知识,还要懂得如何调动大家的学习积极性,让员工真正地对培训的内容做到理解吸收。术业有专攻,所以培训的人员绝不是随意一个人便来担任。这样难以形成系统合力,培训内容和授课人员专业不相吻合,培训综合成效不够高。

(二)培训认识不足,培训工作战略定位过低

ZYC公司现有的培训工作缺乏战略层次,缺乏综合素质提升、文化体系建设等内容,造成一定数量的工作人员特别是一线人员不能端正思想,进取意识不强。缺乏企业文化的培育,对企业缺乏归属感,再有公司培训没有从企业的战略长远角度出发,在培训认识上存在短视行为。

1. 从 ZYC 的公司层面来说

(1) 公司员工队伍年轻化,并且大部分刚刚参加工作不久,学习能力强,但经验不足,员工有工作热情和学习欲望,但是公司领导层只注重现有的显现业绩,而忽视通过培训带给公司的长远效益。

(2) 对培训的认识不足,对于防范培训中相关风险的认识不够高,尚未构建相关防范机制,以便消除培训工作中不好的影响。没有选派合适的人员,全程监控培训的过程,致使培训中一些人员经常缺席,或者培训中态度松散。

(3) 没有相关的培训考核进行跟踪,很少关注经验的积累总结,培训结束就万事大吉,而保留优点剔除缺点,做好培训经验的总结为接下来的培训积累成熟经验至关重要。

(4) 缺乏对工作人员综合素质提升、文化建设等领域的高度关注,文化体系本应该对工作人员形成强大的感召力,但是在工作人员精神层面涉及不深。员工入职时间短,对公司的心理契合度较低、忠诚度不高。

企业文化所形成的凝聚力和向心力是企业欠缺的,实施的新员工培训也缺乏认同感和归属感培育,多偏重于公司规章制度和业务层面的培训,员工忠诚度通过培训很难达到预期,导致出现员工辞职,影响到了企业发展和个人自身进步。

2. 从公司的各部门来说

各部门各司其职,都有其工作的差异性,但实际上各部门的团队领导大都片面认为培训工作主要是人事机构负责,和其他单位没有关联,由此导致开展培训时,缺乏各个单位的有效配合,因此产生的直接后果是领导团队对培训的认识不明确,看法存在差异,致使各部门之间在整体上缺乏协调。对培训计划重视度不高,会导致预测的培训目标很难达到应有的预期,因此部门内部的培训没有被真正地开发起来成为促进企业发展的助力。

3. 从 ZYC 公司员工对培训认识来说

员工对培训的认识很大程度局限在镀金和获得证书上,员工对培训的重视度欠缺,认识有待加深。很多员工的大局观存在认识误差,一个人的个人工作能力再强,也很难达到面面俱到,毕竟各人精力有限,木桶原理告诉我们团队素质的整体并不取决于木桶的最长板,而是取决于最短的那块板。

思考与讨论

1. 分析 ZYC 公司培训体系的缺点。
2. 为提高 ZYC 公司培训质量与效率提出对策与建议。

第八章　职业生涯规划与管理

学习要点

1. 职业生涯规划的含义
2. 职业生涯规划与管理的意义
3. 职业生涯规划与管理的基本理论
4. 职业发展理论
5. 职业生涯规划的步骤及阶段管理
6. 组织职业生涯规划与管理的一般步骤和程序
7. 员工职业发展模型特征与设计步骤
8. 职业生涯发展通道
9. 建立多维职业生涯发展通道

第一节　职业生涯规划与管理的内涵及意义

一、职业生涯规划的含义

职业生涯规划是指一个人通过对自身情况和客观环境的分析,确立自己的职业目标,获取职业信息,选择能实现该目标的职业,并且为实现该目标而制订的行动计划和行动方案。具体理解如下:第一,职业生涯规划是个体人生规划的一个部分,是个体对于自己职业生涯发展的一个预期和蓝图。第二,职业生涯规划基于个体的一系列主观和客观因素而形成,主观因素包括内在价值观、兴趣、知识、动机等,客观因素包括社会、企业和家庭等所能提供的机会或限制因素。第三,职业生涯规划包括自我评估和职业定位,职业生涯机会评估,职业目标的设定,职业选择,职业生涯策略的制定,职业生涯策略的调整等一系列的过程。职业生涯规划不仅包括个体选择组织、选择工作,还包括员工对自己在组织内所要达到的高度进行规划和设计,确定开发需求。第四,职业生涯规划是一个持续调整的过程,可以根据外界环境、家庭因素等各方面的情况不断做出变更。

二、职业生涯管理的含义

关于职业生涯管理,不同的学者持有不同的观点。有学者认为职业生涯管理是个人的事,如"个人对职业生涯目标与战略的开发、实施以及监督的过程"。也有学者认为职业生涯管理是组织和个人共同的事情,如"职业生涯管理是一种对个人开发、实现和监控职业生涯目标与策略的过程……虽然职业生涯管理是指个体的工作行为经历,但职业生涯管理可以从个人和组织两个不同的角度来进行"。我们认为,管理作为一种手段,是为了更好地实现预定目标,个体应该对自己的职业生涯进行管理,以实现自己的职业理想。同时,个体职业生涯的实现,必定是以组织、企业为依托,企业为吸引人才,帮助员工实现职业理想,也应该对员工的职业生涯发展承担一定的责任。所以,不管是个人还是企业,都应该做好职业生涯管理。

职业生涯管理的定义为:组织为了更好地实现员工的职业理想和职业追求,寻求组织利益和个人职业成功最大限度一致化,而对员工的职业历程和职业发展所进行的计划、组织、领导、控制等各项管理手段。根据这一定义,我们可从如下几个方面更深入地了解职业生涯管理:第一,对于组织而言,职业生涯管理是组织的一项管理职能,会涉及计划、组织、领导、控制等各项管理手段。第二,职业生涯管理的最终目的是通过帮助员工实现职业理想,而实现组织利益。第三,职业生涯管理是组织对员工在本企业中的职业发展历程所进行的管理,包括为员工设定职业发展路径,提供职业发展机会和平台,提供培训与开发机会帮助员工实现职业目标。

三、职业生涯规划与管理的意义

传统的人力资源管理领域并没有职业生涯规划与管理这一块内容,因为它不被员工和组织所重视。随着知识经济时代的到来,知识资源作为社会发展的基础备受重视,导致企业对人才的竞争愈发激烈。同时,在市场经济条件下,企业和劳动者都作为自由市场的主体存在,选择的自由也使得职业生涯规划和管理成为双方吸引彼此的重要砝码。职业生涯规划和管理作为人力资源管理系统的一个子系统,其对员工和对企业的作用和意义逐渐凸显。

(一) 对员工的意义

1. 有助于员工实现自己的职业目标和职业理想

首先,通过职业生涯规划,员工可以初步确定自己的职业定位、职业兴趣和职业目标。经过职业选择,员工进入组织以后,企业结合员工个人的职业发展意愿帮助员工设定在组织中的发展路径和发展目标,并帮助员工一步步向该目标迈进,以至最终实现目标。所以说职业生涯规划和职业生涯管理有助于员工实现自己的职业目标和职业理想。

2. 帮助员工使整个职业历程中的工作更富有成效

每个人的职业生涯、时间和精力都是有限的,为了使有限的时间和精力发挥最大的效用,需要很好地对这些资源进行规划和管理。职业生涯规划和职业生涯管理正是帮助员工规划自己有限的职业生涯,更好配置有限的资源,使个人在整个职业历程中的工作富有成效。

3. 帮助员工更好地调控职业和生活,实现工作和家庭的平衡

工作和家庭作为每个人生活中的两大主旋律,占据了绝大部分的时间和精力,如果处理不好彼此之间的关系,很容易顾此失彼,难以获得高质量的生活。做好职业生涯规划和职业生涯管理,员工可以有清晰的职业目标和通畅的职业发展通道,专注于重要的核心工作,避免浪费精力和时间在不必要的工作上,从而有更多时间照顾家庭,实现工作和家庭的平衡。

(二) 对企业的意义

1. 可以稳定员工队伍,减少人员流失

在现代社会,员工除了关注物质报酬外,对于自身职业发展的重视程度也越来越高,很多员工就是因为看不到发展前景而离职,给企业带来了损失。做好职业生涯规划和职业生涯管理,企业结合员工的职业兴趣和职业发展意愿对员工的职业发展通道和发展路径进行有效管理,帮助员工实现职业进步和职业成功,这对于员工来说,是企业富有吸引力的因素,对于企业来说,可以稳定员工队伍,减少人员流失。

2. 进行有效的职业生涯管理,可以提高企业的绩效

在员工和企业之间,存在一种心理契约。当企业满足了员工对企业的期望和要求,员工也会反过来回报企业,积极努力地投入工作,帮助组织提高绩效。所以,企业进行有效的职业生涯管理,员工能够在组织内部满足自己的发展需求,实现职业抱负,员工对企业的归属感更高,工作积极性增强,工作更卖力,从而帮助企业提高绩效。

3. 重视职业生涯规划和职业生涯管理,有助于企业文化的建设和推进

企业文化作为凝聚企业力量的灵魂和核心价值观的体现,对于员工的行为具有很强的塑造和约束作用,优秀的企业文化也能让员工产生强烈的归属感。企业关注员工的职业发展,为员工的职业成功提供帮助,这些都向员工传达了企业对员工的重视和关怀,可以塑造组织的整体形象,营造以人为本的文化氛围,从而提高企业文化的推动力。

第二节 职业生涯规划与管理的基本理论

了解有关职业生涯规划与管理的基本理论,才能对这一领域有比较深入的认识。下面介绍职业生涯规划与管理的几种基本理论,具体包括:职业选择理论和职业发展理论。

一、职业选择理论

职业选择是人们依照自己的价值观、职业期望、兴趣能力等,从社会现有的职业中进行挑选的过程。选择一种职业,就选择了一种生活方式,人们在挑选职业的时候都会慎重考虑。职业选择理论告诉我们应该如何选择职业。比较具有代表性的职业选择理论有:帕森斯(Frank Parsons)的特质-因素理论、霍兰德(John Henry Holland)的人格-职业匹配理论、沙因(Edgar H. Schein)的职业锚理论。

(一) 帕森斯的特质-因素理论

特质-因素理论是最早的职业选择理论。1909 年,美国波士顿大学教授、"职业指导

之父"弗兰克·帕森斯在其《选择一个职业》一书中提出:人与职业的匹配是职业选择的焦点。所谓"特质"就是指人的个体特征,包括能力倾向、兴趣、价值观和人格等,这些都可以通过心理测量来评价。所谓"因素"则是指在工作上要取得成功所必须具备的条件和资格,这可以通过对工作的分析来了解。帕森斯认为,每个人都有自己独特的特质模式,每种特质模式都有相匹配的职业类型,人的特质与职业的因素越匹配,职业成功的可能性就越大。人与职业的匹配可以分为两种类型:第一,因素匹配(职业匹配人)。比如,需要有专门技术和专业知识的职业与掌握该种技能和专业知识的求职者相匹配;或脏、累、苦等劳动条件很差的职业,需要有能吃苦耐劳、体格健壮的求职者与之匹配。第二,特质匹配(人匹配职业)。比如,具有敏感性、易动感情、不守常规、个性强、理想主义等特质的人,可以从事审美性、自我情感表达的艺术创作类型职业。

帕森斯还提出了职业选择的"三步范式",具体如下:第一步,对求职者的生理和心理特点(特质)进行评价。可以借助心理测试与其他测评手段,了解求职者的价值观、能力倾向、兴趣爱好、气质与性格等,通过面谈、调查等方法进一步获得有关求职者的身体状况、家庭背景、学业成绩、工作经历等情况,并对这些资料进行评价。第二步,分析各种职业对人的要求(因素),并向求职者提供有关的职业信息。包括职业的性质、工资待遇、工作条件以及晋升的可能性;求职的最低条件,诸如学历要求、所需的专业训练、身体要求、年龄、各种能力以及其他心理特点的要求;为准备就业而设置的教育课程计划,以及提供这种训练的教育机构、学习年限、入学资格等。第三步,人-职匹配。指导人员在了解求职者的特质和职业的各项因素的基础上,帮助求职者进行比较分析,以便选择一种适合其个人特点、有可能得到且能在职业上取得成功的职业。

(二)霍兰德的人格-职业匹配理论

在特质-因素理论的基础上,美国心理学家约翰·霍兰德提出了人格-职业匹配理论(Personality Job Fit Theory),它融进霍兰德本人实际的职业咨询经验,对社会产生了广泛的影响。

该理论基于这样的前提:人格特点与工作环境之间需要匹配。霍兰德将人格类型具体划分为现实型、研究型、社会型、常规型、管理型和艺术型六种。这六种人格类型的特征如下。

1. 现实型(R)

愿意使用工具从事操作性工作,动手能力强,做事手脚灵活,动作协调。偏好具体任务,不善言辞,做事保守,较为谦虚。缺乏社交能力,通常喜欢独立做事。他们喜欢使用工具、机器,需要基本操作技能的工作。对要求具备机械方面才能、体力或从事与器具、机器、工具、运动器材、植物、动物相关的职业感兴趣,比如技术性职业(计算机硬件人员、摄影师、制图员、机械装配工),技能性职业(木匠、厨师、技工、修理工)等。

2. 研究型(I)

思想家而非实干家,抽象思维能力强,求知欲强,肯动脑,善思考,不愿动手。喜欢独立的和富有创造性的工作。知识渊博,有学识才能,不善于领导他人。考虑问题理性,做事喜欢精确,喜欢逻辑分析和推理,不断探讨未知的领域。他们喜欢智力的、抽象的、分析的、独立的任务,要求具备智力或分析才能,并将其用于观察、估测、衡量、形成理论、最终解决问题的工作,比如科学研究人员、教师、工程师、电脑编程人员、医生、系统分析员。

3. 社会型(S)

热情,喜欢与人交往,愿意结交新朋友,善言谈,愿意教导别人,关心社会问题,渴望发挥自己的社会作用;寻求广泛的人际关系,比较看重社会义务和社会道德。他们喜欢与人打交道的工作,愿意从事提供信息、帮助、培训或治疗等服务的工作,比如医护工作人员(护士、医生),教育工作者(教师、教育行政人员),社会工作者(咨询人员、公关人员)等。

4. 常规型(C)

尊重权威和规章制度,喜欢按计划办事,细心、有条理,喜欢他人的指挥和领导,自己不谋求领导职务;喜欢关注实际和细节,通常较为谨慎和保守,缺乏创造性,不喜欢冒险和竞争,富有自我牺牲精神;他们喜欢关注细节、精确度、有系统、有条理,具有记录、归档、根据特定要求或程序组织数据和文字信息的职业,比如秘书、会计、行政助理、图书管理员、出纳员、打字员、投资分析员等。

5. 管理型(E)

追求权力、权威和物质财富,具有领导才能,喜欢竞争,敢冒风险,有野心与抱负;为人务实,习惯以利益得失、权力、地位、金钱等来衡量做事的价值,做事有较强的目的性。他们喜欢要求具备经营、管理、劝服、监督和领导才能,以实现组织、政治、社会及经济目标的工作,比如项目经理、销售人员、营销管理人员、政府官员、企业领导、法官、律师等。

6. 艺术型(A)

有创造力,乐于创造新颖、与众不同的成果,渴望表现自己的个性,实现自身的价值。做事理想化,追求完美,不重实际,具有一定的艺术才能和个性。善于表达、怀旧,心态较为复杂。他们喜欢要求具备艺术修养、创造力、表达能力和直觉,并将其用于语言、行为、声音、颜色和形式的审美、思索和感受的工作,比如艺术方面(演员、导演、艺术设计师、雕刻家、建筑师、摄影家、广告制作人),音乐方面(歌唱家、作曲家、乐队指挥),文学方面(小说家、诗人、剧作家)。

霍兰德为了测量不同类型的人格,还编制了"职业兴趣量表"(Vocational Preference Inventory),该问卷通过对被试者在活动兴趣、职业爱好、职业特长及职业能力等方面的情况进行测验,确定被试者的人格类型。霍兰德的人格-职业匹配理论简单易懂,应用比较广泛。

(三) 沙因的职业锚理论

职业锚理论(Career Anchor Theory)是由职业生涯规划领域具有"教父"级地位的美国麻省理工学院斯隆管理学院教授、哈佛大学社会心理学博士埃德加·沙因最早提出来的。沙因教授通过面谈、跟踪调查、公司调查、人才测评、问卷等多种方式对斯隆管理学院的44名MBA毕业生进行了12年的职业生涯研究,经过分析总结,提出了职业锚的理论。

所谓职业锚,是指个体在进行职业选择时,所不愿放弃的至关重要的信念与价值观。职业锚是指个人经过持续不断的探索确定长期职业定位。一个人的职业锚由三个部分组成:自己认识到的才干和能力,自我动机和需要,态度和价值观。职业锚通过个体的职业经验逐步稳定、内化下来,当个体再次面临职业选择时,就成为其最不能放弃的职业定位。经过长期的研究,沙因提出了八种"职业锚",即技术/职能型职业锚、管理型职业锚、自主/独立型职业锚、安全/稳定型职业锚、创造/创业型职业锚、服务型职业锚、挑战型职业锚、生活型职业锚。

1. 技术/职能型职业锚(technical/functional)

拥有技术/职能型职业锚的人希望过"专家式"的生活。他们工作的动机来自有机会充分发挥自己的技术才能,并乐于享受作为某方面专家带来的满足感。在职业类型方面,他们喜欢从事的是在某一专门领域中富有一定挑战性的工作。他们忠于某一组织,愿意参与组织目标的制定过程,确定目标之后,他们会抱着最大的热忱和独立性去实现目标。他们不喜欢管理工作,不愿意离开自己认可的专业领域,也不希望被提拔到管理岗位。在薪酬补贴方面,这类人更看重外在平等,他们希望组织能够按照教育背景和工作经验确定等级并支付相应报酬,同行中具有同等技术水平者的收入是他们的参照系。他们需要从横向比较中获得心理平衡,即使他们属于组织中工资最高的收入群体,只要外部的同类人员收入更高,他们就会觉得不公平。在晋升方面,这类人更看重技术或专业水平,而不是职位的晋升。对他们,往往不需要用职位晋升来激励,而应该考虑通过扩大工作范围,给予更多的资源和更大的责任,更多的经费、技术、下属等支持,或通过委员会和专家组等方式参与高层决策。对他们的认可有三种:第一,他们看中的是同行专业人士的认可,而不是管理者的表扬,在他们眼里,管理者不可能真正理解他们的工作价值,甚至来自了解工作过程和工作成果的下属的认可,都会比管理者的认可让他们更为欣慰;第二,获得专业领域继续学习和提升的机会,他们惧怕落伍,接受培训的机会、鼓励参加专业性学习、提供购买资料和设备的经费等方式,对他们来说都是非常有价值的认可;第三,作为专家被接纳为其他团体和组织的成员,以及来自社会的或者专业团体的奖励,都是他们喜欢的认可方式。

2. 管理型职业锚(general managerial)

管理型职业锚的人有非常强烈的愿望成为管理人员,并将此看成职业进步的标准。他们把专业看作陷阱,当然,这不等于他们不明白掌握专业知识的必要性,不过,他们更认可领导与管理的重要性,掌握专业技术不过是通向管理岗位的阶梯。与技术/职能型职业锚相比,管理型职业锚更喜欢接受不确定性的挑战,而技术/职能型职业锚要千方百计消除不确定性。这种人对薪酬的态度不同于技术/职能型职业锚的人,他们倾向于纵向比较,只要他们的工资在整个组织中比下属高,他们就满足了,他们不会横向比较同行中的工作。他们对组织中的"金手铐"很热衷,股票期权等代表所有者和股东权益的奖励方式对他们来说非常具有吸引力。他们希望工作晋升基于个人的贡献、可量化的绩效和工作成就，他们认为达到目标的能力才是关键的晋升标准。对他们来说，最好的认可方式是提升到具有更大管理责任的职位上。他们希望得到上级主管的认可，同样，金钱形式的认可对他们来说也是重要的，他们喜欢加薪、奖励、股票期权，喜欢头衔和地位象征物（大办公室、象征地位的小车、某种特权等）。

3. 自主/独立型职业锚（autonomy/independence）

自主/独立型职业锚的人追求自主和独立，不愿意受别人的约束，也不愿意受程序、工作时间、着装方式以及在任何组织中都不可避免的标准规范的制约。即使面临职业选择，他们也会为了保住自主权而权衡工作的利弊。他们注重培养自力更生、对自己高度负责的态度。他们倾向于专业领域内职责描述清晰、时间明确的工作。他们可以接受组织强加的目标，但希望独立完成工作。在职业选择方面，他们更愿意选择不受公司约束的咨询服务和培训工作；即便在公司里，他们也会倾向于选择独立性较强的部门或岗位。他们最明显的特点是，不能忍受别人的指指点点，也不愿意接受规范性的约束。喜欢的薪酬方式是便捷的自选式收益，不在乎与别人的比较，倾向于接受基于工作绩效并能即时付清的工资和奖金。他们惧怕"金手铐"的约束，他们期望的工作晋升是那种能够获得更多自主的方式，任命他们更高职务而减少自主权反而会引发他们窝火或者憋气。对他们的认可方式，是直接的表扬和认可，证书、推荐信、奖品等奖励方式，这些对他们来说比晋升、加衔、金钱更有吸引力。

4. 安全/稳定型职业锚（stability/security）

这种类型的人选择职业锚的需求是安全与稳定。只要有条件，他们就会选择提供终身雇佣、从不辞退员工、有良好退休金计划和福利体系、看上去强大可靠的公司。他们喜欢组织的"金手铐"，希望自己的职业跟随组织的发展而发展。只要获得了安全感，他们就会有满足感。他们愿意从事安全、稳定、可预见的工作。所以，政府机关、能够提供终身职务的大学和其他事业单位，是他们的首选。这种人适合直接加薪、改善收益状况的激励方式。对于薪酬补贴，只要按部就班，有基于工作年限、可预见的稳定增长就可以。他们喜欢基于过去资历的晋升方式，乐于见到晋升周期的公开等级系统。他们希望组织能够认可他们的忠诚，而且相信忠诚可以给组织带来绩效。

5. 创造/创业型职业锚（creativity/entrepreneurial）

对于创造/创业型职业锚的人来说，最重要的是建立或设计某种完全属于自己的东西。他们有强烈的冲动向别人证明这一点，这种人希望通过自己的努力创建新的企业、产品或服务，为企业或者产品打上自己的名号而自豪。当在经济上获得成功后，赚钱便成为他们衡量成功的标准。自主/独立型职业锚的人也会去开创属于自己的事业，但是他们创业的动力是源于表现和扩大自主性的需要，而创造/创业型职业锚的人在创业的初期，会毫不犹豫地牺牲自己的自由和稳定以求得事业的成功。他们的工作动力在于不断地接受新挑战，不断创新。他们着迷于实现创造的需求，容易对过去的事情感到厌烦。在薪酬方面，他们看中的是所有权，通常他们并不会为自己支付数额巨大的工资，但是他们会控制自己公司的股票。如果他们开发出新产品，他们会希望拥有专利权。对于工作晋升,他们希望职业能够允许他们去做自己想做的事,有一定的权力和自由去扮演满足自己不断进行创新的角色。创造财富、创建企业、拓展事业,就是对他们的认可方式。他们积累财富,只是用来向他人展示和证明自己的成功。

6. 服务型职业锚(sense of service/dedication to a cause)

服务型职业锚的人希望能够体现个人的价值观,他们关注工作带来的价值,而不在意是否能发挥自己的能力。他们希望能够以自己的价值观影响雇用他们的组织或社会,只要显示出世界因为他们的努力而更美好,就实现了他们的价值。至于薪酬补贴,他们希望得到基于贡献的、公平的、方式简单的薪酬。钱并不是他们追求的根本。对于他们来说,晋升和激励不在于钱,而在于认可他们的贡献,给他们更多的权力和自由来体现自己的价值。他们需要得到来自同事以及上级的认可和支持,并与他们共享自己的核心价值观。

7. 挑战型职业锚(pure challenge)

这类人认为他们可以征服任何事情或任何人,在他们眼里,成功就是"克服不可能超越的障碍,解决不可能解决的问题,战胜更为强劲的对手"。所谓"更高、更快、更强",最对这种人的胃口。他们的挑战领域不局限于某一方面,而是所有可以挑战的领域。挑战型职业锚的人不断挑战自我,呼唤自己去解决一个比一个困难的任务。对于他们来说,挑战自我、超越自我的机会比其他东西都更重要。如果他们缺乏挑战机会,就失去了工作的动力。这种人会看不起与其价值观不同的人,并不断给阻碍他们挑战的人制造麻烦。这种人为竞争而生,没有竞争的世界会使他们失望。

8. 生活型职业锚(life style)

这类人似乎没有职业锚,他们不追求事业的成功,而是需要寻求合适的方式整合职业的需要、家庭的需要和个人的需要。所以,他们最看重弹性和灵活性。他们会为了工作的弹性和灵活性选择职业,这些选择包括在家庭条件允许的情况下出差,在生活需要的时候非全职工作,在家办公等。

沙因认为,他概括出的这八种职业锚,已经可以涵盖绝大部分人的事业追求。一个人只能拥有一种职业锚。个人的内心渴望和追求可能是多种多样的,但总会有一个才能、动机和价值观的组合排序,职业锚就处于这种组合排序中最优先的位置,如果一个人的职业锚不清晰,只能说是由于他不具备足够的社会生活经验来判断他最需要什么,必须注意的是,人的工作职业、职位可以多次变化转换,但职业锚是稳定不变的。由于组织职位设计的原因,相当多的人从事的职业很难与自己的职业锚完全匹配,这时,个人的潜能就难以充分发挥。不匹配的程度越高,个人能力发挥的余地就越小,工作中得到的愉悦就越少,这不等于个人不努力,恰恰相反,他有可能付出了更大的努力。

在现代社会,个人与组织的发展并不矛盾。作为个人,需要不断地进行自我探索,确认自己的职业锚,并将自己的认识与组织进行沟通,尽管实现职业锚与职业匹配的责任在组织,但别指望组织能充分了解个人的内心隐秘。作为组织,需要建立起灵活的职业发展路径,多样化的激励体系和薪酬体系,以满足同一工作领域中拥有不同职业锚员工的需求。总之,不同类型职业锚的人具有不同的特征,他们在职业中看重不同的内容,所以应该选择能够满足其职业锚的工作,组织的激励方式也应该有所差别。

二、职业发展理论

职业发展理论是指尽管每个人的职业生涯发展过程各不相同,但是有共同的规律可循。该理论将人们的职业发展周期划分为不同的阶段,假设每个阶段都有独特的需要解决的任务和问题,并且为这些任务和问题的解决提出了相应的方法与对策。

(一) 萨柏的职业发展理论

唐纳德·萨柏(Donald E. Super)是美国职业生涯研究领域的一位里程碑式的大师。在前人研究的基础上,他提出了职业发展理论。这一理论得到大多数职业生涯研究学者的认可,成为职业生涯研究领域的重要理论。

1. 萨柏针对职业生涯提出的 12 项基本主张

(1) 职业是一种连续不断、循序渐进又不可逆转的过程。

(2) 职业发展是一种有秩序且有固定形态、可以预测的过程。

(3) 职业发展是一种动态的过程。

(4) 自我概念在青春期就开始产生和发展并于成年期转化为职业概念。

(5) 青少年期至成人期,随着时间的推移及年龄的增长,现实因素(如人格特质及社会因素)对个人职业的选择愈加重要。

(6) 父母的认同会影响个人角色的发展和各个角色间的一致及协调,以及对职业生涯规划及结果的解释。

(7) 职业升迁的方向及速度与个人的聪明才智、父母的社会地位、个人的地位需求、价值观、兴趣、人际技巧以及供需情况有关。

(8) 个人的兴趣、价值观、需求、父母的认同、社会资源的利用、个人的学历以及所处社会的职业结构、趋势、态度等均会影响个人职业的选择。

(9) 虽然每种职业对能力、兴趣、个人特质有特定要求,但颇具弹性,所以允许不同类型的人从事相同的职业,或一个人从事多种不同类型的工作。

(10) 工作满意度取决于个人能力、兴趣、价值观与人格是否能在工作中得到适当发挥。

(11) 工作满意的程度与个人在工作中自我实现的程度相关。

(12) 对大部分人而言,工作及职业是人生的重心。虽然对少数人而言,这种机会是不重要的。

2. 萨柏以美国人作为研究对象,最后把人的职业生涯划分为五个主要阶段

(1) 成长阶段(0~14 岁)

成长阶段(growth stage)属于认知阶段。在这一阶段,个人通过对家庭成员、教师、朋友的认同,逐步建立起自我概念,并经历从职业好奇、幻想到感兴趣,再到有意识培养职业能力的逐步成长过程。这个阶段又可以分为三个时期。

①幻想期(0~10 岁):儿童从外界感知到许多职业,对于自己觉得好玩和喜爱的职

业充满幻想并进行模仿。

②兴趣期(11～12岁):以兴趣为中心,理解、评价职业,开始做职业选择。

③能力期(13～14岁):开始考虑自身条件与喜爱的职业相符与否,有意识地进行能力培养。

(2) 探索阶段(15～24岁)

探索阶段(exploration stage)属于学习打基础阶段。在这一阶段,个体将认真地探索各种可能的职业选择,对自己的能力和天资进行现实性评价,并根据未来的职业选择做出相应的教育决策,完成择业及最初就业。

①试验期(15～17岁):综合认识和考虑自己的兴趣、能力与职业社会价值、就业机会,开始进行择业尝试。

②过渡期(18～21岁):正式进入职业,或者进行专门的职业培训,明确某种职业倾向。

③实验期(22～24岁):选定工作领域,开始从事某种职业,对职业发展目标的可行性进行实验。

(3) 确立阶段(25～44岁)

确立阶段(establishment stage)属于选择、安置阶段。经过早期的试探与尝试后,最终确立稳定的职业,并谋求发展,这一阶段是大多数人职业生涯周期中的核心部分。

①尝试期(25～30岁):个人在所选的职业中安顿下来。重点是寻求职业及生活上的稳定。同时,对最初就业选定的职业和目标进行检讨,如有问题则需要重新选择,变换职业工作。

②稳定期(31～44岁):致力于实现职业目标,是富有创造性的时期。

(4) 维持阶段(45～64岁)

维持阶段(maintenance stage)属于升迁和专精阶段。在这一阶段个体长时间在某一职业工作,在该领域已有一席之地,一般达到常言所说的"功成名就"的境地,已不再考虑变换职业,只力求保住这一位置,维持已取得的成就和社会地位,重点是维持家庭和工作的和谐关系,传承工作经验,寻求接替人选。

(5) 衰退阶段(65岁以上)

衰退阶段(decline stage)属于退休阶段。由于健康状况和工作能力逐步衰退,即将退出工作,结束职业生涯。因此,这一阶段要学会接受权利和责任的减少,学习接受一种新的角色,适应退休后的生活,以减缓身心的衰退,维持生命力。

萨柏以年龄为依据,对职业生涯阶段进行了划分,但现实中职业生涯是个连续的过程,各阶段的时间并没有明确的界限,其经历时间的长短常因个人条件的差异及外在环境的不同而有所不同,有长有短,有快有慢,有时还可能出现阶段性反复。

(二) 沙因的职业发展理论

1. 成长、幻想、探索阶段(0～21岁)

这一阶段的主要任务是:发展和发现自己的需要和兴趣,发展和发现自己的能力和才干,为进行实际的职业选择打好基础;学习职业方面的知识,寻找现实的角色模式,获取丰富信息,发展和发现自己的价值观、动机和抱负,做出合理的受教育决策,将幼年的职业理想变为可操作的现实;接受教育和培训,开发工作中所需要的基本习惯和技能。在这一阶段,所充当的角色主要是学生与求职者。

2. 进入工作阶段(16~25岁)

这一阶段的主要任务是:首先,进入劳动力市场,谋取可能成为职业基础的第一份工作;其次,个人和雇主之间达成正式可行的契约,个人成为一个组织或一种职业的成员,充当的角色是应聘者、新成员。

3. 基础培训阶段(16~25岁)

在这一阶段,个体已经选择职业,并成为某一组织的一员,这时需要扮演实习生、新手的角色。这一阶段的主要任务一是了解、熟悉组织,接受组织文化,融入工作群体,尽快取得组织成员资格,成为一名正式的成员;二是适应日常的操作程序,完成工作。

4. 早期职业的正式成员资格(17~30岁)

在这一阶段,个体已经取得组织的正式成员资格。这一阶段的主要任务是:承担责任,成功地履行工作上分配的有关任务,培养和展示自己的技能和专长,为提升或进入其他领域的横向职业发展打基础;根据自身才干和价值观,根据组织中的机会和约束,重估当初追求的职业,决定是否留在这个组织或职业中,或者在自己的需要、组织约束和机会之间寻找一种更好的平衡。

5. 职业中期(25岁以上)

在这一阶段,个体已经是处于职业中期的正式成员,年龄一般在25岁以上。这一阶段的主要任务是:选定某一专业或进入管理部门,保持技术竞争力,在自己选择的专业或管理领域内继续学习,力争成为一名专家或职业能手;承担更大责任,确立自己的地位,开发个人的长期职业计划。

6. 职业中期危险阶段(35~45岁)

这一阶段的主要任务是:现实地评估自己的进步、职业抱负及个人前途;就接受现状或者争取看得见的前途做出选择;建立与他人的良好关系。

7. 职业后期(40岁以后到退休)

这一阶段的主要任务:一是成为一名良师,学会发挥影响力,指导、指挥别人,对他人承担责任;二是扩大、发展、深化技能,或者提高才干,以承担更大范围、更重大的责任,如果求安稳,就此停滞,则要接受和正视自己影响力和挑战能力的下降。

8. 衰退和离职阶段(40岁以后到退休)

这一阶段的主要任务有:一是学会接受权力、责任、地位的下降;二是基于竞争力和进取心下降,学会接受和发展新的角色;三是评估自己的职业生涯,着手退休。

9. 离开组织或职业——退休

在失去工作或组织角色之后,面临两大问题或任务:保持一种认同感,适应角色、生活方式和生活标准的急剧变化;保持自我价值,运用自己积累的经验和智慧,以各种资源角色,对他人进行传、帮、带。

需要指出的是,沙因虽然基本依照年龄增大顺序划分职业发展阶段,但并未囿于此,其阶段划分更多地根据职业状态、任务、职业行为的不同。因为每个人经历某一职业阶段的年龄有别,沙因只给出了大致的年龄跨度,所划分职业阶段的年龄也有所交叉。沙因教授通过依据职业状态和职业行为及发展过程的重要性划分职业周期阶段,使其变得更加清楚明了。

第三节 职业生涯规划的步骤及阶段

职业生涯规划是指个人与组织相结合,在对个人职业生涯的主客观条件进行测定、分析、总结的基础上,对自己的兴趣、爱好、能力、特点进行综合分析与权衡,结合时代特点,根据自己的职业倾向,确定其最佳的职业奋斗目标,并为实现这一目标做出行之有效的安排。

一、职业生涯规划的步骤

为了更有效地对自己的职业生涯进行规划,使规划能够真正实现其指导性的作用,员工在制定职业生涯规划时应该遵循以下步骤。

(一)自我评估与职业定位

自我评估是对自身的一个审视和评价的过程,能够帮助个体更了解自我,从而为做出正确的职业选择打下基础。自我评估包括两个方面:一是自己的兴趣、价值观、爱好、特长、内在动机和需求等因素;二是自己的优势和劣势,只有综合考虑两方面的因素,才能使职业目标具有吸引力和可行性。通过这一过程,个人对自己能够有更深入的了解,从而为后面的职业定位和职业目标的设定打下基础,帮助自己选定合适自己发展的职业生涯路线。在这一阶段,可以根据职业选择理论,对自己做一个全面、深入的分析。确定职业方向以后,结合下面的职业生涯机会评估结果,个体就可以开始为自己的职业生涯发展设定目标及行动方案了。

(二)职业生涯机会评估

职业生涯机会评估主要是针对外界环境中所存在的可能会影响自己职业选择、职业发展因素的分析,包括社会的发展、市场的竞争、人才的数量、可获得的职业机会、企业地位和前景的分析、家庭中的影响因素等。外界环境的急剧变化,既会给人带来机会,也会带来不可预知的威胁和阻碍,只有充分了解这些环境因素,才能在复杂多变的环境中做到趋利避害,帮助自己实现职业生涯的成功。我们可以使用SWOT分析中的对外界机会和威胁的分析思路来评估职业生涯中的机会。职业生涯机会的评估主要包括以下几个方面。

1. 社会环境分析

对社会大环境进行分析,了解国家政治、经济、法制建设的发展方向,通常国家的政策能够在很大程度上影响某些行业的发展,例如受国家政策扶持的行业,一般都会处于上升的发展周期中。

2. 行业环境分析

行业环境分析是对个体有志愿从事的某些目标行业的发展环境、发展前景等因素进行分析。个体的职业生涯一定是在特定的行业、企业中进行,而行业的发展从长期来看,并不是平稳的,而是处于一定的周期之中,所以了解行业发展环境对选择正确的职业道路具有重要的意义。

3. 企业分析

企业分析包括企业在行业中的地位分析、企业的发展前景分析、企业的竞争优势分析等。企业的发展状况会极大地影响员工的职业生涯,企业倒闭会造成一批员工的职业生涯被迫中断,企业实力强大、发展良好则能够提高员工的职业价值,为员工的履历增添丰富的经验。

(三)职业目标的设定

经过对自我的认识和对外界环境的分析,此时员工可以在自己理想的基础上初步确定职业生涯的目标。员工在确定职业目标时应该首先确定自己的理想或志向,将远大的志向与前两步对自我的评估和对外界环境的分析结果结合起来考虑,从中确定一个既有挑战性又有现实性的职业目标。目标的制定可以利用目标的分解与组合,目标分解是为了让目标的实现具有可操作性,目标组合是为了处理好不同分目标之间的关系。

分解目标是将一个远大的、长期的总体目标分解成不同的阶段性目标,在现实和愿望之间建立可拾级而上的阶梯。目标的分解有多种方法,最常用的是按时间来进行分解:将职业生涯长期的远大目标分解为有时间规定的长、中、短期分目标。对于中期和短期目标,应详细规定实现的时间和明确的方法。根据有关学者的观点,长、中、短期目标具有如下特征。

1. 短期目标的特征

①短期目标可能是自己选择的,也可能是上级安排的、被动接受的。

②未必由自己的价值观决定,但可以接受。

③目标切合实际,有明确具体的完成时间,具备可操作性,对实现目标有把握。

④需要适应环境,接受已经发生的事实。

⑤朝向长期目标,以"迂"为直。

2. 中期目标的特征

①结合自己的志愿和企业的环境及要求制定目标,具有全局眼光。

②基本符合自己的价值观,充满信心,且愿意公之于众。

③能用明确的语言定量说明,有比较明确的时间,且可做出适当的调整。

④对目标的实现可能性做出评估,与长期目标一致。

⑤可以利用环境和变化,改变有可能改变的事情。

3. 长期目标的特征

①目标是自己认准选择的,与生涯发展需要相结合,有实现的可能,并具有挑战性。

②非常符合自己的价值观,为自己的选择感到骄傲。

③能用明确语言定性说明,对实现目标充满渴望,在一定时间范围内实现即可。

④放眼长远,目标始终如一,长期坚持不懈,朝向创造美好未来。

目标的组合是处理不同目标之间关系的有效措施,主要着眼于目标之间的因果与互补关系。关注目标的互补性,能够帮助个体在有限的时间内同时实现相互之间并不冲突的几个目标,可以极大地提高效率和节省时间。目标的组合有时间上的组合与功能上的组合两种。时间上的组合又分为并进和连续两种,前者是指在同一时间,同时着手实现两个以上的现行工作目标,如行政人事总监在做好行政工作的同时还需要完成人事工作;连续是指前后两个目标之间具有连接性,实现前一个目标后再着手实现下一个目标。功能上的组合是说有的目标之间具有因果联系、互补作用,如能力目标的实现有助于职务目标的实现,职务目标的实现又有利于经济目标的实现等。

(四)职业选择

职业生涯一定是员工在实际工作中所呈现出的发展历程,所以绝大多数员工的职业生涯发展都与特定的企业和特定的工作岗位相关联,职业发展策略也是借助于具体的工作岗位而制定。可见,职业选择的过程也非常重要,因为员工所选的职业一定是要能够帮助个人实现职业目标的职业,否则只会做无用功,而且离自己的职业理想越来越远。据统计,选错职业的人中,有80%的人在事业上是失败者。选择正确的职业主要需要考虑以下几个因素:自己的工作价值观、兴趣爱好、性格与职业的匹配性、自己的职业锚、内外部环境与职业的适应性等。

(五)职业生涯策略的制定

在明确了职业生涯目标之后,还应该制定相应的目标实现策略,作为目标和现实行为之间的桥梁。职业生涯策略是为了实现职业生涯目标所要采取的各种行为和措施。例如为了提高自己的业务能力,需要提高哪些方面的能力?如果要提高自己的沟通能力,应该从哪些方面着手?参与哪种类型的培训?另外,职业生涯策略还包括为平衡职业目标与其他目标而做出的种种努力,如实现工作生活的平衡等。职业生涯策略要具体、明确,以便定期检查落实情况。

(六)职业生涯规划的调整

由于自身和外部环境都是处于不断变化之中的,而规划作为一种对未来情况的预期和指导,一定要随着环境和具体情况的变化而做出调整,否则就会成为制约现实发展的框框。调整职业生涯规划的过程也是个体对自己认识深化的过程。在参与具体工作以后,个体可能会发现很多情况都与自己原本料想的有较大差别,这时就应该及时调整职业生涯规划,保持与时俱进。

二、职业生涯规划的三个阶段及注意事项

每个人的职业生涯历程都可以划分为不同的阶段,与此类似,员工在组织中的工作历程也可以划分为不同的阶段,每个阶段都有一些共同特点。企业可以依据这些特点,对员工进行分阶段的职业生涯管理。我们可以将一位员工在组织中的历程分为初进组织阶段(初期)、职业生涯中期、职业生涯后期。

(一) 职业生涯初期个体的组织化过程及所承担的任务

所谓个体组织化是指应聘者接受雇佣并进入组织后,由一个自由人向组织人转化所经历的一个不断发展的过程,它包括组织向所有受雇员工灌输组织及其部门所期望的态度、规范、价值观和行为模式。个人组织化的途径是组织创造条件和氛围,使新员工学会在该组织中如何工作,如何与他人相处,如何充当好个人在组织中的角色,接受组织文化,并逐渐融入组织的过程。在这一过程中,新员工和组织都有各自的任务和容易产生的一些问题。

1. 掌握职业技能,学会如何工作

承担职业任务,做好本职工作,是员工的基本任务和重要责任。

对于新员工来说,第一步就是要掌握职业岗位技能,学会如何在组织中开展工作。在这一过程中,要注意三个方面的问题。

(1) 弄清岗位职责,明确工作任务。新员工在进入组织承担一定的职业工作或接受每项具体工作时,要与组织建立一份完善的合约,说明你的岗位和职责。如果没有书面的合约,则需要向组织了解清楚你所承担职业岗位的职能、责任、权利与义务。如个人承担的是什么工作任务,任务的目标和要求,要求完成任务的时间等。这样可以避免出现新员工常常因不知道该做什么,显得不知所措或工作不积极的现象,也可避免因工作过于主动而显得越俎代庖的情况。

(2) 克服依赖性心理,学会自主地开展工作。新雇员进入组织并开始工作后,由于种种原因,总是希望能够得到上司或老员工的指导或关照,不敢独自开展工作。依赖性强是新员工常有的心理。有的新员工还往往把在第一项工作中得不到指导,看作上司不称职或者作为组织混乱和不友好的证据,从而产生抱怨、失望甚至委屈的情绪。其实,组织中每个人都有自己的工作,新员工根本不能指望在工作中处处、事事得到上司或老员工的关照与指导,应当学会自主地开展工作。当个人明确了其所承担的工作任务及要求之后,就应该主动做好工作进度计划,设计好完成工作任务的方法与手段等,并认真实践,这样才能有所收获、尽快成长。

(3) 从小事做起,树立良好职业工作形象。刚进入组织的新员工,其工作表现如何对其未来的发展影响极大。如果新雇员一开始就给人一个不好的印象,以后再想扭转就必须付出加倍的努力。有些刚毕业的大学生总认为自己有知识、有文化,只想干一番大事业,工作中一些零星的小事或体力活,认为不是自己的事,自己不应该干,从而给人

一种不踏实、不卖力的印象,从此失去发展机会。

2. 适应组织环境,学会与人相处

新员工进入组织后要想尽快融入组织必然要经历一个适应组织环境的过程,这也是新员工学会工作、做好工作、获得发展的必要条件。在适应组织环境的过程中,有两个方面的问题需要注意。

(1) 了解和接受组织现实的人际关系。任何一个已经存在的组织,都会有一定的人际关系和人际结构,甚至存在诸多缺陷的复杂人际氛围。面对这种情况,新员工应有正确的态度,那就是要正视客观现实,不要主动介入组织人际关系上的是是非非,而应很快学会将自己的分析能力和智慧用于完成组织的工作上,免得被那些不合逻辑、不合情理的人际纠纷耗费太多的时间和精力。

(2) 要尊重上司,学会与上司融洽相处。一个刚刚结束了学校生活的新员工进入工作岗位后,要尽快完成由学生到员工的角色转换,认清并接受有了直接管理自己的上司这一事实,同时,还必须学会接受任何性格类型的上司。

3. 正确面对困难,学会如何进步

对于刚开始工作的新员工来说,工作中经常遇到各种障碍或困难,最重要的是要用正确的态度,来对待工作中所产生的困难和障碍,并逐渐学会克服困难的技巧。首先,面对困难与障碍,千万不要心灰意冷,畏缩不前,必须学会如何解决障碍和困难,因为这不仅表明你个人的能力、素质、进取精神,而且在很大程度上决定了你未来的职业发展道路。其次,应在困境中学会如何进步。职业生涯早期的个人组织化阶段,是组织与个人相互测试和相互考察的时期,组织希望通过对员工进行一段时间的观察与了解,再尝试给特殊的人才安排特殊的职业通路。

(二) 职业生涯中期面临的危机及对策

职业生涯中期阶段,由于个人生命周期运行的复杂性和个人特质的变化,导致了某些员工职业问题的存在,形成所谓的"职业中期危机"。

1. 缺乏明确的组织认同和贡献区

一个人工作了十余年,却仍是混混沌沌,没有自己明确的专长和贡献区,也无显著绩效,这在那些按部就班不起眼的工作职岗中尤为突出。一些流水线上的工人、一般职员甚至某些中层经理,往往陷入既没有清晰可认同的工作、不被雇用组织所赏识,也没有显赫地位、不为人所知的默默无闻的尴尬境地。不仅难以向家人或朋友讲述自己的职业工作、所干的事情,而且在一个基本的水平上,很难认同自己的贡献区是什么,自己的突出成绩、作为是什么。

如果一个人在其职业范围内出现这种问题,处于这种情境,其结果一是放弃工作参与,更多地转向关注工作之外的自我发展和自己的家庭;另一是对工作本身失去"反应",其积极性、兴奋点、注意力已不在工作上,却放在组织的薪酬上,例如对报酬、津贴、安全、工作条件等的计较上。

2. 现实与抱负不一致

许多人在职业中期陷入一种自我矛盾之中,因为其现实职业发展同其早期的职业目标、抱负或理想不相一致,可能有三种情况出现。

(1) 虽然从事自己梦想的职业,然而未取得所希望的成就;

(2) 自己的职业锚完全不同于最初的设想,现实的职业比最初设想的低,或者与早期的职业设想、抱负相比,更需要职业以外的其他东西;

(3) 实际获得的成就(职位提升)比预期的低。

在职业中期,第一种情况出现时,员工往往产生失望、郁闷情绪,感到心灰意冷,丧失信心、热情和工作干劲。第二种情况的发生,或令员工无奈、被迫认可,决定平平庸庸走完自己的职业生命周期;或者重估预期,评估自己在早期职业阶段对职业、家庭和自我发展之间所做的交易,重新设计自己的生活。当他(她)全力以赴地工作,不想在家庭和个性发展方面费时过多时,他(她)会根据内在和外在因素的约束,重新设计职业方向或改变自己的抱负,中年期就可能是一个高速成长的个人发展阶段。或者他(她)决定更少地参与工作,而更多地适应家庭,对待职业工作便多是平平淡淡予以应付了。

值得注意的是,现实与理想的矛盾结果会因员工职业锚不同而有所差异。

管理型和安全型锚的员工,其成功主要取决于组织的奖酬和组织予以的机会,他们一般不会轻易减少工作参与或者重新设计职业方向和改变自己的抱负,他们多数被锁定,即进入一种不能放弃的成功模式。创造型和自主型锚的人,遇到个人愿望与现实矛盾,一般会重新定义自己的职业目标,容易转接其他新的职业追求,所受外部约束会少些。技术职能型锚的员工,有一技之长,以不变应对万变,面对职业中期发生的问题,处事不惊,适应性强,能够进行多样性选择。他(她)可以继续在组织中干下去,也可以从事咨询工作,还可以从事教师职业。

3. 职业工作转折下滑

在职业中期,特别是人进入中年之后,方方面面的矛盾和问题一下子涌来,每个人不可避免地要承担沉重的生命周期运行任务,发生中年期的心理变化。不少雇员还面临工作不顺心、无成就感、现实与理想矛盾的情况,如若不能正确对待和处理这些复杂的情况与变化,必然发生职业工作的转折与滑坡。

(1) 工作对他们来讲不再富有挑战性,工作不再使他们感到兴奋,而感到落入组织或职业陷阱,没有什么好去的地方。

(2) 工作时不再有进取心,平淡应付,得过且过,没有生气和活力,消沉抑郁。

(3) 如果经济收入不减少,其他条件允许的话,会突然地、戏剧性地转换职业。

(4) 发生"战略"转移,由原来以事业和工作为重心,转向以家庭和个人发展为重心,能量指向个人业余爱好、兴趣、社交关系,甚至冒险方面。

4. 应对中期职业生涯问题的对策

个人要克服职业中期所发生的职业问题,保持一种积极成长取向在职业生涯中期非常重要。人到中年,面临诸多问题和生命周期运行变化,这是人生的关键时刻和转折点。对于有信息暗示可以上得去的人来讲,无疑积极发展劲头十足,他们具有高潜力,有充分的进步,将来进入高层领导位置。或者在今后的职业中是一个稳定的贡献者,预期薪金有增加,而不是更高的提升。但是,相当数量的中年期雇员,减弱以至泯灭了原来的工作热情、积极性,只求平平稳稳安度后期职业生涯,不想也不肯对工作投入太多、参与太多;少数人因为上不去,遇到的困难和问题多,以至失望、沉沦,滑向下坡路。后两种情况于己、于组织均十分不利。应对职业生涯中期问题的对策如下。

(1) 再次面临角色选择决策。在职业中期,每个人都具有较长时间的工作经历和经验积累,以后的职业生涯还长,在中期这个人生关键时刻,又一次面临职业选择,今后的长期贡献区定位在哪里?自己将充任什么样角色?

(2) 继续留在选定的职业锚位上,使自己的技术和操作技能日臻熟练、精深,成为专家或工作骨干。

(3) 以这样或那样的方式使自身技能通用化,更多地充当项目带头人和良师角色。

(4) 离开原职业工作,寻求新的适宜的职业角色。

(5) 进入行政管理领域,成为主管,从根本上改变职业角色。

每个人都需要在某点上做出选择和决定。这一决策受到内外两方面因素的影响。从内在因素来看,主要受个人职业锚的约束和指导,所积累的经验和智慧会强化其潜在的贡献,影响其角色选择。

5. 担负起言传身教的责任

随着个人职业生涯的发展、贡献区的渐渐圈定,成长中经验不多的年轻员工必将开始向年长者寻求指导、支持、帮助和保护;新员工也会向年长员工请教如何才能把事情办成,怎样做才行得通,组织的准则是什么,等等。所以,处于职业中期的员工,不论其是否具有一种正式的主管角色,都不可避免地要肩负起言传身教的良师益友责任。在现实中,有些老员工往往并未意识到自己应尽的良师益友责任,或者不负责任地发挥所谓言传身教的作用。须知人到中年,处于职业中期阶段,做良师益友是义不容辞的责任,应当主动、自觉地充任好以下几种主要的言传身教角色。

(1) 教师、辅导员或教练;

(2) 积极的榜样角色;

(3) 才干的发现者,充当伯乐角色;

(4) 开门者,即给予年轻人承担挑战性和出成果的任务的机会;

(5) 保护人;

(6) 一种成功的带头人,因自身的成功,保证自己的支持者和年轻人一起获益,提携年轻人。

6. 在工作、家庭和自我发展中取得一种适当的均衡

首先,自我重估。包括重估自己的贡献区,发现自己的职业锚,现实地看待自己在一种职业上的才干表现和成绩,认真思考打算在该职业上干多久,重新思考自己的成功标准——这种重估和再认识是决定今后如何工作、如何生活的基础和必要前提。

其次，对往后的人生中三个命题如何运作进行决策。自我评估与再认识，必然导致对今后如何参与工作，如何适应家庭，如何取向自我的活动做出决策。虽然，这种决策不一定是永久性的，但是它将代表个体对未来的一种主要承诺。

做出决策、做好决策甚是不易，因为三个人生命题运行本身就存在着矛盾。例如，决策今后在工作中全力以赴，力求上得去，取得一种高层领导位置。这样做意味着予以家庭的时间和精力少，家庭生命空间区要有更多的牺牲，但同时因为"高官厚禄"，家庭又会从中获得物质利益和精神上（光宗耀祖、夫贵妻荣）的收益和满足。再如，接受一种低水平的抱负，虽然会有更多精力和时间赋予家庭，但它意味着收入上的牺牲，随之可能改变家庭生活方式，给家庭带来新的问题。第三种情况是，个人从传统的职业事务和家庭事务中解脱出来，沉湎于个人业余爱好、购置股票等，从事纯粹的个人活动，这样，个人发展虽获满足，但却是以职业工作和家庭生活的牺牲为代价的。

（三）职业生涯后期阶段的管理

根据职业生涯后期阶段的个人身心特征及职业工作的变化情况，处在这一阶段的员工要想完成职业工作，仍面临着其特定的管理任务。

1. 承认竞争力和进取心的下降，学会接受和发展新角色

处在职业生涯后期阶段的员工，要勇敢地面对和欣然接受生理机能衰退及其所导致的竞争力、进取心下降的客观现实，另辟新径，寻求适合于自己的新职业角色，以发挥个人的专长与优势。

2. 学会和接受权力、责任和中心地位的下降

（1）要从思想上认识和接受"长江后浪推前浪"是必然规律，心悦诚服地认可个人职业工作权利、责任的减小，中心地位的下降，以求得心理上的平衡。

（2）将思想重心和生活重心逐渐从工作转移到个人活动和家庭生活方面，善于在业余爱好、家庭、社交、社区活动和非全日工作等方面，寻找新的满足源。

3. 学会如何应付"空巢"问题

在职业生涯后期，"空巢"的出现是家庭生活的一大变化，也是人生的一大转折。应付好这一变动，对于员工职业生涯后期的工作和个人发展都很重要。

（1）员工思想重心应向家庭倾斜，多给配偶些时间，通过多种方式密切同配偶的关系。

（2）随着生活重心有所转移，个人时间增多，所以有条件发展个人业余爱好，满足以前难以实现的个人需求，也可以充实和丰富个人的"空巢"家庭生活。

4. 回顾自己的整个职业生涯，着手退休准备

一方面，总结和评价自己的职业生涯周期，为自己的职业人生画上圆满句号；另一方面，通过总结自己职业生涯成功和失败的教训，现身说法对新员工进行培训教育，在培养新人的过程中，获得愉悦和价值感。

三、组织职业生涯规划与管理的一般步骤和程序

了解组织中实施职业生涯规划与管理的操作流程，即如何将职业生涯规划的这些

基本要素有机地组合起来,对于形成有效的职业生涯规划和人才开发活动有重要意义。但由于企业的类型、规模、历史、知名度等方面的情况不尽相同,特别是组织的规模对员工的职业生涯规划与管理影响较大,其模式和流程也不同。但一般而言,如果要开展职业生涯规划与管理,其一般的步骤和操作流程如下。

第一步:新员工进入公司。

(1) 岗前培训(OFF-JT:Off the Job Training)新员工教育课程。定期录用者、中途录用者均参加,必修课程按事务、生产、销售分别进行,包括讲课、见习、实习等,时间为10天,教育结果由教员评价,记录到人事卡片。

(2) 分配岗位。上述课程结业后,分配工作岗位。

(3) 在职培训(OJT:On the Job Training)计划。与分配同时进行为期3个月的OJT计划,这是预先计划、持续进行的,其进行和结果由OJT指导员评价,并记录到人事卡片。

(4) 集中培训(OFF-JT)新员工教育课程。分配岗位后3个月,作为新员工教育的深化,再次进行集中教育。按事务、生产、销售等分别进行,时间为10天,教育结果的评价和记录方法同上。

(5) OJT计划项目和OFF-JT,与现职相关的公司内外的教育课程。在分配的工作岗位上再次开始OJT教育,OJT教育一直持续到本人具备了该职务所要求的资格条件(能力、知识)为止,同时进行OJT未能包括的或以其他方法教育更有效的OFF-JT课程。教育结果的评价和记录方法同上。

第二步:自我申报。

(1) 员工自我评价,商讨发展方向。进公司一年后,员工就自己的业务适应性等进行评价,研讨自身在公司内未来的发展道路,不必局限于现职,但公司需要让员工知道有什么部门和什么职位,其资格条件分别是什么。

(2) 员工与直接上司、专家就职业发展方向进行面谈、协商。在研讨发展道路时,需要与直接上司协商。人事部门应设有发展道路咨询专家,接受上司与员工本人的咨询。

(3) 决定发展方向,拟定自我申报。按所规定的格式进行员工自我申报,明确填写两三年后希望的职位和希望参加的OJT计划项目和OFF-JT课程。

(4) 参考直接上司和咨询专家的意见,向人力资源部门提交自我申报书。本人的自我申报提交直接上司,上司在自我申报书上填写意见后提交人力资源部门。当本人的期望与上司的判断明显不同时,上司和本人充分协商,若双方认可,可修改申报内容,除此之外不应随意修改。经发展道路协商,专家研究本人的申报内容和上司的意见,如有明显不当,例如与人事考核成绩比较,对发展方向的决定有疑问,或本人选择的发展方向与拟选择的教育课程不平衡时,则进行审核后传达给本人和上司,在申报书上附上意见说明。

(5) 人力资源部门保管自我申报书。

第三步:希望职务的登记。

(1) 申请登记职业生涯档案。希望晋升和变更职务时,人力资源部门根据员工自我申报在"职业生涯档案"上登记。

（2）人力资源部门的审查。根据需要，通过考试、资料审查等，审查员工本人的现有能力。在此，明确员工所希望职位的必要条件与员工现有条件之间的偏差。

（3）将结果纳入职业生涯档案。

（4）把登记的事实传达给申请人和直接上司。把档案登记的结果告知员工本人和直接上司，努力消除偏差。

第四步：制订教育计划。

（1）全公司的能力结构计划。确定全公司的未来能力结构计划，拟定 5～10 年内，各职业生涯范围、各级水平的人员培养数量和培养时机。

（2）本年度能力开发计划（全公司）。制订全公司的年度计划，确定该年度要实施的 OJT、OFF-JT 课程以及听课人数，作为自我申报和人事计划的参考。

（3）本年度能力开发计划（OJT、OFF-JT 实施计划事业部门）。就上述内容决定各事业部门的具体实施计划细则。

（4）教育实施计划细则发表。明确并公开将要实施的 OJT、OFF-JT 课程的内容、时间及其所需职务范围等。

（5）通知在档者应听课的内容或课程，人员空缺时征集希望听课者。按原先排定的优先顺序，指导在档者参与应听课的课程计划。课程有缺员时也允许关系不大的职位负责人参加。

第五步：教育的实施。

（1）OJT 计划在所有职位有计划、持续地进行，OFF-JT 以参加公司内外的各种课程为主，按需要布置阅读和研究课题。

（2）指导教员进行教育成果评价，所有教育结果由指导员进行评价，必要时要进行考试。

（3）评价结果，人力资源部门记录。

第六步：人员分配计划与实施。

（1）组织、人力资源计划。制订全公司的组织、人力资源计划，所制订的组织、人力资源计划要与公司能力结构计划相配套。

（2）缺员补充计划。确定现有人员分配计划，明确应补充恰当人员的岗位，标明其资格条件。

（3）从职业生涯档案中选定多名具备资格者。按档案上的资料选出多名满足条件的人员，通知需要补充人员的事业部门的管理者。

（4）由直接管理者选拔。选拔的方式有面试、书面审查、考试等，由人力资源部门协助，管理者是选拔的主体。

（5）决定空缺的补充者。决定一个候补人选。

（6）必要教育课程的优先参加。允许补充者优先参加必要的教育课程，促使该员工努力提高实施新工作岗位的知识水平和能力。

第四节　职业模型及职业生涯发展通道

一、组织员工职业发展模型的特征

员工职业发展模型特征总结起来共包含如下内容。

第一，员工职业生涯发展模型是企业根据其发展需要为企业内成员制订的职业生涯规划，与员工个体为自身制订的发展规划存在差别。组织制定的职业发展模型是在组织内实现的员工个体职业发展与成长，而个体的职业发展是在不同组织中实现的个人增值和发展。

第二，员工职业发展模型与组织和个人的发展规划一致。组织在为员工制订职业发展规划时，首先是考虑员工是否胜任目前的岗位，对公司的贡献度有多大，工作业绩等主要指标，结合个体发展目标趋向和兴趣点，然后根据胜任情况进行职业生涯规划设计，对员工实施相应的发展帮助，最终实现员工个人职业水平的成长，进一步带动组织的发展壮大。

第三，员工职业发展模型应具备多样化和差异化特征，以满足不同发展阶段的员工多方面的需求。员工职业生涯模型的设计是针对组织内部全体员工，设计模型要尽量覆盖全体员工，对不同岗位、层级的员工要有相对应的职业发展通道。

二、职业模型设计步骤

（1）进行岗位分析与设计。对公司内部设定岗位进行分析与设计，完善岗位任职资格，明确工作职责。

（2）科学地设计层级结构。在目前的组织架构下，在现有职务层级设计的基础上进行细分，增大职务层级间的纵向深度。

（3）岗位等级的设计及评价。主要针对技术岗位，通过员工职称及工作经验构建更为合理的岗位等级结构，对岗位要求进行详细界定。

（4）设置员工等级能力的标准。建立公司内部的岗位胜任力模型，保证晋升与调岗后的人职匹配。

（5）针对员工职业发展通道建立专门的信息系统，方便统一管理。对员工的职业发展进行信息化管理，密切关注员工工作动态及心理，对新变动员工适应性进行跟踪并提供及时的培训，对未能实现预期变动的员工及时给予关怀与指导。

（6）完成设计。

（7）后期评估与保证措施实施。

三、职业生涯发展通道

管理序列：董事会办公室、运营部、人力行政部。

技术序列：财务部、发展部、设计部、成本部、项目管理部、总工办。

营销序列：营销部。

以上各序列与部门之间的对应关系不是绝对的，是相互之间有交叉的，如营销部的销售管理线，是属于管理序列等。以上划分为大体划分依据，方便统计考虑。

岗位层级划分一般分为实习生、专员、主管、经理、总监和总经理六个层级。各层级之间的纵向跨度较大，员工上升存在一定的难度，而且上升后在适应性方面也存在较大困难。倘若层级设置较少，员工的上升空间狭小，通道过窄，很多员工因看不到个人的发展方向而离职，造成核心人员流失。对于技术岗位人员，因没有行政职务而长期居于员工级别的状态，虽薪酬待遇会与其他部门同层级水平略有区别，但整体来讲，没有足够的吸引力和激励性。鉴于以上情况，我们在原有的只有职务晋升的传统晋升模式的基础上，进行更新和完善，对岗位层级进行细分，层级和职务与岗位之间的对应关系见表8-1。

表 8-1 层级和职务与岗位之间的对应关系

层级类别		管理类	专业技术类						营销类
			工程类	成本类	设计类	财务类	投资类	管理类	
包含范围	层级	各部门行政职务	工程师/监理师	预算/招标/采购工程师	设计师	会计师/税务师	投资咨询师/经济/估价师	人力资源/物业管理师	营销师/策划师
高层	D3/D4	总经理/董事长	总工程师/监理师	总造价工程师	总设计师	首席会计师/税务师	首席投资咨询/经济/估价师	首席人力资源/物业管理师	首席营销专家
	D2	总监	三级工程/监理专家	三级预算/招标/采购专家	三级设计专家	三级会计/税务专家	三级投资咨询/经济/估价专家	三级人力资源/物业管理专家	三级营销专家
	D1	副总监	二级工程/监理专家	二级预算/招标/采购专家	二级设计专家	二级会计/税务专家	二级投资咨询/经济/估价专家	二级人力资源/物业管理专家	二级营销专家
中层	C3	高级经理	一级工程/监理专家	一级预算/招标/采购专家	一级设计专家	一级会计/税务专家	一级投资咨询/经济/估价专家	一级人力资源/物业管理专家	一级营销专家
	C2	经理	三级资深工程师/监理师	三级资深预算/招标/采购工程师	三级资深设计师	三级资深会计师/税务师	三级资深投资咨询师/经济/估价师	三级资深人力资源管理师/物业管理师	三级资深营销师/策划师
	C1	副经理	二级资深工程师/监理师	二级资深预算/招标/采购工程师	二级资深设计师	二级资深会计师/税务师	二级资深投资咨询师/经济/估价师	二级资深人力资源管理师/物业管理师	二级资深营销师/策划师

续表

层级类别	层级	管理类	专业技术类						营销类
			工程类	成本类	设计类	财务类	投资类	管理类	
包含范围		各部门行政职务	工程师/监理师	预算/招标/采购工程师	设计师	会计师/税务师	投资咨询师/经济师/估价师	人力资源/物业管理师	营销师/策划师
基层	B4	高级主管	一级资深工程师/监理师	一级资深预算/招标/采购工程师	一级资深设计师	一级资深会计师/税务师	一级资深投资咨询师/经济师/估价师	一级资深人力资源管理师/物业管理师	一级资深营销师/策划师
	B3	主管	三级工程师/监理师	三级预算/招标/采购工程师	三级设计师	三级会计师/税务师	三级投资咨询师/经济师/估价师	三级人力资源管理师/物业管理师	三级营销师/策划师

四、建立多维职业生涯发展通道

1. 纵向职业通道

管理岗位级纵向职业通道是：初级管理者、中级管理者和高级管理者。工程师岗位的纵向职业通道是：助理工程师、工程师、高级工程师。

2. 横向职业通道

如果企业没有足够的高层职位为每个员工提供升迁机会，而长期从事同一项工作会令员工觉得枯燥无味，影响员工工作效率。那么，企业可以采取工作轮换方式，通过横向调动来使工作具有多样性，使员工焕发新活力。

3. 双重职业通道

许多专业工作者由于留恋自己的专业以及工作经验的积累，不太愿意放弃自己已有的东西而横向发展，企业可以为他们设计双重职业通道，鼓励他们既从事自己的专业活动，也承担与专业有联系的管理工作。

4. 多重职业通道

这种模式是将双重职业通道中对专业技术人员的通道设计分为多个技术通道，如技术人员通道、技术专家通道、行政管理通道和经理通道等。这为专业技术人员的职业发展提供更大的空间。

总体而言，同一类职位虽然级别不同，但所要求的个人属性是相似的，可以为员工提供职位纵向发展的通路。而有一些职位具有相似性，可为员工提供横向发展的通路。企业应根据不同的情况设计横向、纵向、双重、多重职业通道，为员工提供更多的职业发展机会,使员工找到与自己兴趣相符的适合自身特点的工作。这样既能够使员工实现自己的职业生涯目标,又增加了企业的应变性与稳定性。

案例分析 8-1

××内衣公司职业发展通道设计

一、企业背景

××公司是一家营业额达到 40 亿元的集团型内衣品牌公司,自品牌创立之初已有 20 多个年头,旗下包括 10 多个知名内衣品牌,在国内外各地开设了多个分支机构,多年来积累了技术优势、品牌优势、设计优势、经营优势和团队优势等多种优势资源。近两年该行业整体情况向好,成交额连增,第一梯队品牌逐渐稳固,该公司竞争优势逐渐从团队优势、体系优势过渡到产品品牌、资本优势。国内同行业竞争逐步进入白热化,传统的单靠产品和品牌取胜的商业模式已经落后,行业发展出现转折点,企业需要通过调整管理的手段来实现经营效率。

任何组织作为一个有机生命体,都会有其发展规律,该公司处于组织生命周期的"行业品牌成长阶段"。该公司目前人力资源管理方面遇到的一些困扰主要有:受企业文化影响,执行力不足;绩效指标过于定性化,结果不具备说服力;激励方案效果不明显,人工成本较高,效果不好;有激励,没标准,激励效果不好;人员流失率较高,通用性员工流失率严重,核心人才被对手挖走;核心人员缺乏成长空间。但这些只是表象的问题,我们需要透过表象看到深层次问题:企业内部责任体系未充分建立,绩效标准不明确;企业内部利益机制不合理,价值创造和价值评价机制缺失,薪酬未向核心人才倾斜;没有建立完善的绩效管理体系,企业战略缺乏落地到岗位/员工的途径,单纯为了考核而考核;员工发展通道未打开,员工发展方向单一,缺乏成长空间。

二、公司职业发展通道设计

在这个阶段,最大的问题是通过管理实现线效应向面效能的转变。可以通过打造系统的管理平台,激发各层各类人员的激情活力,激发全体员工二次创业,树立门店的品牌并进一步培训销售人员。该公司向专业人力资源管理咨询公司寻求帮助,人力资源管理咨询公司依据公司的状况给出了调整方案。管理提升需要系统思考,分步实施,咨询公司提出的建议分为三个步骤。第一步,管理诊断与组织优化。在对公司管理进行全面诊断的基础上,设计公司资源组织与利用的最佳结构,优化公司的岗位设置与职责情况,建立人力资源管理体系的基础。第二步,绩效与薪酬设计。建立业绩导向的绩效管理与薪酬激励机制,建立价值分配的依据和规则,识别那些勇于担当、能力强、业绩好的员工,为一流的业绩提供一流的报酬和一流的晋升与发展机会,解决员工意愿和机会的问题,激活员工不断提升能力并为企业创造更大价值。第三步,需要建立各类员工职业发展通道和任职资格体系,建立价值分配的能力依据。根据员工的能力、业绩和薪酬水平等将其套入不同的任职资格等级和薪酬等级。

首先对该公司进行了岗位价值评估,通过评估,可以解决的内部管理问题有:岗位对于组织贡献程度的区别;部门内或跨部门的岗位价值平衡性;岗位薪资级别的建立基础。可以解决的外部问题有:建立与市场同类型岗位挂钩的纽带;提供与外部岗位薪酬相比较的依据。目前,全球大多数的跨国企业在制定岗位基本工资时,均采用这样的岗位价值评估法来确定岗位的相对价值,从而明确相应的岗位基本工资。

该公司组建评价小组,通过内部研讨与资料分析,得出行业通用岗位工作特性要素。内部研讨与资料分析利用三种评估工具——任职资格、解决问题能力和应负职责,并且更加深入地考虑到知识深度、管理范围、人际关系技能、思考的环境、思考的挑战、行动的自由、影响范围、影响性质等,最终得出岗位评估结果(见表8-2)。

表8-2 公司职位评估矩阵

等级	公司高管	综合办	设计部	市场营销部	计划财务部	客户服务部	生产制造部	党委工作部	安保服务部
11	董事长/总经理								
10	副总经理								
9	总经理助理								
8		主任	经理	经理	经理	经理	经理	部长	经理
7		副主任	副经理		副经理		副经理	副部长	
6		行政主管/经营主管/人力主管	设计主管	市场主管/营销主管			质量主管/流程主管/材料主管		安全主管
5					财务主管		质量专员/流程专员/材料专员	党务主管/宣传主管/纪检主管/工会主管	
4					出纳/会计	客服组长			
3						客服专员			保安
2	见习生(硕士)								
1	见习生(本科)								

关于员工职业发展通道的设计,目的是为了建立员工发展体系,在岗位梳理的基础上,建立该公司未来员工发展体系,打通员工职业生涯通道。依据岗位梳理结果,考虑以下要素划分职业通道,牵引员工向专业精深化发展。

(1)任职者所需知识、技能及责任的相似性与差异性。

(2)现有专业的人员数量。并且,要打破组织系统的框架进行职类、职种划分,职类划分只和业务流程相关,与部门没有直接关系。

图8-1为该公司职位发展框架。

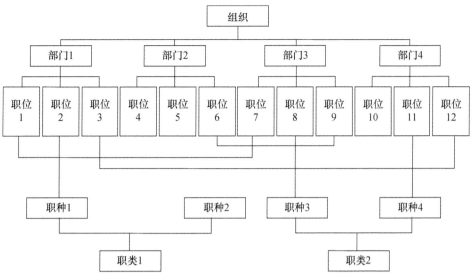

图 8-1 职位发展框架

依据各公司业务性质和工作性质,将岗位分为经营管理、职能服务、专业技术、市场营销、客户服务等一级职类,必要时,一级职类下可继续分解二级职类(如图8-2所示)。可将职位分为:专业类、管理类、技术类和作业类,然后再依次向下分。根据该公司实际情况和行业特点,将设计职业发展通道,搭起了员工职业发展的基本框架。薪级分为1~12级,分为管理类通道、研究类通道和操作类通道。操作类通道由低到高是:初级工、中级工、高级工、三级技能师、二级技能师、一级技能师、技能大师、首席技能大师。研究类通道由低到高是:助理设计师、设计师、主管设计师、主任设计师、高级设计师、设计专家、高级设计专家、首席设计专家。管理类通道由低到高是:公司部门助理级、公司部门副职级、公司部门正职级、总经理助理级、副总经理级、总经理级。操作类通道的初级工薪级对应为1级,薪级依次可升至第8级。操作类通道的二级技能师和研究类的主管设计师为平级,薪级都对应为第6级,研究类通道的薪级最高为首席设计专家,薪级对应为第11级。管理类通道最低薪级为第7级,公司部门助理级职业发展通道可达到总经理级,对应薪级为12级。

图 8-2 岗位类型划分

根据该内衣公司员工职级体系,明确界定职级体系中知识、技能、行为、成果等方面的标准。四级经理:精通所在领域的工作,能够参与公司层面相关工作方面重大问题的决策讨论,协助制订公司各类规划及计划;能够独立承担自己所属的工作模块,并为领导的决策提供专业意见。三级经理:熟练掌握工作所需知识和技能,在工作中能够独当一面;掌握工作任务中所有常规问题的解决方案,能够针对工作模块中的流程、制度文件、节点标准提出优化和改善意见。二级经理:熟悉岗位工作相关的工作流程、技能知识点,具备解决一般问题的能力,能协助领导提炼相关流程,编写制度文件,能够指导新员工开展日常工作。一级经理:新入职员工,了解岗位的具体工作任务和流程、岗位知识,具备一定的问题解决技能,在帮助下,能完成领导交办的工作任务。

三、案例点评

想要通过管理手段对公司内部进行调整与提升,需要系统思考,分步实施。

首先诊断公司内部现状是十分重要的。人力资源管理系统诊断的结果将作为企业未来人力资源管理系统变革的重要依据和决策基础。同时应该看到,即使世界上最为优秀的企业,其内部也可能存在着相当多的问题。直接就问题谈问题,缺乏系统思考,"贴补丁式"的制订解决方案,对于企业来说是非常危险的。其结果往往使企业陷入一系列无法平衡的边界条件之中,突围艰难。因此,对于企业来说,如何分清楚问题的主次、如何梳理清楚问题背后的相互关联与关系、如何找到问题的突破口、如何确定适合企业自身特征的解决路径,非常关键。而要做到这些,就需要系统地筛选问题、系统地分析问题。同时,诊断的系统性还体现在诊断的阶段性和延续性上,即系统的诊断分析会伴随整个方案设计过程之中。各阶段诊断和分析的侧重和内容不同。随着工作的深入,诊断分析的内容将会更加细化、更加具体。此次诊断是后续工作的基础和开始,它最为主要的作用在于在系统层面、宏观层面对问题进行把握,理清脉络,指出未来的工作方向。

第二,在做出管理调整之前,我们要明确总体目标,此次调整是通过系统优化人力资源管理机制,建立以业绩为导向的企业文化,以职位管理为基础,通过绩效管理系统,利用薪酬的杠杆撬动员工队伍的活力,不断提升员工的核心专长与技能,培育该内衣公司的核心竞争力,改变员工的心智模式,建立职业化意识、危机意识、市场意识、竞争意识等。为该公司学习型组织的建立打下良好的基础。

第三,评估岗位价值的方法有很多,通过传统的岗位评估方法——海氏分析,分为三大类、八个因素来确定岗位价值大小、知识水平和技能技巧,包括:专业理论知识,管理技巧和人际技能;解决问题的能力,思维环境和思维能力;承担的职位责任,行动的自由度,职位对后果形成所起的作用,财务责任。另一种传统岗位评估方法——IPE系统结构图,共分为三大类、七个因素、十六个子因素来确定每个岗位的相对价值分数。这七个因素分别是岗位影响、管理责任、工作责任、人际交往、任职资格、问题解决、岗位性质。不同行业、不同企业具有不同的特点,统一的技术方法既不能解决外部薪酬问题,也不能解决企业内部分配公平性问题。因此,应该针对企业"定制化开发评价工具",才能保证更符合企业的实际特点。

思考与讨论

1. 起初,××公司存在的问题主要是什么?
2. ××公司通过哪些手段进行了公司内部的优化?主要的方法是什么?

案例分析 8-2

马丁的职业生涯

一、案例背景

马丁是一个"紧张而平静"的人,他踌躇满志、信心十足,但相当孤独,讲话时声调很低,他家在波士顿,父亲是一家大型酒类批发商的推销员。他是四个兄弟中最小的一个,上过好几家公立学校。应邀到一个朋友的地下实验室工作之后,他对化学产生了兴趣。限于财力,他只能在本地学校读书,平常住在家里。之后他进了麻省理工学院,专攻化工。他结识了一些鼓吹商学院职业前景和价值的学生。马丁记不清当时是什么让他对这个问题进行思考,虽然关于工商职业究竟是怎么回事他那时还不是很清楚,但他确实开始为自己考虑这个问题。

后来,他在斯隆管理学院的两年主要学习了生产、营销和财务等课程,写了财务方面的论文。他感到掌握财务手段和财务计划信息,可以更多地了解一个企业的内部情况。从他父亲那里以及在各类企业组织所干过的种种夏季工作中,他学到了一些商业术语。但是,甚至在学完麻省理工学院的硕士课程以后,他仍不能明确说出自己的职业追求。但马丁明确希望自己能够具备与成功企业家相联系的"能动"品质,但他对自己是否具备这些品质深表怀疑。他认为虽然一个人应该正直完美,并希望别人也同样如此,但防人之心不可无。他感到自己的某些经验已经教会他要有所防范,要愤世嫉俗。但是,从学业上看,马丁在斯隆管理学院的等级一般、考试成绩平平。

初涉职场的马丁选择了一家企业作为自己的第一份工作,马丁看重了这家公司处事潇洒正确。他不想看到自己处在一个成事不足、办事无效抑或是程序"笨拙"的组织里,并预期要"挪几次"才可能找到真正适合自己需要的某种东西。起初,他选择了一家大型消费品和工业品制造厂,这家工厂为大学毕业生在财务和经营计划方面安排了一项为期三个月的培训。

马丁在三个月的培训中,经历了一系列的测试、面谈以及能使他在需要其服务的组织中不同部门工作而设计的"推销演示"。这个过程没有给他留下任何印象,反倒显出管理部门的期望似乎大大低于他自己渴望有所作为的目标要求。他曾打算进一个项目开发小组,由于预算原因未能进得去,最后留在这家公司的一个航空空间部门,成为一名项目管理员,检查项目的财务数据,协助项目经理干些其他事。但马丁认为,一周的工作一天就可以干完,他的才干远远得不到应有发挥。这时,他开始怀疑一家大公司,特别是处在较低的组织层面时,是否能使用有管理硕士学位的人。他一再讲,打算离开,自己单干,或者到一家小企业去。他对如何进步极其茫然,感到自己的有效实绩不能得到应有评估。马丁后来也表示他当时"不喜欢自己的工作和头头儿"。面对这种情境,他没有急于开发自己的工作,而是决定进行一定时期的自我教育,到其他部门转一圈以了解商业职能到底是怎么回事。

1965年,大约在进公司两年之后,他碰到一位老朋友。朋友的父亲办了一家小型书籍装订厂,他受到邀请并加入这家企业。在1965年邮寄的一份问卷上,他对这项选择解释说:"我之所以离开这家公司,照直说,是因为他们对一天只干两小时的活皆大欢喜,而我却不行。大学环境的六年使我相信,企业界高深莫测,要有一种高水平的工作能力。事实上,我的环境和公司不是这么回事,这使我不平。"

但是,书籍装订厂还是没能满足马丁的期望。按说,他的朋友具有营销和经营知识,马丁可以提供其所缺乏的管理经验,但实际上马丁将自己50%~75%的时间花在营销和推销上。"市场真是太残酷了",原计划在一年内盈利,但马丁后来发现至少还要二至三年才能使这个厂发展起来,他判定这不是他要走的路,他和他的朋友最终和和气气地分手了。

马丁修改了自己的履历,回到麻省理工学院的安置办公室。利用所有的关系,他在一家大型药品公司找到了另一份工作,成了成本预算小组的一名初级分析员。以后的两年,他从初级分析员升为高级分析员。他干过资本研究、成本分析,更重要的是,他成了一个新厂开发工作组的联络员,在沟通不畅的化学工程师和运筹学人员之间跑跑腿。

他有一个负责带他的好上司,他非常了解一个制造企业的财务职能和作用。正如马丁后来描述的,这是一次有效的工作进入。晋升后,虽然他的工作受到赞扬,但他再次发现工作缺乏挑战,他能用十个小时干完公司制定的一周内全日制工作,薪水也没有按他所想增加,他再次对大公司的运作方式感到失望,决定在管理咨询方面试试身手。

马丁根据一份广告应聘到一家公司担任管理顾问。这家企业具有强大的会计业务,打算把服务扩大到更多的管理领域。这项工作非常令人鼓舞。它向马丁提供了在以往各种工作和冒险中所缺乏的一种高层管理前景。他遇到许多来自不同产业和企业职能部门的经理,并据此了解到一个企业的所有职能是如何协调运作的。

不过,大约一年之后,他意识到进入这家会计事务公司是个失误。管理保守,会计主旨甚强,企业的管理咨询业务面很难有拓展。在这家事务所干了两年之后,马丁被解雇了。受到创伤的个人经验使他强烈地感到,要紧的是必须在财务上独立。

通过浏览公告向各个公司进行应聘,结果马丁数月之内在一家大的制造公司找到一份工作。他成了一名设备计划经理,处于公司参谋部的重要位置。他在审核设备消耗、经营计划、作业月度检查和各项专门研究方面干得很出色,九个月内被提升为计划经理,负责全部的计划工作,有11名下属。自从来了一位新的年轻总裁,情况大为改观。这位总裁带来了一位年轻而充满活力的行政副总裁,来领导集团公司高度多样化的经营管理工作。这位副总裁终于发现了马丁的才干,给了他一个相当大的职位即部门总会计师,但因不合其理想被他拒绝了。

后来,他接受了负责整个集团经营的营销主任位置,对集团副总负责,作为一个自由巡回的内部顾问,其职责是找出任何部门可能出现的问题,然后与有关部分的经理一道来解决这些问题。上司创造了一种良好的学习进取氛围,他接受这项工作保持至今,乐此不疲,而且极其成功。

1972年下半年,一个部门的原总经理调去搞一项三个月的管理——发展计划,马丁担任了该部门的代理总经理,他在这个位置上干得很出色。他感到自己能以总经理角色管理人,而且干起来也有把握,并且很有学习意义和收益。

根据这个成功的经验,下一步的努力目标显然是在总公司某个部门取得一个总经理职位,他感到在其前面展现了一种硕果累累的总经理职业,年方33岁就已经取得了一个有效、稳定和有影响的位置,他对自己的职业进步感到满意。在1977年的一次电话访谈中,马丁说,1973年以来他已两度提升,现在是一个产品集团的总经理和一名公司高级职员。

二、案例点评

我们能够看出,马丁一心向往挑战性工作和才干的全面发挥,追求一种开阔的管理前景。根据案例得知,马丁的职业生涯是一个权威管理型职业锚的从业者职业生涯的发展路径。他不把自己的职业与任何给定的经营职能或技术区连在一块,不以工作类型来评估潜在的工作机会。马丁的职业生涯发展线路曲曲折折,画面并不十分清晰。但是,爬上一种高水平的管理职位并取得财务独立,显然是极其明确的目标和强大的驱动力,为此他甘愿几度流动,凡事期望从头开始。1973年最后一次访谈时,他感觉自己有了更大的进步,与自己原先关心的某种东西和价值观更加合拍,这种变化是职业生涯发展的必要一环。

一个人的职业生涯要获得成功,在早年树立恰当的职业意识,明确大致职业方向,并培养相应的职业技能十分重要。作为一个定向管理型职业锚的人,应该具有分析事物的能力,即如何发现问题和解决问题。虽然当时并不能说出自己的职业追求,但感觉掌握财务手段和财务计划信息对于将来了解企业信息很重要,于是特地学习了生产、营销和财务相关的专业知识,这使他具备了那一领域的专业技能,这也很好地说明了马丁虽然不能明确说出职业追求,但却对职业方向有一定的敏感度和预判,这从某种程度上来说也是需要分析能力的。

在职业生涯初期可能会有很多不确定的因素,职业追求相对模糊,但我们应该像马丁一样敢于尝试和犯错,先从自己能干什么入手,切忌眼高手低,慢慢探索出一条真正适合自己情况的职业发展路径。可以看出,职业锚并不是在职业生涯初期就被确定,并且会随着自己的就业经历和价值判断而改变。它是根据一个人所有职业性向、工作经历、兴趣爱好、关键事件等信息合成的一种规律性的职业生涯模式。

思考与讨论

1. 马丁的优势是什么?
2. 成功的职业生涯需要哪些要素?

第九章 劳动关系与员工关系

学习要点

1. 劳动关系的含义、特征与基本内容
2. 劳动关系研究的不同学派和理论
3. 影响劳动关系的内、外部因素
4. 劳动法的概念和功能
5. 劳动法的基本原则和特征
6. 劳动合同的概念及基本内容
7. 劳动合同管理的程序和内容
8. 员工关系管理的目的和办法

第一节 劳动关系概述

一、劳动关系的含义与特征

（一）劳动关系的含义

劳动关系的含义有广义和狭义之分，广义的劳动关系是指任何劳动者与任何性质的用人单位之间，因从事劳动而结成的社会关系；狭义的劳动关系是指依据国家劳动法律法规，规定和确认当事人双方（劳动者和用人单位）的权利和义务的一种劳动法律关系。本章所讲特指狭义的劳动关系。

劳动关系是在现实劳动的过程中发生的关系，与劳动者有着直接的联系。其权利和义务的实现是由国家强制力来保障的。劳动关系是社会生产过程中生产资料与劳动结合的具体表现形式。调整好劳动关系，维护和谐的劳动关系，是人力资源管理的重要内容。

（二）劳动关系的特征

劳动关系具有以下几个基本特征。

第一，劳动关系主体之间既有法律上的平等性，又具有客观上的隶属性。劳动关系主体双方在法律面前享有平等的权利,劳动者向用人单位提供劳动或服务,用人单位向劳动者支付劳动报酬,双方在平等自愿的基础上建立劳动关系。同时,劳动者作为用人单位的成员,在实现劳动过程中理所当然地应当遵守用人单位的规章制度,服从用人单位的管理,双方形成领导与被领导的隶属关系。

第二,劳动关系产生于劳动过程之中。劳动者只有与用人单位提供的生产资料相结合,在实现劳动过程中才能与用人单位产生劳动关系,没有劳动过程便不可能形成劳动关系。因此,从严格意义上讲,劳动法所涉及的范围只限于劳动过程之中,不应包括未形成劳动关系之前的就业过程。但是,由于我国是一个劳动力资源大国,就业问题成为一个社会问题,在今后相当长的一个时期内,都会关系到社会经济的发展和稳定。同时就业与劳动关系又有特别紧密的联系。因此,《中华人民共和国劳动法》(2018年修正)将就业纳入自己的调整范围,是出于我国实际的考虑,不能因此将就业也归于劳动关系的范畴。

第三,劳动者与用人单位间的劳动关系具有排他性。劳动关系只能产生于劳动者与用人单位之间,劳动者与其他社会主体之间发生的社会关系不能称之为劳动关系。同时,作为自然人的劳动者,在同一时间只能与一个用人单位签订劳动合同、建立劳动关系。任何劳动者都不能同时与两个用人单位签订劳动合同、建立劳动关系;任何两个用人单位也不得同时与一个劳动者签订劳动合同、建立劳动关系,劳动关系具有排他性。至于现实社会中存在的灵活就业者,比如作家、自由撰稿人、小时工等,他们可以和不同的用人单位建立劳动关系。我们认为灵活就业者在本质上并没有违背劳动关系排他性,因为灵活就业者在工作时间上是相互错开的,依然符合劳动者在同一时间只能与一个用人单位签订劳动合同、建立劳动关系的规范,只不过这"同一时间"更为灵活、更为具体而已。

第四,劳动关系的存在以劳动为目的。用人单位与劳动者建立劳动关系,是为了实现劳动过程,为社会生产或社会产品提供服务。劳动者的劳动成果归属于用人单位,也就是说,劳动者是在用人单位组织指挥下,为了最终实现用人单位的利益而劳动的。相应的用人单位必须为劳动者实施劳动行为提供有利条件和物质保障,并向劳动者支付合理的报酬。

第五,劳动关系具有国家意志和当事人意志相结合的双重属性。劳动关系是依据劳动法律规范规定和劳动合同约定形成的,既体现了国家意志,又体现了双方当事人的共同意志。我国劳动合同法对用人单位和劳动者的权利、义务作了明确的规定,体现了国家对劳动关系的强制干预性质,同时当事人双方对劳动关系的具体事项可以在平等自愿的基础上自由约定,体现了契约自由的本质属性。

二、劳动关系的基本内容

劳动关系的内容是指主体双方依法享有的权利和承担的义务,即劳动者与用人单位之间在劳动时间、劳动报酬、安全卫生、劳动纪律、福利保险、教育培训、劳动环境等方面形成的关系。需特别注意的是,劳动关系的主体是企业劳动者及工会组织、管理方及雇主协会、政府三方,劳动关系的基本内容强调劳动者与用人单位双方各自的权利与义务。

(一)劳动者的权利

《中华人民共和国劳动法》(2018年修正)第三条规定,劳动者享有平等就业和选择职业的权利、取得劳动报酬的权利、休息休假的权利、获得劳动安全卫生保护的权利、接受职业技能培训的权利、享受社会保险和福利的权利、提请劳动争议处理的权利以及法律规定的其他劳动权利。

劳动者有平等就业的权利,是指具有劳动能力的公民,有获得职业的权利。公民的平等就业权,是公民享有的各项权利的基础,如果公民的平等就业权都不能实现,其他一切权利也就失去了基础和意义。

劳动者有选择职业的权利,是指劳动者根据自己意愿选择适合自己才能、爱好的职业。劳动者拥有自由选择职业的权利,有利于劳动者充分发挥个人特长,促进社会生产力的发展。在市场经济体制下,劳动者成为市场主体,劳动者与企业通过双向选择实现就业。在劳动力市场上,劳动者作为就业主体,具有支配自身劳动力的权利,可根据自身素质和市场价格信号选择用人单位。

劳动者有取得劳动报酬的权利。取得劳动报酬的权利,是公民的一项重要劳动权利。劳动者付出劳动,依照合同及国家有关法律取得劳动报酬,是劳动者的权利。而及时足额地向劳动者支付工资,是用人单位的义务,劳动者可以依法要求有关部门追究其责任。获取劳动报酬是劳动者持续行使劳动就业权必不可少的物质保证。

劳动者享有休息休假的权利。《中华人民共和国宪法》(以下简称《宪法》)规定,劳动者有休息的权利,国家为劳动者提供休息和休养的设施,规定职工的工作时间和休假制度。我国《劳动法》规定的这些时间包括工作间歇,两个工作日之间的休息时间,公休日,法定节假日以及年休假、探亲假、婚丧假、事假、生育假、病假等。《劳动法》规定,用人单位不得任意延长劳动时间。

劳动者有获得劳动安全卫生保护的权利。劳动安全卫生保护是保护劳动者的生命安全和身体健康,是对享受劳动权利的主体切身利益最直接的保护。

劳动者有接受职业技能培训的权利。职业技能培训是指对准备就业的人员和已经就业的职工,以培养其基本的职业技能,或提高其职业技能为目的而进行的职业技术业务知识和实际操作技能教育和训练。我国《宪法》规定,公民有受教育的权利和义务,受教育既包括受普通教育,也包括受职业教育。

劳动者有享受社会保险和福利的权利。社会保险是国家和用人单位依照法律规定或合同的约定,对具有劳动关系的劳动者,在暂时或永久丧失劳动能力以及暂时失业时,为保证其基本生活需要给予物质帮助的一种社会保障制度。

劳动者有提请劳动争议处理的权利。劳动争议指劳动关系当事人因执行劳动法或履行集体合同和劳动合同的规定引起的争议。劳动关系当事人作为劳动关系的主体,各自存在着不同的利益,双方不可避免地会产生分歧。用人单位与劳动者发生劳动争议,劳动者可以依法申请调解、仲裁,提起诉讼。劳动争议调解委员会由用人单位、工会和职工代表组成。劳动仲裁委员会由劳动行政部门代表、同级工会、用人单位代表组成。

(二) 用人单位的权利和义务

用人单位的主要权利有:依法录用、调动和辞退职工,决定企业的机构设置,任免企业的管理干部,制定工资、报酬和福利方案,依法奖惩职工,要求劳动者按质按量完成劳动任务的权利,要求劳动者努力提高职业技能的权利,要求劳动者认真执行劳动安全卫生规程的权利,要求劳动者严格遵守劳动纪律和职业道德的权利等。

用人单位的主要义务有:依法录用、分配、安排职工的工作,保障工会和职工代表大会行使其职权,按职工的劳动质量、数量支付劳动报酬,加强对职工思想、文化和业务的教育、培训,改善劳动条件,搞好劳动保护和环境保护,保障劳动者享有休息休假权利,保证劳动者实现法律规定的其他权利等。

三、劳动关系研究的不同学派和基本理论

(一) 劳动关系研究的不同学派:PM 学派和 ILE 学派

从理论流派角度来看,劳动关系研究分成两大学派:人事管理学派(Personnel Management,PM)和制度劳动经济学学派(Institutional Labor Economics,ILE)。最明显的断层线集中在对独立工会的认识上,制度劳动经济学学派坚持工会有助于改善劳动关系,而人事管理学派则认为,工会恶化劳资双方的关系。美国威斯康星大学(University of Wisconsin System)的劳动关系专业是 ILE 的代表,美国劳动关系协会以及后来易名的美国管理协会是 PM 学派的旗帜。

1. 人事管理学派

人事管理学派认为,劳工问题主要是由有缺陷的企业组织,不佳的工作场合,不良的领导风格,以及交流不畅等管理不善问题引起的。因此要解决劳工问题,需要在人事管理中引进科学方法。人事管理学派治理的目标是实现工人与企业组织在利益上的和谐一致,消除雇佣双方的冲突,从而确保企业的高效运行。

人事管理学派建立在两个互为补充的学科之上:其一是管理学中的组织与行政管理学;其二是人类学、心理学和社会学中的行为学。

20 世纪 50 年代后期,关系学和在此之前分离出来的管理学,将组织与行政管理的研究相结合,形成了组织行为学这一新学科。组织行为学与其应用性分支——人力资源管理,代表了现代人事管理学派的核心内容。

人事管理学派解决劳动关系问题的根本指导思想是,如果雇主与雇员双方都想有利可图,那么雇主的劳工政策必须有助于企业建立长期竞争优势和获取长期利润,因此制定进步的劳工政策,不但是出于高尚的道德需要,更是出于组织长期绩效的需要。因

此,人事管理学派致力于建立劳资关系的更佳模式,以促进企业的竞争力和获取更大利润。为此,需要排除工会甚至政府的干预,使组织进步到更高的伦理与社会合法性。这一新模式的核心,就是实行福利资本主义。

人事管理学派推行的福利资本主义有四大要素。

(1) 人事管理。在人事管理中引进科学的和职业化的原则,例如员工甄选测评、工作绩效测评、发放员工行为手册、建立专职的员工管理部门等。

(2) 员工福利。给员工增加各种类型的福利,例如在企业设立诊所、工作场所保洁、提供员工社会保障、设立退休金和开展体育活动等。

(3) 人际关系。在工作场所引进良好的人际关系,例如培训领导人性化地对待员工,非惩罚性地执行纪律,以及对员工业绩进行奖励等。

(4) 员工参与。以某种适当形式让员工获得话语权,例如成立工人委员会、投诉受理机构等。

2. 制度劳动经济学学派

制度劳动经济学学派认为,引发劳工问题的重要因素之一是外在于企业组织的不完善的市场体制。这种体制导致劳工遭遇不公平的竞争,而且这种体制所建立的"主仆关系"(master-servant relationship)具有专制性质,使工人无法享受民主权利,利益得不到有效保护。这一学派的目标是建立多元经济与政治体系,保证劳资之间的平等谈判权,建立独立工会以保证工人利益,通过制度化方法消除冲突,降低劳资双方的敌对程度。

制度劳动经济学学派的学术基础主要是经济学,同时还吸收了法学、历史学、政治学以及工业社会学等的研究成果。制度劳动经济学学派的奠基者是制度经济学家约翰·康芒斯(John R. Commons),正是他使劳动关系成为美国的一个专门的学术研究领域。20 世纪四五十年代,劳动经济学家逐渐分成两个阵营,一派由制度劳动经济学学派的经济学家担纲,另一派则主要由新古典经济学家组成。

以康芒斯为首的制度劳动经济学学派解决劳动关系问题的根本指导思想是有效地化解与消除美国的劳工冲突和社会问题,为此需要进行制度变革,建立新型的劳动关系。他们的这一设想分为四个方面。

(1) 推广和谐进步的管理模式。制度劳动经济学学派相信,劳工与企业管理层之间的权力抗衡,雇主占优势,因此要求劳资双方在平等立场上进行谈判,让对立的利益冲突获得妥协。

(2) 建立工会。工会可以使劳工市场变得强大与有效,同时还可迫使资本家提高工人工资与福利待遇,改善工作条件,让工人参与争议解决,获得企业内部管理的话语权。

(3) 推进政府立法保护劳工利益。他们认为,立法规定最低工资、最高工作时限、禁止雇佣童工、保护女工和改善工作场所的安全与卫生条件这些内容尤其重要。此外,还需立法强制推行工人的社会保障体系。这样,可确保工人及家庭不会因企业的经营乏善而利益无保障。

（4）运用财政与货币政策保持宏观经济稳定。制度劳动经济学学派不相信现代工业经济有自我调节功能。相反，经济波动会削弱企业实践福利资本主义的能力与意愿。辞退员工或降低工资会恶化雇佣双方的信任，加剧利益冲突。因此，政府运用有效的财政货币政策保持宏观经济稳定、确保充分就业才是对工人权利的有效伸张。充分就业必须是"有管理的均衡"。

（二）劳动关系研究的基本理论

在国外，对劳动关系的研究已有多年，形成了比较有代表性的五大学派，分别为：新保守派、管理主义学派、正统多元论学派、自由改革主义学派、激进派。这些学派观点的相似之处在于，都承认劳动关系双方之间存在目标和利益的差异。其主要区别体现在：对雇员和管理方之间的目标和利益差异的重要程度，认识各不相同；在市场经济中，对这些差异带来的问题提出了不同的解决方案；对双方的力量分布和冲突的作用持不同看法，尤其是对冲突在劳动关系中的重要程度，以及雇员内在力量相对于管理方是否存在明显劣势这两个问题上存在明显分歧；在工会的作用以及当前体系所需的改进等方面各执一词。

1. 新保守派的主要观点

新保守派也称新自由派或新古典学派，基本由保守主义经济学家组成。这一学派主要关注经济效率的最大化，研究分析市场力量的作用，认为市场力量不仅能使企业追求效率最大化，而且也能确保雇员得到公平合理的待遇。

新保守派一般认为，劳动关系是具有经济理性的劳资双方之间的自由、平等的交换关系，双方具有不同的目标和利益。从长期看，供求双方是趋于均衡的，供给和需求的力量保证了任何一方都不会相对处于劣势。雇员根据其技术、能力、努力程度，获得与其最终劳动成果相适应的工作条件和待遇，而且在某些企业，雇员也可能获得超过其他雇主所能提供的工资福利水平。雇主之所以提供高于市场水平的工资，是因为较高的工资能促使雇员更加努力地工作，提高效率。雇主也可以采取诸如激励性的奖金分配等方法，达到同样结果。

由于劳动力市场机制可以保证劳资双方利益的实现，所以劳资双方的冲突就显得微不足道，研究双方的力量对比也就没有什么意义。若雇员不满，可以自由地辞职，寻找新工作；若资方不满，也可以自由地替换工人。所以，工会的作用就不大了。新保守派认为工会所起的作用是负面的，工会实际形成的垄断制度，干扰了管理方与雇员个人之间的直接联系，阻碍了本来可以自由流动的劳动力市场关系，破坏了市场力量的平衡，使管理方处于劣势地位。由于工会人为地抬高工资，进而抬高了产品的价格，干涉了管理方的权力，最终会伤害雇主在市场上的竞争地位，也会削弱对雇员工作保障的能力。

在政府劳动关系政策上，新保守派主张减少政府的收支规模，强调要减少税收，尤其是经营税收以及针对管理者和技术工人的税收。主张将市场"规律"引入工资和福利的决定过程，采用额外支付计划，使雇员的收入和绩效联系得更紧密。认为应该赋予管理方更大的管理弹性,减少限制管理权力的法律和法规,尤其是减少劳动法对管理方的限制。认为理想的劳动法应该使工人难以组织工会,或者即使有工会,其权力也很小。这样,劳动和资源的配置才会更加灵活,也才能提高劳动生产率。

2. 管理主义学派的主要观点

管理主义学派多由组织行为学者和人力资源管理专家组成。该学派更关注就业关系中员工的动机及员工对企业的高度认同、忠诚度问题,主要研究企业对员工的管理政策、策略和实践。

该学派认为,员工同企业的利益基本是一致的,劳资之间存在冲突的原因,在于雇员认为自己始终处于被管理的从属地位,管理与服从的关系是员工产生不满的根源。如果企业能够采用高绩效模式下的"进步的"或"高认同感的"管理策略,冲突就可以避免,并且会使双方保持和谐的关系。

该学派对工会的态度是模糊的。一方面该学派认为,由于工会的存在威胁到资方的管理权力,并给劳动关系带来不确定性,甚至是破坏性的影响,所以应尽量避免建立工会。但另一方面,该学派也相信,在已经建立工会的企业,管理方应该将工会的存在当作既定的事实,同工会领导人建立合作关系,并不断强调,传统的、起"破坏作用的"工会主义已经过时,只有那些愿意与管理方合作的工会才可能在未来生存。同样,该学派对集体谈判制度的态度也是灵活的。

3. 正统多元论学派的主要观点

正统多元论学派由传统上采用制度主义方法的经济学家和劳动关系学者组成,该学派的观点是第二次世界大战以来发达市场经济国家一直奉行的传统理念的延续。该学派主要关注经济体系中对效率的需求与雇佣关系中对公平的需求之间的平衡,主要研究劳动法律、工会、集体谈判制度。

该学派认为,雇员对公平和公正待遇的关心,同管理方对经济效率和组织效率的关心是相互冲突的。同时也认为,这种冲突仅仅限于诸如收入和工作保障等具体问题,在劳动力市场上雇员大多处于相对不利的地位。而工会和集体谈判制度有助于弥补这种不平衡,使雇员能够与雇主处于平等地位,并形成"工业民主"的氛围。这不仅可以维护雇员的利益,确保更广泛的公平,而且对于鼓舞员工士气,降低流动率,提高生产效率具有重要意义。这些制度产生的经济效益足以抵消高工资、高福利给雇主带来的成本,所以工会和集体谈判是有积极作用的。

正统多元论学派传统的核心假设是:通过劳动法和集体谈判确保公平与效率的和谐发展是建立最有效的劳动关系的途径。这是战后许多国家所奉行的劳动关系制度。该学派强调弱势群体的工会化,强调更为集中的、在产业层次上的集体谈判,反对因任何偏见替代罢工工人。提出用工人代表制度等形式来保证劳动标准的推行,如建立工人与管理方共同组成的委员会,在公司董事会中要有工人代表,建立"工人委员会",工人代表可以分享企业信息、参与协商以及联合决策等。对该学派持批评态度的学者认为,这一模式的缺点是,工会的覆盖面具有局限性,工会与管理方过于对立,以及在存在工会的情况下工人仍缺乏参与权。

4. 自由改革主义学派的主要观点

自由改革主义学派更具有批判精神，主张积极变革。该学派十分关注如何减少或消灭工人受到的不平等和不公正待遇。该学派的观点，在五学派中内容最松散，它包括了对歧视、不公平、裁员和关闭工厂、拖欠工资福利、危险工作环境以及劳动法和集体谈判体系中的缺陷等问题的分析。认为劳动关系是一种不均衡的关系，管理方凭借其特殊权力处于主导地位。从双方地位差异这个角度看，该学派与正统多元论学派、管理主义学派并没有很大的分歧。但它认为现存的劳动法和就业法不能为工人提供足够的权利保护，因为公正、平等地对待工人，往往不符合管理方的利益，也不是管理方凭借其自身能力所能实现的。因此为了确保工人获得公正平等的待遇，必须要加大政府对经济的干预。

自由改革主义学派的最大特点是提出了"结构不公平"理论。该理论将经济部门划分成"核心"和"周边"两个部门。"核心"部门是指规模较大、资本密集且在市场上居于主导地位的厂商；而"周边"部门则是规模较小、劳动密集且处于竞争性更强的市场上的厂商。该学派认为，核心部门由于经济实力强，更能消化和转移附加成本，并且在核心部门工作的雇员具有更多的关系力量，所以，与周边部门相比，核心部门能够为雇员提供更优厚的劳动条件，采用更进步的管理方式。而周边部门的工作岗位相对"不稳定"，甚至是临时性的、非全日制的，容易受到裁员政策的影响。近年来，该学派将"核心"和"周边"部门的划分进一步扩展到了单个的雇主或产业的分析上。

自由改革主义学派支持强有力的劳动法和各种形式的工人代表制度，关注更广泛的经济社会政策，认为政府应该限制和改变市场经济所产生的经常性的负面影响，反对市场化，尤其是自由贸易协议。该学派支持政府增加对企业和高收入群体的赋税，降低失业率，增加教育和培训支出，减少贫困，加强对妇女、儿童、少数民族及因裁员和关闭工厂而失去工作的弱势群体的保护，加强健康和安全法规的执行力度等。主张强势工会，认为工会应该比以往更加关心更为广泛的社会问题和事务。

5. 激进派的主要观点

激进派具有比其他学派更加深刻的思想内涵，主要由西方马克思主义者组成。激进派所关注的问题同自由改革主义学派有许多是相同的，但它更关注劳动关系中双方的冲突以及对冲突过程的控制。该学派认为自由改革主义学派所指出的问题，是资本主义经济体系本身所固有的问题，因而其提出的政策主张的作用十分有限。激进派认为，在经济中代表工人的"劳动"的利益，与代表企业所有者和管理者的"资本"的利益，是完全对立的。"资本"希望用尽可能少的成本获得尽可能多的收益，而工人由于机会有限而处于一种内在的劣势地位，由此，这种对立关系在劳动关系中比在其他地方都表现得更明显。冲突不仅表现为双方在工作场所的工资收入、工作保障等具体问题的分歧，而且还扩展到"劳动"和"资本"之间在宏观经济中的冲突。激进派认为，其他学派提出的"和谐的劳动关系"只是一种假象。这是因为：(1) 管理方通过精心设计安排工作职位，减少对工人技术和判断力的要求,来实现降低劳动成本、增加产出的目的。这种剥削方法使企业在产品、服务内容和技术水平一定的情况下,可以获得更多的利润。(2)管理方通过监督和强迫相结合的办法控制工人的行为,从这个角度讲,所谓的"进步"政策和方法,只是一种与传统的权威相比,更圆滑的策略而已。这些策略对于不可调和的冲突来说,从来也没有完全发挥过作用。(3)管理主义学派的策略和方法实际是为管理方服务的,但媒体和教育体系却把它宣传为一种"双赢"的策略,而将冲突仅仅描述为就业组织内部的矛盾。通过舆论导向使工人相信既定的制度安排是合理的,以此制造资本主义劳动关系"和谐"的假象,防范那些威胁到现有体制的事情的恶化和传播。

激进派认为,只要资本主义经济体系不发生变化,工会的作用就非常有限。尽管工会可能使工人的待遇得到某些改善,但这些改善是微不足道的。在中小企业,工会所争取到的让步会受到更多的竞争约束的限制。大企业虽然受到的约束限制较少,但通常会采用诸如关闭工厂、重新进行组织设计等措施对付工会。在技术变革和国际竞争不断加剧的今天,工会显得越来越力不从心。

五大学派的主要特征可总结如下(见表9-1)。

表 9-1　劳动关系研究五大学派的主要特征

特征\学派	新保守派	管理主义学派	正统多元论学派	自由改革主义学派	激进派
主要关注的问题	效率最大化	雇员忠诚度的最大化	均衡效率和公平	减少不公平和不公正	减少体系内的力量不均衡
主要研究的领域	劳动力市场	管理政策和实践	工会、劳动法和集体谈判	雇员的社会问题	冲突和控制
对双方力量差异的重要性认识	不重要——由市场力量救济	若管理方接受进步的管理方法,就不很重要	一般重要	相当重要;其差异是不公平的主要来源	非常重要;体现了体系内劳动和资本之间力量不均衡
所设想的内部冲突的程度	根本没有——由市场力量弥补	若管理方接受进步的实践,则冲突就很少	一般;受到公众利益为中心的局限	依情况而定;在"核心"低;在"周边"高	尽管是依雇员力量而变化,却是基础性的
对工会在集体谈判中的影响的评估	对经济和社会产生负面影响	持矛盾心理;取决于双方合作的愿望	正向的"社会"效应,中性或正向的经济效应	在"周边"无效;在"核心"有有限效用	资本主义社会工会的效率具有内在局限性
改进雇员与管理方之间关系的办法	减少工会和政府对市场的干预	推进进步的管理实践,增强劳资双方的合作	保护工人集体谈判的权利,最低劳动标准立法	增加政府干预和增强劳动法改革	激进的制度变化;雇员所有和员工自治

四、影响劳动关系的因素

企业中劳动关系的表现取决于劳资双方力量的对比,而双方力量的对比还受到其他因素的影响,包括外部因素和内部因素,这些因素通过影响劳资双方的力量,可以间接影响企业中的劳动关系。

(一)影响劳动关系的外部因素

影响劳动关系的外部因素主要有经济环境、政策和法律环境、社会文化环境、技术环境、企业竞争环境等。

经济环境的变化直接作用于劳动力市场,影响劳动力的供给和需求,并进而影响企业内部雇佣方和被雇佣者的力量对比,从而影响他们讨价还价的能力。政策环境是指政府的各种政策方针,包括关于就业的政策、教育和培训的政策、经济政策等。法律和制度环境是指规范雇佣关系双方行为的法律和其他力量的机制,这些机制规定了双方的权利义务,并具有相对的稳定性。社会文化环境由各国、各地区的主流传统习惯、价值观、信仰等组成。文化的影响是潜在的、不易察觉的,不具有强制性,但却无处不在。技术环境主要指企业所处经济体使用先进技术特别是先进通信技术的程度。高新技术的发展不但改变了人们的生活,而且对人们的工作方式、工作场所、工作时间甚至工作内容都产生了极为深远的影响。不同企业的竞争环境是不同的,竞争环境激烈的企业,内部的劳动关系波动较大,而垄断企业经营状况比较稳定,因此企业内部劳动关系也相对稳定。

(二)影响劳动关系的内部因素

影响劳动关系的内部因素主要有企业提供产品的性质、组织结构、企业的成长阶段、企业文化、岗位特点等。

企业提供产品的性质不同,其内部劳动关系的冲突和合作程度也不尽相同。所谓产品性质是指企业产品生产的方式和工序,以及采用这些方式和工序所必需的技术和资本的密集程度。现实中常表现为劳动密集型行业的员工工资较低,工作环境相对较差,工作枯燥乏味,个人发展空间有限,行业流动率较高,工会化程度较高等。企业采用不同的组织结构也会有不同的劳动关系,存在大量劳动分工的企业劳资冲突的可能性更大。每个企业都有一个从新建到成长壮大的过程。企业在刚建立的时候,对市场不了解,经营状况不稳定,不确定因素很多。相反,当一个企业的发展已经走上正轨,劳动关系也就比较稳定和谐了。有些企业团队精神较强,遇到问题善于借用组织的力量,习惯于集体与雇主方谈判,这会对雇主方形成压力,有利于问题的解决。岗位特点与劳动关系的交叉点主要集中于劳资双方关于劳动报酬的标准是否容易达成共识,如果劳资双方对劳动报酬水平很难达成共识,就容易产生纠纷。

第二节 劳 动 法

一、劳动法的概念和功能

劳动法是指调整劳动关系以及与劳动关系有密切联系的其他社会关系的法律规范的总称。它离不开调整劳动关系这一核心内容。

关于劳动法,需明确以下几点:劳动法是资本主义发展到一定阶段而产生的法律部门,属于部门法;它是从民法中分离出来的法律部门;是一种独立的法律部门。

《中华人民共和国劳动法》是国家为了保护劳动者的合法权益,调整劳动关系,建立和维护适应社会主义市场经济的劳动制度,促进经济发展和社会进步,根据宪法而制定颁布的法律。从狭义上讲,《中华人民共和国劳动法》是指1994年7月5日八届人大通过,1995年1月1日起施行的《中华人民共和国劳动法》;从广义上讲,《中华人民共和国劳动法》是调整劳动关系的法律法规,以及调整与劳动关系密切相随的其他社会关系的法律规范的总称。

《中华人民共和国劳动法》是维护人权、体现人本关怀的一项基本法律,其内容主要包括:劳动者的主要权利和义务;劳动就业方针政策及录用职工的规定;劳动合同的订立、变更与解除程序的规定;集体合同的签订与执行办法;工作时间与休息时间制度;劳动报酬制度;劳动卫生和安全技术规程等。

以上内容,在有些国家是以各种单行法规的形式出现的,在有些国家是以劳动法典的形式颁布的。劳动法是整个法律体系中一个重要的、独立的法律部门。

劳动关系方面的法律主要有三个功能:①保护劳动关系双方的自愿安排并为之提供保护,如劳动合同等;②解决纠纷,劳动法不仅赋予劳动者劳动权和保障权,而且还规定了保证这些权利实现的司法机制;③确定基本劳动标准,如最低工资、最低就业年龄、工作时间和休息休假以及安全卫生标准等。

劳动法通过平衡雇员和雇主双方的权利、义务关系达到调整劳动关系的目的,通过规定雇员和雇主双方的权利、义务关系,将其行为纳入法治的轨道。

二、劳动法的基本原则和特征

(一) 劳动法的基本原则

劳动法的基本原则主要有:劳动既是权利又是义务的原则;保护劳动者合法权益的原则;劳动力资源合理配置的原则。

1. 劳动是公民的权利

每一个有劳动能力的公民都有从事劳动的同等的权利。

(1) 对公民来说意味着有就业权和择业权在内的劳动权;

(2) 有权依法选择适合自己特点的职业和用工单位;

(3) 有权利用国家和社会所提供的各种就业保障条件,以提高就业能力和增加就业机会。对企业来说意味着平等地录用符合条件的职工,加强提供失业保险,就业服务,职业培训等方面的职责。对国家来说,应当为公民实现劳动权提供必要的保障。

2. 劳动是公民的义务

这是劳动尚未普遍成为人们生活第一的现实和社会主义固有的反剥削性质所引申出的要求。

根据《中华人民共和国宪法》,劳动是一切有劳动能力的公民的光荣职责。国有企业和城乡集体经济组织的劳动者都应当以国家主人翁的态度对待自己的劳动。国家提倡社会主义劳动竞赛,奖励劳动模范和先进工作者。国家提倡公民从事义务劳动。

日常生活中,我们对劳动的理解更多地是指体力劳动,或者通过体力劳动来提供的各种有价值的服务。我国宪法规范意义上的劳动主要是指公民须从事义务劳动以及公民应当遵守劳动纪律,包括以个人自由意志支配下的个人义务劳动(专指具体法律制度中所规定的公益性劳动),以及劳动者在从事社会化劳动和协作时应当遵守劳动纪律、生产规则和维护生产秩序等,劳动的内涵也更加宽泛。从规定的理解上看,都表达了劳动是一种公共利益和个人利益紧密结合的活动,劳动的内涵是随着社会的发展而改变的,特别是在这个创造性的时代,劳动的形式更加多样化,只要是社会化生产中能够创造物质财富和精神财富,并能够满足劳动者生存和发展需要的劳动方式,都应当是宪法上劳动义务的履行方式。

3. 保护劳动者合法权益的原则

(1) 偏重保护和优先保护:劳动法在对劳动关系双方都给予保护的同时,偏重于保护处于弱者地位的劳动者,适当体现劳动者的权利本位和用人单位的义务本位,劳动法优先保护劳动者利益;

(2) 平等保护:全体劳动者的合法权益都平等地受到劳动法的保护,各类劳动者的平等保护,特殊劳动者群体的特殊保护;

(3) 全面保护:劳动者的合法权益,无论它存在于劳动关系缔结前、缔结后或是终结后都应纳入保护范围之内;

(4) 基本保护:对劳动者的劳动权的最低限度保护,也就是对劳动者基本权益的保护。

4. 劳动力资源合理配置的原则

(1) 双重价值取向:配置是否合理的标准是能否兼顾效率和公平的双重价值取向,劳动法的任务在于,对劳动力资源的宏观配置和微观配置进行规范;

(2) 劳动力资源宏观配置:社会劳动力在全社会范围内各个用人单位之间的配置;

(3) 劳动力资源微观配置:处理好劳动者利益和劳动效率的关系。

(二) 劳动法的主要特征

(1) 劳动法的基本价值取向是侧重保护劳动者。有人认为,既然法律追求的是平等,那么作为劳动关系双方的劳动者和用人单位都应处在同等水平予以保护。前面已经分析过,劳动关系是一种不平等的关系,资本的巨大支配力很容易把劳动者变成它的附属。要保护劳动者,使其获得有尊严的劳动,就必须通过法律的强制来弥补劳动者的弱势地位,因此,侧重保护劳动者是劳动法与生俱来的使命。但这并不意味着不保护资本者或经营者的利益,一方面,劳动法的制度设计也是为了建立稳定和谐的劳动关系,为了保护用人单位的利益,劳动法也规定了劳动者的许多义务;另一方面,资本者或经营者的利益可以通过其他的法律得到保护,如物权法、合同法、公司法、知识产权法等。

(2) 强制性规范与任意性规范相结合,以强制性规范为主。劳动法大多属于强制性规范,尤其是劳动基准法,它是国家对用人单位设定的义务,用人单位必须严格遵守,不能降低标准,只能在最低标准之上给予劳动者更好的劳动条件和工资福利待遇。即使是调整劳动合同关系的任意性规范,也与调整一般民事合同关系的任意性规范不同。例如,在劳动合同关系中,合同自由原则既要受法定劳动基准的限制,还要受集体合同的限制,凡是与法律相冲突或低于集体合同标准的条款都无效。从这一特征也可看出,劳动法不属于以意思自治为核心理念的私法,而是典型的社会法。

(3)实体法和程序法相统一。一般而言,实体法和程序法是一种互为依存的关系,有一定的实体法,就有与之对应的程序法,例如民法与民事诉讼法、刑法与刑事诉讼法。劳动法则不然,其本身既有实体性法律规范,也有程序性法律规范,这是由劳动法的特殊性所决定的。由于劳动争议具有复杂性和特殊性,劳动争议的解决程序也有不同于普通民事纠纷和商事仲裁的特点,因此必须专门做出规定,这就使得劳动法既有实体法的内容又有程序法的内容。

三、附:《中华人民共和国劳动法》全文

中华人民共和国劳动法(2018 年修正)

1994 年 7 月 5 日第八届全国人民代表大会常务委员会第八次会议通过。

1994 年 7 月 5 日中华人民共和国主席令第二十八号公布。

根据 2009 年 8 月 27 日第十一届全国人民代表大会常务委员会第十次会议《关于修改部分法律的决定》第一次修正。

根据 2018 年 12 月 29 日第十三届全国人民代表大会常务委员会第七次会议《全国人民代表大会常务委员会关于修改〈中华人民共和国劳动法〉等七部法律的决定》第二次修正。

第一章　总则

第一条　为了保护劳动者的合法权益,调整劳动关系,建立和维护适应社会主义市场经济的劳动制度,促进经济发展和社会进步,根据宪法,制定本法。

第二条　在中华人民共和国境内的企业、个体经济组织(以下统称用人单位)和与之形成劳动关系的劳动者,适用本法。

国家机关、事业组织、社会团体和与之建立劳动合同关系的劳动者,依照本法执行。

第三条　劳动者享有平等就业和选择职业的权利、取得劳动报酬的权利、休息休假的权利、获得劳动安全卫生保护的权利、接受职业技能培训的权利、享受社会保险和福利的权利、提请劳动争议处理的权利以及法律规定的其他劳动权利。

劳动者应当完成劳动任务,提高职业技能,执行劳动安全卫生规程,遵守劳动纪律和职业道德。

第四条　用人单位应当依法建立和完善规章制度,保障劳动者享有劳动权利和履行劳动义务。

第五条　国家采取各种措施,促进劳动就业,发展职业教育,制定劳动标准,调节社

会收入,完善社会保险,协调劳动关系,逐步提高劳动者的生活水平。

第六条 国家提倡劳动者参加社会义务劳动,开展劳动竞赛和合理化建议活动,鼓励和保护劳动者进行科学研究、技术革新和发明创造,表彰和奖励劳动模范和先进工作者。

第七条 劳动者有权依法参加和组织工会。

工会代表和维护劳动者的合法权益,依法独立自主地开展活动。

第八条 劳动者依照法律规定,通过职工大会、职工代表大会或者其他形式,参与民主管理或者就保护劳动者合法权益与用人单位进行平等协商。

第九条 国务院劳动行政部门主管全国劳动工作。

县级以上地方人民政府劳动行政部门主管本行政区域内的劳动工作。

第二章 促进就业

第十条 国家通过促进经济和社会发展,创造就业条件,扩大就业机会。

国家鼓励企业、事业组织、社会团体在法律、行政法规规定的范围内兴办产业或者拓展经营,增加就业。

国家支持劳动者自愿组织起来就业和从事个体经营实现就业。

第十一条 地方各级人民政府应当采取措施,发展多种类型的职业介绍机构,提供就业服务。

第十二条 劳动者就业,不因民族、种族、性别、宗教信仰不同而受歧视。

第十三条 妇女享有与男子平等的就业权利。在录用职工时,除国家规定的不适合妇女的工种或者岗位外,不得以性别为由拒绝录用妇女或者提高对妇女的录用标准。

第十四条 残疾人、少数民族人员、退出现役的军人的就业,法律、法规有特别规定的,从其规定。

第十五条 禁止用人单位招用未满十六周岁的未成年人。

文艺、体育和特种工艺单位招用未满十六周岁的未成年人,必须依照国家有关规定,履行审批手续,并保障其接受义务教育的权利。

第三章 劳动合同和集体合同

第十六条 劳动合同是劳动者与用人单位确立劳动关系、明确双方权利和义务的协议。

建立劳动关系应当订立劳动合同。

第十七条 订立和变更劳动合同,应当遵循平等自愿、协商一致的原则,不得违反法律、行政法规的规定。

劳动合同依法订立即具有法律约束力,当事人必须履行劳动合同规定的义务。

第十八条 下列劳动合同无效:

(一)违反法律、行政法规的劳动合同;

(二)采取欺诈、威胁等手段订立的劳动合同。

无效的劳动合同,从订立的时候起,就没有法律约束力。确认劳动合同部分无效的,如果不影响其余部分的效力,其余部分仍然有效。

劳动合同的无效,由劳动争议仲裁委员会或者人民法院确认。

第十九条　劳动合同应当以书面形式订立,并具备以下条款:

(一)劳动合同期限;

(二)工作内容;

(三)劳动保护和劳动条件;

(四)劳动报酬;

(五)劳动纪律;

(六)劳动合同终止的条件;

(七)违反劳动合同的责任。

劳动合同除前款规定的必备条款外,当事人可以协商约定其他内容。

第二十条　劳动合同的期限分为有固定期限、无固定期限和以完成一定的工作为期限。

劳动者在同一用人单位连续工作满十年以上,当事人双方同意续延劳动合同的,如果劳动者提出订立无固定期限的劳动合同,应当订立无固定期限的劳动合同。

第二十一条　劳动合同可以约定试用期。试用期最长不得超过六个月。

第二十二条　劳动合同当事人可以在劳动合同中约定保守用人单位商业秘密的有关事项。

第二十三条　劳动合同期满或者当事人约定的劳动合同终止条件出现,劳动合同即行终止。

第二十四条　经劳动合同当事人协商一致,劳动合同可以解除。

第二十五条　劳动者有下列情形之一的,用人单位可以解除劳动合同:

(一)在试用期间被证明不符合录用条件的;

(二)严重违反劳动纪律或者用人单位规章制度的;

(三)严重失职,营私舞弊,对用人单位利益造成重大损害的;

(四)被依法追究刑事责任的。

第二十六条　有下列情形之一的,用人单位可以解除劳动合同,但是应当提前三十日以书面形式通知劳动者本人:

(一)劳动者患病或者非因工负伤,医疗期满后,不能从事原工作也不能从事由用人单位另行安排的工作的;

(二)劳动者不能胜任工作,经过培训或者调整工作岗位,仍不能胜任工作的;

(三)劳动合同订立时所依据的客观情况发生重大变化,致使原劳动合同无法履行,经当事人协商不能就变更劳动合同达成协议的。

第二十七条　用人单位濒临破产进行法定整顿期间或者生产经营状况发生严重困难,确需裁减人员的,应当提前三十日向工会或者全体职工说明情况,听取工会或者职工的意见,经向劳动行政部门报告后,可以裁减人员。

用人单位依据本条规定裁减人员,在六个月内录用人员的,应当优先录用被裁减的人员。

第二十八条 用人单位依据本法第二十四条、第二十六条、第二十七条的规定解除劳动合同的,应当依照国家有关规定给予经济补偿。

第二十九条 劳动者有下列情形之一的,用人单位不得依据本法第二十六条、第二十七条的规定解除劳动合同:

(一)患职业病或者因工负伤并被确认丧失或者部分丧失劳动能力的;

(二)患病或者负伤,在规定的医疗期内的;

(三)女职工在孕期、产期、哺乳期内的;

(四)法律、行政法规规定的其他情形。

第三十条 用人单位解除劳动合同,工会认为不适当的,有权提出意见。如果用人单位违反法律、法规或者劳动合同,工会有权要求重新处理;劳动者申请仲裁或者提起诉讼的,工会应当依法给予支持和帮助。

第三十一条 劳动者解除劳动合同,应当提前三十日以书面形式通知用人单位。

第三十二条 有下列情形之一的,劳动者可以随时通知用人单位解除劳动合同:

(一)在试用期内的;

(二)用人单位以暴力、威胁或者非法限制人身自由的手段强迫劳动的;

(三)用人单位未按照劳动合同约定支付劳动报酬或者提供劳动条件的。

第三十三条 企业职工一方与企业可以就劳动报酬、工作时间、休息休假、劳动安全卫生、保险福利等事项,签订集体合同。集体合同草案应当提交职工代表大会或者全体职工讨论通过。

集体合同由工会代表职工与企业签订;没有建立工会的企业,由职工推举的代表与企业签订。

第三十四条 集体合同签订后应当报送劳动行政部门;劳动行政部门自收到集体合同文本之日起十五日内未提出异议的,集体合同即行生效。

第三十五条 依法签订的集体合同对企业和企业全体职工具有约束力。职工个人与企业订立的劳动合同中劳动条件和劳动报酬等标准不得低于集体合同的规定。

第四章 工作时间和休息休假

第三十六条 国家实行劳动者每日工作时间不超过八小时、平均每周工作时间不超过四十四小时的工时制度。

第三十七条 对实行计件工作的劳动者,用人单位应当根据本法第三十六条规定的工时制度合理确定其劳动定额和计件报酬标准。

第三十八条 用人单位应当保证劳动者每周至少休息一日。

第三十九条 企业因生产特点不能实行本法第三十六条、第三十八条规定的,经劳动行政部门批准,可以实行其他工作和休息办法。

第四十条　用人单位在下列节日期间应当依法安排劳动者休假:

(一)元旦;

(二)春节;

(三)国际劳动节;

(四)国庆节;

(五)法律、法规规定的其他休假节日。

第四十一条　用人单位由于生产经营需要,经与工会和劳动者协商后可以延长工作时间,一般每日不得超过一小时;因特殊原因需要延长工作时间的,在保障劳动者身体健康的条件下延长工作时间每日不得超过三小时,但是每月不得超过三十六小时。

第四十二条　有下列情形之一的,延长工作时间不受本法第四十一条的限制:

(一)发生自然灾害、事故或者因其他原因,威胁劳动者生命健康和财产安全,需要紧急处理的;

(二)生产设备、交通运输线路、公共设施发生故障,影响生产和公众利益,必须及时抢修的;

(三)法律、行政法规规定的其他情形。

第四十三条　用人单位不得违反本法规定延长劳动者的工作时间。

第四十四条　有下列情形之一的,用人单位应当按照下列标准支付高于劳动者正常工作时间工资的工资报酬:

(一)安排劳动者延长工作时间的,支付不低于工资的百分之一百五十的工资报酬;

(二)休息日安排劳动者工作又不能安排补休的,支付不低于工资的百分之二百的工资报酬;

(三)法定休假日安排劳动者工作的,支付不低于工资的百分之三百的工资报酬。

第四十五条　国家实行带薪年休假制度。

劳动者连续工作一年以上的,享受带薪年休假。具体办法由国务院规定。

第五章　工资

第四十六条　工资分配应当遵循按劳分配原则,实行同工同酬。

工资水平在经济发展的基础上逐步提高。国家对工资总量实行宏观调控。

第四十七条　用人单位根据本单位的生产经营特点和经济效益,依法自主确定本单位的工资分配方式和工资水平。

第四十八条　国家实行最低工资保障制度。最低工资的具体标准由省、自治区、直辖市人民政府规定,报国务院备案。

用人单位支付劳动者的工资不得低于当地最低工资标准。

第四十九条　确定和调整最低工资标准应当综合参考下列因素:

(一)劳动者本人及平均赡养人口的最低生活费用;

(二)社会平均工资水平；

(三)劳动生产率；

(四)就业状况；

(五)地区之间经济发展水平的差异。

第五十条 工资应当以货币形式按月支付给劳动者本人。不得克扣或者无故拖欠劳动者的工资。

第五十一条 劳动者在法定休假日和婚丧假期间以及依法参加社会活动期间，用人单位应当依法支付工资。

第六章 劳动安全卫生

第五十二条 用人单位必须建立、健全劳动安全卫生制度，严格执行国家劳动安全卫生规程和标准，对劳动者进行劳动安全卫生教育，防止劳动过程中的事故，减少职业危害。

第五十三条 劳动安全卫生设施必须符合国家规定的标准。

新建、改建、扩建工程的劳动安全卫生设施必须与主体工程同时设计、同时施工、同时投入生产和使用。

第五十四条 用人单位必须为劳动者提供符合国家规定的劳动安全卫生条件和必要的劳动防护用品，对从事有职业危害作业的劳动者应当定期进行健康检查。

第五十五条 从事特种作业的劳动者必须经过专门培训并取得特种作业资格。

第五十六条 劳动者在劳动过程中必须严格遵守安全操作规程。

劳动者对用人单位管理人员违章指挥、强令冒险作业，有权拒绝执行；对危害生命安全和身体健康的行为，有权提出批评、检举和控告。

第五十七条 国家建立伤亡事故和职业病统计报告和处理制度。县级以上各级人民政府劳动行政部门、有关部门和用人单位应当依法对劳动者在劳动过程中发生的伤亡事故和劳动者的职业病状况，进行统计、报告和处理。

第七章 女职工和未成年工特殊保护

第五十八条 国家对女职工和未成年工实行特殊劳动保护。

未成年工是指年满十六周岁未满十八周岁的劳动者。

第五十九条 禁止安排女职工从事矿山井下、国家规定的第四级体力劳动强度的劳动和其他禁忌从事的劳动。

第六十条 不得安排女职工在经期从事高处、低温、冷水作业和国家规定的第三级体力劳动强度的劳动。

第六十一条 不得安排女职工在怀孕期间从事国家规定的第三级体力劳动强度的劳动和孕期禁忌从事的劳动。对怀孕七个月以上的女职工，不得安排其延长工作时间和夜班劳动。

第六十二条 女职工生育享受不少于九十天的产假。

第六十三条 不得安排女职工在哺乳未满一周岁的婴儿期间从事国家规定的第三级体力劳动强度的劳动和哺乳期禁忌从事的其他劳动,不得安排其延长工作时间和夜班劳动。

第六十四条 不得安排未成年工从事矿山井下、有毒有害、国家规定的第四级体力劳动强度的劳动和其他禁忌从事的劳动。

第六十五条 用人单位应当对未成年工定期进行健康检查。

第八章 职业培训

第六十六条 国家通过各种途径,采取各种措施,发展职业培训事业,开发劳动者的职业技能,提高劳动者素质,增强劳动者的就业能力和工作能力。

第六十七条 各级人民政府应当把发展职业培训纳入社会经济发展的规划,鼓励和支持有条件的企业、事业组织、社会团体和个人进行各种形式的职业培训。

第六十八条 用人单位应当建立职业培训制度,按照国家规定提取和使用职业培训经费,根据本单位实际,有计划地对劳动者进行职业培训。

从事技术工种的劳动者,上岗前必须经过培训。

第六十九条 国家确定职业分类,对规定的职业制定职业技能标准,实行职业资格证书制度,由经过政府批准的考核鉴定机构负责对劳动者实施职业技能考核鉴定。

第九章 社会保险和福利

第七十条 国家发展社会保险事业,建立社会保险制度,设立社会保险基金,使劳动者在年老、患病、工伤、失业、生育等情况下获得帮助和补偿。

第七十一条 社会保险水平应当与社会经济发展水平和社会承受能力相适应。

第七十二条 社会保险基金按照保险类型确定资金来源,逐步实行社会统筹。用人单位和劳动者必须依法参加社会保险,缴纳社会保险费。

第七十三条 劳动者在下列情形下,依法享受社会保险待遇:

(一)退休;

(二)患病、负伤;

(三)因工伤残或者患职业病;

(四)失业;

(五)生育。

劳动者死亡后,其遗属依法享受遗属津贴。

劳动者享受社会保险待遇的条件和标准由法律、法规规定。

劳动者享受的社会保险金必须按时足额支付。

第七十四条 社会保险基金经办机构依照法律规定收支、管理和运营社会保险基金,并负有使社会保险基金保值增值的责任。

社会保险基金监督机构依照法律规定,对社会保险基金的收支、管理和运营实施监督。

社会保险基金经办机构和社会保险基金监督机构的设立和职能由法律规定。

任何组织和个人不得挪用社会保险基金。

第七十五条　国家鼓励用人单位根据本单位实际情况为劳动者建立补充保险。

国家提倡劳动者个人进行储蓄性保险。

第七十六条　国家发展社会福利事业，兴建公共福利设施，为劳动者休息、休养和疗养提供条件。

用人单位应当创造条件，改善集体福利，提高劳动者的福利待遇。

第十章　劳动争议

第七十七条　用人单位与劳动者发生劳动争议，当事人可以依法申请调解、仲裁、提起诉讼，也可以协商解决。

调解原则适用于仲裁和诉讼程序。

第七十八条　解决劳动争议，应当根据合法、公正、及时处理的原则，依法维护劳动争议当事人的合法权益。

第七十九条　劳动争议发生后，当事人可以向本单位劳动争议调解委员会申请调解；调解不成，当事人一方要求仲裁的，可以向劳动争议仲裁委员会申请仲裁。当事人一方也可以直接向劳动争议仲裁委员会申请仲裁。对仲裁裁决不服的，可以向人民法院提起诉讼。

第八十条　在用人单位内，可以设立劳动争议调解委员会。劳动争议调解委员会由职工代表、用人单位代表和工会代表组成。劳动争议调解委员会主任由工会代表担任。

劳动争议经调解达成协议的，当事人应当履行。

第八十一条　劳动争议仲裁委员会由劳动行政部门代表、同级工会代表、用人单位方面的代表组成。劳动争议仲裁委员会主任由劳动行政部门代表担任。

第八十二条　提出仲裁要求的一方应当自劳动争议发生之日起六十日内向劳动争议仲裁委员会提出书面申请。仲裁裁决一般应在收到仲裁申请的六十日内作出。对仲裁裁决无异议的，当事人必须履行。

第八十三条　劳动争议当事人对仲裁裁决不服的，可以自收到仲裁裁决书之日起十五日内向人民法院提起诉讼。一方当事人在法定期限内不起诉又不履行仲裁裁决的，另一方当事人可以申请人民法院强制执行。

第八十四条　因签订集体合同发生争议，当事人协商解决不成的，当地人民政府劳动行政部门可以组织有关各方协调处理。

因履行集体合同发生争议，当事人协商解决不成的，可以向劳动争议仲裁委员会申请仲裁；对仲裁裁决不服的，可以自收到仲裁裁决书之日起十五日内向人民法院提起诉讼。

第十一章　监督检查

第八十五条　县级以上各级人民政府劳动行政部门依法对用人单位遵守劳动法

律、法规的情况进行监督检查,对违反劳动法律、法规的行为有权制止,并责令改正。

第八十六条　县级以上各级人民政府劳动行政部门监督检查人员执行公务,有权进入用人单位了解执行劳动法律、法规的情况,查阅必要的资料,并对劳动场所进行检查。

县级以上各级人民政府劳动行政部门监督检查人员执行公务,必须出示证件,秉公执法并遵守有关规定。

第八十七条　县级以上各级人民政府有关部门在各自职责范围内,对用人单位遵守劳动法律、法规的情况进行监督。

第八十八条　各级工会依法维护劳动者的合法权益,对用人单位遵守劳动法律、法规的情况进行监督。

任何组织和个人对于违反劳动法律、法规的行为有权检举和控告。

第十二章　法律责任

第八十九条　用人单位制定的劳动规章制度违反法律、法规规定的,由劳动行政部门给予警告,责令改正;对劳动者造成损害的,应当承担赔偿责任。

第九十条　用人单位违反本法规定,延长劳动者工作时间的,由劳动行政部门给予警告,责令改正,并可以处以罚款。

第九十一条　用人单位有下列侵害劳动者合法权益情形之一的,由劳动行政部门责令支付劳动者的工资报酬、经济补偿,并可以责令支付赔偿金:

(一)克扣或者无故拖欠劳动者工资的;

(二)拒不支付劳动者延长工作时间工资报酬的;

(三)低于当地最低工资标准支付劳动者工资的;

(四)解除劳动合同后,未依照本法规定给予劳动者经济补偿的。

第九十二条　用人单位的劳动安全设施和劳动卫生条件不符合国家规定或者未向劳动者提供必要的劳动防护用品和劳动保护设施的,由劳动行政部门或者有关部门责令改正,可以处以罚款;情节严重的,提请县级以上人民政府决定责令停产整顿;对事故隐患不采取措施,致使发生重大事故,造成劳动者生命和财产损失的,对责任人员依照刑法有关规定追究刑事责任。

第九十三条　用人单位强令劳动者违章冒险作业,发生重大伤亡事故,造成严重后果的,对责任人员依法追究刑事责任。

第九十四条　用人单位非法招用未满十六周岁的未成年人的,由劳动行政部门责令改正,处以罚款;情节严重的,由工商行政管理部门吊销营业执照。

第九十五条　用人单位违反本法对女职工和未成年工的保护规定,侵害其合法权益的,由劳动行政部门责令改正,处以罚款;对女职工或者未成年工造成损害的,应当承担赔偿责任。

第九十六条　用人单位有下列行为之一,由公安机关对责任人员处以十五日以下拘留、罚款或者警告；构成犯罪的，对责任人员依法追究刑事责任：

（一）以暴力、威胁或者非法限制人身自由的手段强迫劳动的；

（二）侮辱、体罚、殴打、非法搜查和拘禁劳动者的。

第九十七条　由于用人单位的原因订立的无效合同，对劳动者造成损害的，应当承担赔偿责任。

第九十八条　用人单位违反本法规定的条件解除劳动合同或者故意拖延不订立劳动合同的，由劳动行政部门责令改正；对劳动者造成损害的，应当承担赔偿责任。

第九十九条　用人单位招用尚未解除劳动合同的劳动者，对原用人单位造成经济损失的，该用人单位应当依法承担连带赔偿责任。

第一百条　用人单位无故不缴纳社会保险费的，由劳动行政部门责令其限期缴纳，逾期不缴的，可以加收滞纳金。

第一百零一条　用人单位无理阻挠劳动行政部门、有关部门及其工作人员行使监督检查权，打击报复举报人员的，由劳动行政部门或者有关部门处以罚款；构成犯罪的，对责任人员依法追究刑事责任。

第一百零二条　劳动者违反本法规定的条件解除劳动合同或者违反劳动合同中约定的保密事项，对用人单位造成经济损失的，应当依法承担赔偿责任。

第一百零三条　劳动行政部门或者有关部门的工作人员滥用职权、玩忽职守、徇私舞弊，构成犯罪的，依法追究刑事责任；不构成犯罪的，给予行政处分。

第一百零四条　国家工作人员和社会保险基金经办机构的工作人员挪用社会保险基金，构成犯罪的，依法追究刑事责任。

第一百零五条　违反本法规定侵害劳动者合法权益，其他法律、法规已规定处罚的，依照该法律、行政法规的规定处罚。

第十三章　附则

第一百零六条　省、自治区、直辖市人民政府根据本法和本地区的实际情况，规定劳动合同制度的实施步骤，报国务院备案。

第一百零七条　本法自1995年1月1日起施行。

第三节　劳动合同

一、劳动合同的概念及基本内容

劳动合同，是指劳动者与用人单位之间确立劳动关系，明确双方权利和义务的协议。订立和变更劳动合同，应当遵循平等自愿、协商一致的原则，不得违反法律、行政法规的规定。劳动合同依法订立即具有法律约束力，当事人必须履行劳动合同规定的义务。

劳动合同的内容可分为两方面：一方面是必备条款的内容；另一方面是协商约定的内容。

《中华人民共和国劳动法》规定了劳动合同应当以书面形式订立,其必备条款有以下七项。

1. 劳动合同期限

法律规定合同期限分为三种:有固定期限,如1年期限、3年期限等均属这一种;无固定期限,合同期限没有具体时间约定,只约定终止合同的条件,无特殊情况,这种期限的合同应存续到劳动者到达退休年龄;以完成一定的工作为期限,例如:劳务公司外派一员工去另外一公司工作,两个公司签订了劳务合同,劳务公司与外派员工签订的劳动合同期限是以劳务合同的解除或终止而终止,这种合同期限就属于以完成一定工作为期限的种类。用人单位与劳动者在协商选择合同期限时,应根据双方的实际情况和需要来约定。

2. 工作内容

在这一必备条款中,双方可以约定工作数量、质量,劳动者的工作岗位等内容。在约定工作岗位时可以约定较宽泛的岗位概念,也可以另外签一个短期的岗位协议作为劳动合同的附件,还可以约定在何种条件下可以变更岗位条款等。掌握这种订立劳动合同的技巧,可以避免工作岗位约定过死,因变更岗位条款协商不一致而发生的争议。

3. 劳动保护和劳动条件

在这方面可以约定工作时间和休息休假的规定,各项劳动安全与卫生的措施,对女职工和未成年工的劳动保护措施与制度,以及用人单位为不同岗位劳动者提供的劳动、工作的必要条件等。

4. 劳动报酬

此必备条款可以约定劳动者的标准工资、加班加点工资、奖金、津贴、补贴的数额及支付时间、支付方式等。

5. 劳动纪律

此条款应当将用人单位制定的规章制度约定进来,可采取将内部规章制度印制成册,作为合同附件的形式加以简要约定。

6. 劳动合同终止的条件

这一必备条款一般是在无固定期限的劳动合同中约定,因这类合同没有终止的时限。但其他期限种类的合同也可以约定。须注意的是,双方当事人不得将法律规定的不可以解除合同的条件约定为终止合同的条件,以避免出现用人单位应当在解除合同时支付经济补偿金而改为终止合同不予支付经济补偿金的情况。

7. 违反劳动合同的责任

一般约定两种违约责任形式:第一种是一方违约赔偿给对方造成的经济损失,即赔偿损失的方式;二是约定违约金的计算方法,采用违约金方式应当注意根据职工一方承受能力来约定具体金额,避免出现显失公平的情形。违约,不是指一般性的违约,而是指严重违约,致使劳动合同无法继续履行,如职工违约离职,单位违法解除劳动者合同等。

按照法律规定,用人单位与劳动者订立的劳动合同除上述七项必须具备的条款内容外,还可以协商约定其他的内容,一般简称为协商条款或约定条款,其实称为随机条款似乎更准确,因为必备条款的内容也是需要双方当事人协商、约定的。

这类约定条款的内容,是当国家法律规定不明确,或者国家尚无法律规定的情况下,用人单位与劳动者根据双方的实际情况协商约定的一些随机性条款。劳动行政部门印制的劳动合同样本,一般都将必备条款写得很具体,同时留出一定的空白地由双方随机约定一些内容。例如,可以约定试用期、保守用人单位商业秘密的事项、用人单位内部的一些福利待遇、房屋分配或购置等内容。

随着劳动合同制的实施,人们的法律意识,合同观念会越来越强,劳动合同中的约定条款的内容会越来越多。这是改变劳动合同千篇一律状况,提高合同质量的一个重要体现。

附:劳动合同范本

编号_____

姓名_____

根据国家和本地劳动管理规定和公司员工聘用办法,双方在平等、自愿的基础上,经友好协商一致同意达成以下条款。

一、本劳动合同样本依据《中华人民共和国劳动法》《中华人民共和国劳动合同法》、人力资源和社会保障部及云南省的有关规定制定。

二、订立劳动合同应当遵循合法、公平、平等自愿、协商一致、诚实信用的原则。

三、劳动合同应当用钢笔或签字笔认真填写。有约定事项的,经审查备案编号,双方签字盖章,以活页形式插入。劳动合同内容不得涂改。未经合法授权代签无效。

四、劳动合同依法订立后具有约束力,用人单位与劳动者应当按照劳动合同的约定,全面履行各自的义务。

五、劳动合同期限内合同条款发生变更或者劳动合同期满需续订的,应将签订的相关"协议书"附后。

甲方(用人单位)简明情况(略)

乙方(劳动者)简明情况(略)

一、劳动合同期限

第一条　固定期限:本合同期限自_____年_____月_____日起至_____年_____月_____日止。其中,试用期自_____年_____月_____日起至_____年_____月_____日止。无固定期限:本合同期限自_____年_____月_____日起。其中,试用期自_____年_____月_____日起至_____年_____月_____日止。以完成_____等工作任务为期限：本合同自_____年_____月_____日起，预计至_____年_____月_____日止。工作任务完成经甲方验收后，则本合同即行终止。

二、工作内容和工作地点

第二条　甲方安排乙方的工作岗位（工种）为_____，工作地点为_____，因生产工作需要，甲乙双方协商一致，可以变更岗位（工种）以及工作地点。

三、劳动保护、劳动条件和职业危害防护

第三条　甲方应当遵守国家法律法规，依法建立和完善劳动规章制度，保障乙方享有劳动权利、履行劳动义务。乙方应当自觉维护国家利益和甲方的合法权益，遵守甲方依照国家法律法规制定的各项规章制度，在本岗位的职责范围内，服从甲方的工作安排。

第四条　甲方依法为乙方提供符合国家规定的劳动安全卫生条件和必要的劳动防护用品。对从事有职业危害作业的，按国家规定进行定期健康检查。乙方应当认真履行工作职责，爱护生产工具和设备，按时、按质、按量地完成甲方规定的工作任务或劳动定额。

第五条　甲方对乙方进行安全教育，为乙方提供本职工作所必需的职业技能培训。

第六条　乙方应当保守甲方的商业秘密。对违反保密义务给甲方造成损失的，要承担经济赔偿责任。

四、工作时间和休息休假

第七条　甲方安排乙方执行_____工作制。

执行标准工作制的，甲方安排乙方每日工作时间不超过八小时，平均每周不超过四十小时。甲方保证乙方每周至少休息一日。甲方由于工作需要，经与工会和乙方协商后可以延长工作时间，一般每日不得超过一小时，因特殊原因需要延长工作时间的，在保障乙方身体健康的条件下延长工作时间每日不得超过三小时，每月不得超过三十六小时。执行综合计算工时工作制的，平均日和平均周工作时间不超过法定标准工作时间。执行不定时工作制的，在保证完成甲方工作任务情况下，工作和休息休假由乙方自行安排。

第八条　甲方执行《中华人民共和国劳动法》第四章及国家关于休息休假的相关规定，保障乙方的休息休假权利。

五、劳动报酬

第九条　乙方在法定工作时间内为甲方提供了正常劳动后，甲方以货币形式按时支付不低于省人民政府规定的最低工资标准的工资。在履行合同期间，甲方支付给乙方的工资为：_____。其中，试用期工资为：_____。

第十条　非乙方原因造成的待岗，在待岗期间，甲方支付给乙方基本生活费，其标准为：_____。

第十一条　履行劳动合同期间，甲方视生产经营情况和乙方的工作实绩，按甲方的有关规定调整乙方的劳动报酬。

六、社会保险和福利待遇

第十二条 甲方依法为乙方缴纳各种社会保险,属乙方个人缴纳部分,由甲方从乙方工资中代为扣缴,甲方接受乙方对缴纳情况的查询。

第十三条 乙方履行合同期间,患病、负伤、因工伤残、患职业病、退休、死亡以及女职工生育等社会保险及福利待遇,按照国家法律法规及甲方依法制定的劳动规章制度执行。

七、劳动合同的解除、终止和续订

第十四条 履行合同期间,甲乙双方若需解除或者终止劳动合同,应当按《中华人民共和国劳动合同法》有关条款执行。

第十五条 符合《中华人民共和国劳动合同法》支付经济补偿规定情形的,甲方应当向乙方支付经济补偿。经济补偿在双方当事人办理工作交接时支付。

第十六条 固定期限的劳动合同期满前 30 日,甲方应将终止或续订劳动合同的意向通知乙方。届时办理终止或续订手续。

第十七条 甲方在解除或者终止劳动合同时为乙方出具解除或者终止劳动合同的证明,并在十五日内为劳动者办结档案和社会保险关系转移手续。乙方应当按照双方约定办理工作交接。

八、约定事项

第十八条 经双方协商一致,约定以下款项:(选择打"√")

(一)见插入的活页 (二)无

九、其他

第十九条 甲乙双方履行本合同期间如发生劳动争议,应当平等协商解决,协商无效时,可按法定程序申请调解、仲裁、提起诉讼。

第二十条 合同期内,所定条款与国家颁布的劳动法律法规不符的,甲乙双方均应按新规定执行。

第二十一条 本劳动合同一式三份,甲乙双方各执一份,存乙方档案一份,自签订之日起生效。

甲方:(盖章)　　　　　　　　　　　　　　乙方:(签字)

法定代表人(委托代理人):(签章)

合同签订日期:

二、劳动合同不同阶段状态解读

(一) 劳动合同的订立

劳动合同订立是指劳动者和用人单位经过相互选择和平等协商,就劳动合同条款达成协议,从而确立劳动关系和明确相互权利义务的法律行为。它一般包括确定合同当事人和确定合同内容两个阶段。

1. 劳动合同订立的原则

订立劳动合同应当遵守如下原则。

(1) 合法原则

劳动合同必须依法以书面形式订立。做到主体合法、内容合法、形式合法、程序合法。只有合法的劳动合同才能产生相应的法律效力。任何一方面不合法的劳动合同,都是无效合同,不受法律承认和保护。

(2) 协商一致原则

在合法的前提下,劳动合同的订立必须是劳动者与用人单位双方协商一致的结果,是双方"合意"的表现,不能是单方意思表示的结果。

(3) 合同主体地位平等原则

在劳动合同的订立过程中,当事人双方的法律地位是平等的。劳动者与用人单位不因为各自性质的不同而处于不平等地位,任何一方不得对他方进行胁迫或强制命令,严禁用人单位对劳动者横加限制或强迫命令的情况。只有真正做到地位平等,才能使所订立的劳动合同具有公正性。

(4) 等价有偿原则

劳动合同明确双方在劳动关系中的地位作用,劳动合同是一种双务有偿合同,劳动者承担和完成用人单位分配的劳动任务,用人单位付给劳动者一定的报酬,并负责劳动者的保险金额。

2. 劳动合同的订立程序

劳动合同的订立从理论上讲应当经过要约和承诺的订约过程,这符合合同订立的一般理论。但劳动合同有其特殊性,在具体订立时,一般包括以下几个步骤。

(1) 用人单位公布招聘简章

用人单位在招用合同制工人或其他人员时,应当先公布招聘简章。简章一般包括以下内容:用人单位情况介绍,包括本单位是否具有法人资格、所有制性质、经营规模、经营范围、工作地点及条件、发展规划等;需招收的人员数量、岗位或工种;各层次、各种类的岗位招用人员的条件,如男女比例、年龄、学历等;还可以就应聘人员的政治条件、身体条件、居住(户口)条件等作出相应要求;被录用人员的权利、义务,主要指工作内容、工资、福利;报名时间、地点,需携带和提交的证明文件、材料,报名手续等。

(2) 劳动者自愿报名

符合条件的应聘人员,结合自身情况,有选择地自愿报名。报名时一般应提交身份及户口证明、毕业证书、工作简历及其他证明材料,并填报用人单位要求填写的各种表格,如报名登记表、工作申请书。报名一般应当本人亲自到场,但特殊情况下亦可请人代为报名。用人单位根据劳动者所提交的材料,进行初步资格审查,以确定报名资格。

(3) 全面考核

用人单位对于符合基本资格条件的报名者进行德、智、体全面考核,着重从身体条件、业务能力、心理素质等方面考评。同时根据工作岗位需要而有所侧重。如学徒工,应侧重文化考核;技术工则侧重技术技能考核;管理人员侧重于综合素质考核等。考核的具体内容、标准由用人单位确定,其方法可采取申请资料审查、背景调查、面试、笔试、实地操作、体检等多种方式。经过考核,对申请人作出尽可能合乎实际的评定结论,对于评定结论要张榜公布。

(4) 择优录用

用人单位通过对报名者全面考核之后,通知被录用者订立劳动合同。

(5) 签订劳动合同

劳动合同草案一般由用人单位提出,用人单位在草案中要注意遵守法律、法规,如对妇女及未成年人的特殊保护、最低工资规定、工作时间等。在合同草案基础上双方本着平等自愿、协商一致的原则,继续对合同条款作出修改,最后签订正式劳动合同。在履行了上述手续后,合同即依法成立。

(二) 劳动合同的变更和续订

合同的变更是指在合同成立以后,尚未履行或未完全履行以前,当事人就合同的内容达成的修改和补充。《中华人民共和国劳动合同法》规定,用人单位与劳动者协商一致,可以变更劳动合同约定的内容。变更劳动合同,应当采用书面形式。

1. 合同变更特征

(1) 合同的变更必须经当事人协商一致,是在原来合同的基础上达成变更协议;

(2) 合同内容的变更是指合同内容的局部变化,不是合同内容的全部变更;

(3) 合同变更后,原合同的变更部分依变更后的内容履行,原合同没有变更的部分依然有效,即合同的变更并没有消灭原合同关系,只是对原合同的内容进行了部分修改。

2. 合同变更的情形

劳动合同订立时所依据的客观情况发生重大变化,致使劳动合同无法履行,经用人单位与劳动者协商,未能就变更劳动合同内容达成协议的,用人单位在提前三十日以书面形式通知劳动者本人并支付劳动者经济补偿后,可以解除劳动合同。由此可以确定,劳动合同订立时所依据的客观情况发生重大变化,是劳动合同变更的一个重要事由。所谓"劳动合同订立时所依据的客观情况发生重大变化",主要是指以下几种情况。

(1) 订立劳动合同所依据的法律、法规已经修改或者废止。劳动合同的签订和履行必须以不得违反法律、法规的规定为前提。如果合同签订时所依据的法律、法规发生修改或者废止,合同如果不变更,就可能出现与法律、法规不相符甚至是违反法律、法规的情况,导致合同因违法而无效。因此,根据法律、法规的变化而变更劳动合同的相关内容是必要而且是必须的。

(2) 用人单位方面的原因。用人单位经上级主管部门批准或者根据市场变化决定转产、调整生产任务或者生产经营项目等。用人单位的生产经营不是一成不变的,而是根据上级主管部门批准或者根据市场变化可能会经常调整自己的经营策略和产品结构,这就不可避免地发生转产、调整生产任务或者生产经营项目的情况。在这种情况下,有些工种、产品生产岗位就可能因此而撤销,或者为其他新的工种、岗位所替代,原劳动合同就可能因签订条件的改变而发生变更。

(3) 劳动者方面的原因。如劳动者的身体健康状况发生变化、劳动能力部分丧失、所在岗位与其职业技能不相适应、职业技能提高了一定等级等,造成原劳动合同不能履行或者如果继续履行原合同规定的义务对劳动者明显不公平。

(4) 客观方面的原因。这种客观原因的出现使得当事人双方原来在劳动合同中约定的权利义务的履行成为不必要或者不可能。这时应当允许当事人双方对劳动合同有关内容进行变更。主要有:①由于不可抗力的发生,使得原来合同的履行成为不可能或者失去意义。不可抗力是指当事人所不能预见、不能避免并不能克服的客观情况,如自然灾害、意外事故、战争等。②由于物价大幅度上升等客观经济情况变化致使劳动合同的履行会花费太大代价而失去经济上的价值。这是民法的情势变更原则在劳动合同履行中的运用。

劳动合同的续订是指劳动合同期满后,当事人双方经协商达成协议,继续签订与原劳动合同内容相同或者不同的劳动合同的法律行为。

以下情形,符合续订劳动合同的条件。

(1) 双方协商一致续订劳动合同;

(2) 劳动合同期满,存在用人单位不得解除合同的情况之一的,劳动合同应当续延至相应的情形消失;

(3) 从事接触职业病危害作业的劳动者未进行离岗前职业健康检查,或者疑似职业病病人在诊断或者医学观察期间的;

(4) 在本单位患职业病或者因工负伤并被确认丧失或者部分丧失劳动能力的;

(5) 患病或者非因工负伤,在规定的医疗期内的;

(6) 女职工在孕期、产期、哺乳期的;

(7) 在本单位连续工作满十五年,且距法定退休年龄不足五年的;

(8) 法律、行政法规规定的其他情形。

(三) 劳动合同的解除和终止

《中华人民共和国劳动合同法》对用人单位和劳动者解除劳动合同的相关情况进行了规定,解除劳动合同是劳动合同从订立到履行过程中可以预见的中间环节,依法解除劳动合同是维护劳动合同双方当事人正当权益的重要保证。

1. 用人单位解除合同的条件

(1) 劳动者有下列情形之一的,用人单位可以解除劳动合同:

①在试用期间被证明不符合录用条件的;

②严重违反劳动纪律或者用人单位规章制度的;

③严重失职,营私舞弊,对用人单位利益造成重大损害的;

④被依法追究刑事责任的。

(2) 当劳动者符合下列情形之一的,用人单位也可以解除劳动合同,但要提前30天以书面形式预告劳动者本人:

①劳动者患病或者非因工负伤,医疗期满后,不能从事原工作也不能从事由用人单位另行安排的工作的;

②劳动者不能胜任工作,经过培训或者调整工作岗位,仍不能胜任工作的;

③劳动合同订立时所依据的客观情况发生重大变化,致使原劳动合同无法履行,经当事人协商不能就变更劳动合同达成协议的。

(3) 用人单位还可以通过裁员的形式解除企业劳动合同,但必须符合这样的条件:

①企业濒临破产进行法定整顿期间,确需裁员;

②企业生产经营状况发生严重困难,确需裁员。

但用人单位应当提前30天向工会或者全体职工说明情况,听取工会或者职工的意见,并向劳动行政部门报告。

2. 劳动者解除合同的条件

(1) 一般情况下,劳动者解除劳动合同,应当提前30天以书面形式预告用人单位。

(2) 有下列情形之一的,劳动者可以随时通知用人单位解除劳动合同:

①在试用期内的;

②用人单位以暴力、威胁或者非法限制人身自由的手段强迫劳动的;

③用人单位未按照劳动合同约定支付劳动报酬或者提供劳动条件的。

《中华人民共和国劳动合同法》规定,劳动合同的终止是指劳动合同期满或当事人双方约定的劳动合同终止条件出现,劳动合同即行终止。

第四节 员工关系

一、员工关系概述

对任何一个企业来说,建立积极正向的员工关系可以吸引且留住优良员工,提高员工生产力,增加员工对企业的忠诚度,提升工作士气,提升公司绩效,降低旷工、缺勤率。员工缺勤率提高,增加了由于员工福利、补充员工、培训和绩效损失带来的企业经营成本。员工离职率提高,增加了由于招聘、培训和绩效损失带来的企业经营成本。员工关系包括员工与企业的关系和员工与员工的关系。

员工关系是一种合作关系。

有些管理者认为,员工关系是雇主与员工、主管与员工以及员工与员工之间的一种对立与冲突的关系。这种关系往往伴随着劳资双方在一些劳动问题上观点的迥然不同和双方关系的不和谐,常常以双方关系的破裂而告终。

随着科技的发展和社会的进步,越来越多的企业已经认识到企业之间的竞争是人才的竞争。在这种大的人才观和人才理念下,员工与企业之间的关系必然从冲突与对立走向和谐与合作,从单赢走向多赢。因此,员工关系应该是雇主与员工、主管与员工以及员工与员工之间的一种合作关系。

基于"员工关系是一种合作关系"这一理念,员工关系管理并非只是根据国家相关劳动法律、法规和企业的相关劳动政策,被动地处理员工与企业之间的劳动关系,而是要从积极的角度来看待员工关系,以积极的方式处理员工关系,引导、构建和谐的劳动环境,从而提高员工的满意度,支持企业战略目标和管理目标的实现。

一旦企业建立合作型的员工关系,不仅可以同员工建立起稳定和谐的关系,减少冲突,而且还可以提高员工的敬业度和整体素质,有效预防和化解人员管理危机。更重要的是,还能建立与发展基于管理层和员工之间价值共享的企业文化,在达成企业目标的过程中实现企业和员工的双赢。

建立在合作关系基础上的员工关系管理具有两个典型特征:一是这种关系必须是劳资双方的一种合作的、和谐的关系;二是这种关系是由企业管理层积极主动的努力构建起来的,需要企业管理人员通过辛勤的劳动不断地进行培育和呵护。这种员工关系我们称之为积极的员工关系。

积极的员工关系是企业吸引人才和留住人才最为有效的手段。按照弗雷德里克·赫茨伯格的双因素理论,以具有竞争力的薪资吸引人和留住人,其效果未必能长久,而创建和维护积极的员工关系环境则是员工的内在需求。在这样的工作环境中,员工的聪明才智能够得到充分发挥,"自我实现"的需要得到更大满足,更利于留住优秀员工。

二、员工关系管理的目的

员工关系管理的最终目的不仅仅是让员工满意,而应该是使每一位"权力人"满意。"权力人"应该包括顾客、员工、出资人、社会与环境,甚至包括供应商和竞争对手在内。从目前成功企业的企业文化分析中看,他们都非常重视对企业各种"权力人"权力的尊重。惠普的企业文化明确提出的"以真诚、公正的态度服务于公司的每一个权力人"的思想,与IBM公司的"让公司的每一个成员的尊严和权力都得到尊重,为公司在世界各地的消费者提供最上乘的服务"有异曲同工之妙。

有的管理者讨论如何让员工努力工作,但很少听到管理者认真研究他们如何实现对员工所承担的义务的承诺,包括工作的引导、资源的支持、服务的提供,更谈不上生活的关心;直线经理关于别的部门不配合自己部门工作的抱怨,特别是关于相互间的推诿、办事效率低的议论,不过我们很少逆向思考自身是如何配合别人的。试想一下,我们为什么不从自身角度改变服务观念,去做先让别人满意的先行者和倡导者呢?作为管理者,我们在其中扮演了什么角色?为什么不能成为公司利益的代言人、企业文化的宣传者,而只是一味抱怨呢?当听到消极的、负面的或者笼统称作所谓员工"不满意"的议论时,我们为什么不能从公司的角度、从积极的角度、从正面的角度加以重视、加以引导、加以解决而是任其蔓延呢?这些问题或许尖锐了一点,但这样的反思会帮助我们更好地梳理并进一步认清员工关系管理的目的。换句话说,员工关系管理的目的是每一个管理者都必须首先明确和弄清楚的问题。唯有如此,管理者才能以正确的心态和寻找适当的方法去面对和解决员工关系管理中的种种问题。

员工关系管理是企业人力资源部门的重要职能之一,良好的员工关系可以使员工在心理上获得一种满足感,有利于提高其工作意愿和积极性,也能够在一定程度上保障企业战略和目标的有效执行。可以说,员工关系是影响员工行为态度、工作效率和执行能力的关键因素,需要企业管理者高度关注和重视。

三、员工关系管理的方法

对待不同员工应有不同的管理方法。

(一)对孤僻员工进行引导

(1)拒绝冷落,施以温暖。管理这类员工最有效的策略是给其人世间的温暖和体贴。可以在学习、工作、生活的细节上多为他们做一些实实在在的事,尤其是在他们遇到了自身难以克服的困难时。在任何情况下都不要流露出对他们的表现漠不关心的态度,要像对待其他的员工一样来对待他们,这也就特别需要领导者的宽宏大度。

(2)性格孤僻的员工一般不爱讲话。对此,关键是选好话题主动交谈。一般而言,只要谈话有内容触到了他们的兴奋点,他们是会开口的。但也得注意,性格孤僻的人喜欢抓住谈话中的细枝末节胡乱猜疑,一句非常普通的话有时也会使其恼怒,并久久铭刻在心以致产生深深的心理隔阂。因此,与之谈话时要特别留神,措辞、造句都要仔细斟酌。

(3)从这类员工心理特点来说,他们有自己的生活方式,不希望被别人打扰。如果为了能和他们接触,而整日耐着性子,装出一副热情有加的样子和他们称兄道弟,保证不会得到什么好的结果。尤其是当他们感觉到上级是为了某种目的而想和他们"套近乎"时,他们一定会从心里认为上级是个十分虚伪的人。其实,只要和他们保持一般的工作上的接触就可以了,真正需要对他们进行帮助应该是在他们遇到了某种困难的时候。

(4)保持耐心很重要。对性格孤僻的人进行管理,有时很容易遭到对方的冷遇,如果遇到这种情况一定要有耐心。"日久知人心""事实胜于雄辩",只有到了他们能够完全信任领导者的时候,领导者说的话才会有分量,管理行为也就具备了威信。

(5)要投其所好,直攻其心。这类寂寞的人群总有他们独特的方式来享受这独处的时光。仔细观察了解,看看脾气古怪的员工是以什么方式打发时间的,以此作为突破口,打开彼此间的僵局。

作为领导者来说,尊重他们的选择是创造彼此间良好交往氛围的前提条件。对每一个员工,领导者都有义务去关心和爱护他们,不要轻言放弃,用心努力,就会得到他们的认同。

(二) 对桀骜不驯的员工设法掌控

每个员工都有自己不同于别人的心理,因此,作为领导者来说,不是去压制他们的想法,而应该是巧妙地利用他们各自的不同为工作所用。对一个聪明的领导者来说,不仅应该细心研究自己及周围人员的性格特点、工作作风以及心理状态,更应做到因地制宜、对症下药,这样工作起来才能得心应手、事半功倍。对于那些桀骜不驯、属表现型的员工,务必注意在工作的各个细节上都为其制订具体的计划,否则,他们很容易偏离工作目标。要以认真的态度倾听他们的述说,不要急于反驳和争辩,当他们安静下来时,再提出明确的、令人信服的意见和办法。对他们的成绩要及时给予公开表扬,同时也要多提醒他们冷静地思考问题。

管理是一门艺术,科学地采用适合于彼此的工作方法进行管理,处理人事关系,可以避免简单生硬和感情用事,避免不必要的误解和纠纷,扬长避短、因势利导,进而赢得同事的支持与配合,造就一个协同作战的班子,并且能更迅速、更顺利地制定和贯彻各种决策,实施更有效的管理。

(三) 对"老黄牛"式员工要善待

在一个团队中,既需要那些很有创意的人才,同样也需要那些"老黄牛"式的员工,所有人的配合才能共同把工作做好。所谓"老黄牛"式的员工,往往是那些勤勤恳恳、踏踏实实、不张扬的人。这样的员工虽然可能领导者并没有太注意,他们可能也没有太突出的业绩,但团队同样离不开他们。因此,作为领导者不能因为他们的低调,就理所当然地忽略他们的成绩和存在,而应该一视同仁,像对待那些为团队做出突出贡献的员工一样来用心对待他们。

"老黄牛"式的员工虽然平时一声不吭,但他们的心里同样可能存在问题,例如对上级不同的看法,对团队发展的建议,等等。平时这些问题不可能充分展开,大多数是上级占尽上风。但领导者非常有必要抽出时间,听听他们从自己的角度和心理对心中块垒的宣泄。有时只需带着耳朵,耐心听完他们的叙述,甚至不必做出什么回答,对方的不平心理就已经得到舒展。

相对来说,"老黄牛"式的员工并不是没有需求,只是他们很容易得到心理满足而已。因此,作为领导者只需要把"饼"画清楚就行了。也许并不需要对这类员工进行特别的动员和嘉奖,只需要对团队的未来有一个长远、清晰的规划,就可以拴住他们的心,就可以激励他们为团队继续任劳任怨。

"老黄牛"式的员工即使职务对他们并不合适,他们也会抱着是上级安排的,就应该努力干好的心理,而不会主动向上级提出来。这时就需要领导者用心观察他们的工作情况,如果发现他们目前的职务对他们并不合适,有时不妨直接告诉他们,即使他们以后离去,对团队和个人都是有利的。

因此,对于领导者来说,针对"老黄牛"式的员工要区别对待,要用心解读他们的心理,而不仅仅是引导、利用,这样才能抓住他们的心理,从而更好地管理他们,充分发挥他们的价值。

(四) 对墨守成规的员工要多揣摩他们的心理

众所周知,有效的沟通是管理的法宝之一。但是领导者常常会碰到一些"墨守成规"的员工,他们往往是我行我素,对人冷若冰霜。尽管你客客气气地与他寒暄、打招呼,他也总是爱理不理,不会做出你所期待的反应。为了更好地管理这类员工,你不妨从了解这类员工的性格特点开始。

墨守成规的员工天生缺乏创意,喜欢模仿他人,做人、处世的方法和语言都按照别人的样子,既没有自己的主见,也没有自己的风格。没有现成的规矩,就不知该如何行事。这类员工往往很难有突破性的发现,对新事物、新观点接受得较慢。这类员工因为墨守成规,当实际情况发生变化时,不知道灵活运用,只是搬出老皇历,寻找依据。这类员工不知以变应变,因此,他们难以应付新事物、新情况。因此,这类员工不宜委以重任。

但他们同样也有优点。比如他们做事认真负责,易于管理,虽没有什么创见,但他们一般不会发生原则性的错误。一般的事情交给他们去办,他们能够按照上级的指示和意图进行处理,往往还能把事情做得令上级十分满意,难以挑剔。

从形式上看,似乎他们怎样对待领导,领导似乎当然可以以同样的方式去对待他们,但是,这种想法对领导者是不恰当的。这种员工,他们的这种墨守成规并不是由于他们对你有意见而故意这样做。实际上,这往往是他们本身的性格,尽管领导者主观上认为他们的做法使领导者的自尊心受到伤害,但这绝非是他们的本意。所以说,领导者完全没有必要去计较他们。

因此,领导者不仅不能冷淡他们,反而应该多花些工夫,仔细观察,注意他们的一举一动,从他们的言行中,寻找出他们真正关心的事情。一旦领导者触及他们所热心的话题,对方很可能马上会一扫往常那种墨守成规的死板态度,而表现出相当大的热情。

要管理好墨守成规的员工,更多的是要有耐心,要循序渐进。如果领导者能够设身处地地为他们着想,维护其利益,逐渐使对方去接受一些新的事情,从而改变和调整他们的心态。那么,他们可能对领导者心存感激,不但可以使他们改掉墨守成规的毛病,也为领导者对他们有效的管理添上了一份力量。

案例分析 9-1

企业破产安置有方　职工无据诉请被驳回

一、案件背景

S集团有限公司是一家致力于房屋建筑、市政公用、建筑装饰装修、消防工程、机电设备安装、建筑智能、园林绿化、建筑设计及投资等相关产业于一体的综合性企业。S企业曾为当地提供了许多工作岗位,但企业因金融危机和经营不善被宣告破产,企业按公司职工安置方案及政府文件的规定,对原告进行安置,但原告以自己应按工伤有关文件安置、自己应属解除劳动合同范围为由申请仲裁,被驳回后不服,向法院起诉。安徽省蚌埠市禹会区人民法院审结该起劳动争议纠纷,判决驳回原告老张的诉讼请求。

二、案件处理概况

(一) 企业破产,职工起诉要求赔偿

老张原系 S 集团有限公司职工。1977 年 9 月因工受伤。2004 年 5 月,老张与 S 集团有限公司签订无固定期限劳动合同。2008 年 6 月,因 S 集团有限公司不能清偿到期债务被法院裁定破产清算并指定了破产管理人。6 月 29 日,S 集团有限公司被法院宣告破产。2008 年 9 月,S 集团有限公司经职工代表大会正式会议表决通过了《职工安置方案》,对安置事宜进行了明确。

根据安置方案,S 集团有限公司对原告老张实行内养,发给原告每月 350 元基本生活费,同时缴纳各项社会保险费至退休。原告拒绝该种安置方式,亦拒绝领取被告发放的基本生活费。2008 年 11 月 10 日,经劳动能力鉴定委员会审定,原告劳动功能障碍鉴定为六级。后原告以自己应按工伤有关文件安置、自己应属解除劳动合同范围为由向仲裁委员会申请劳动仲裁,要求与被告解除劳动合同;要求被告支付经济补偿 30000 余元,支付一次性伤残补助金 10000 余元、一次性工伤医疗补助金 20000 余元及一次性伤残就业补助金 30000 余元。该委于 2009 年 8 月裁决驳回原告的申诉请求。原告不服,遂诉至法院。

(二) 企业安置有方,法院驳回诉求

法院认为,老张原系 S 集团有限公司职工,该公司被宣告破产后,根据《关于做好国有企业破产工作的意见》的精神,经职代会表决通过了企业职工安置方案,该方案确定的时点为 2008 年 8 月 31 日,此时原告距退休年龄已不足五年,按照该安置方案规定,原告属内养人员,由被告发给原告基本生活费和各项社会保险费至退休,原告与 S 集团有限公司的劳动关系至原告退休前仍未终止,故原告要求确认与 S 集团有限公司的劳动合同终止并要求被告支付工龄经济补偿金的诉请,缺乏事实和法律依据,不予支持。

三、案件反思

原告 1977 年 9 月因工受伤,而《工伤保险条例》是 2004 年 1 月 1 日起施行,故原告要求按《工伤保险条例》支付一次性费用无法律依据,且安徽省人民政府曾于 1997 年 2 月 20 日制定了《安徽省企业职工工伤保险暂行办法》,该办法对施行前发生工伤职工的一次性费用不予补发。同时,安置方案中该款已明确表示原告作为工伤人员仅可按劳动部门认定的等级享受相应政策性补助,即工伤复发治疗费,并非按工伤保险条例享受工伤待遇。综上,原告要求被告支付一次性伤残补助金、一次性医疗补助金及一次性就业补助金的请求无法律依据,不予支持。

思考与讨论

1. 结合《劳动法》,分析职工老张的诉求为什么被驳回。
2. 结合本案例,分析劳动关系出现争议时,如何进行解决。

案例分析 9-2

部门经理的工作日记

一、背景

瑞恩是一家上市公司的市场部部门经理,部门业务一直以来蒸蒸日上,员工关系融洽,作为部门经理,瑞恩一直有做工作日记的习惯,这一良好习惯在他处理日常工作中也起到了积极作用。然而最近部门有两名员工似乎在互相埋怨着什么,不甚愉快,瑞恩正在思索着如何处理两位员工的紧张关系。

二、两名员工关系现状

(一) 下属抱怨喋喋不休

这天当瑞恩走过他的部门时,一位下属杰克朝他走来,要求与他私下谈谈。显然有什么事情在烦扰着杰克。因此,瑞恩回到办公室一坐下,杰克就滔滔不绝地谈他与同事麦克之间的冲突。按照杰克的说法,麦克欺人太甚了。麦克不惜踩着别人的脊背向上爬。特别是麦克为了使他难堪,故意把持住一些重要的信息,而他正需要这些信息来充实报告。麦克甚至利用别人做的工作为自己沽名钓誉。杰克坚持认为,瑞恩必须对麦克的态度采取行动,而且必须尽快行动——否则的话,他警告说,他的部门将会有好戏看。这样,瑞恩就不得不处理必然要遇到的微妙局面:两位雇员之间的冲突。解决下属之间的冲突可能比解决任何难题都需要更多的技巧和艺术。在冲突大规模升级之前,瑞恩该做些什么才能使之消弭于无形呢?

(二) 经理出面弥合冲突

瑞恩首先意识到,冲突不会自行消失,如果自己置之不理,下属之间的冲突只会逐步升级。作为经理,有责任在部门里恢复和谐的气氛。他明白有时自己必须穿上裁判服,吹响哨子,及时地担任起现场裁判。

因此瑞恩给情绪激动的杰克倒了杯水,听他倾吐完自己的抱怨并安抚了他的情绪。瑞恩明白猜测与指责大多来自沟通不畅、事实不清,现场定论一定会有失偏颇。瑞恩觉得两人有必要心平气和的面对面消除误会,但此时杰克对麦克非常不满,于是瑞恩决定当好裁判角色,先单独会见麦克。在与麦克的交谈中,瑞恩重点了解了杰克对其不满的导火索——把持信息事件的真实情况。原来是因为这一信息还未全面公布,麦克作为信息处理者出于负责态度在未得到领导确认之前不能随意向外发布。

了解了事件始末,瑞恩发现矛盾并非无法解决,双方只是存在误会。于是让两人在经理办公室会面,两人自行疏通误会之处,自己则做好"调停人"角色。最终两人回到了正常的同事关系中。

三、案例反思

瑞恩看到两人和好感到十分欣慰,他在自己的工作日记中记录了自己的反思与心得。下列四点是在处理冲突时所必须牢记于心的。

(1) 记住目标是寻找解决方法,而不是指责某一个人。指责即使是正确的,也会使对方顿起戒心,结果反而使他们不肯妥协。

(2) 不要用解雇来威胁人除非真的打算解雇某人,否则,过头的威胁只会妨碍调解。

(3) 区别事实与假设,消除任何感情因素,集中精力进行研究,深入调查、发现事实,这有助于找到冲突的根源。能否找到冲突的根源是解决冲突的关键。

(4) 坚持客观的态度,不要假设某一方是错的,下定决心倾听双方的意见。最好的办法也许是让冲突的双方自己解决问题,而自己担任调停者的角色。既可以单独会见一方,也可以双方一起会见。但不管采用什么方式,应该让双方明白:矛盾总会得到解决。

同时为了保证会谈成功,必须做到以下几点。

(1) 定下时间和地点

匀出足够的时间,保证不把会谈内容公之于众。

(2) 说明目的

从一开始就让雇员明白,你需要的是事实。

(3) 求大同,存小异

应该用肯定的调子开始会谈,指出双方有许多重要的共同点,并与双方一起讨论一致之处。然后指出,如果双方的冲突能得到解决,无论是个人、部门、还是整个公司,都可以避免不必要的损失。你还可以恰到好处地指出,他们的冲突可能会影响到公司的形象。

(4) 要善于倾听不同意见

在了解所有的有关情况之前不要插话和提建议。先让别人讲话,他们的冲突是起因于某一具体的事件,还是仅仅因为感情上合不来?不断提出能简单地用是或否回答的问题。

(5) 注意姿势语言

你在场时必须一直保持感兴趣、听得进而又不偏不倚的形象。不要给人留下任何怀疑、厌恶反感的印象。当雇员讲话时,你不能赞同地点头。你不能让双方感到你站在某一边。事实上和表面上的完全中立有助于使双方相信你的公正。

(6) 重申事实

重申重要的事实和事件,务使不发生误解。

(7) 寻求解决的方法

允许当事人提出解决的方法。特别要落实那些双方都能做到的事情。

(8) 制订行动计划

与双方一起制订下一步的行动计划,并得到双方执行此计划的保证。

(9) 记录和提醒

记下协议后,让双方明白,拒不执行协议的一方将会引起严重的后果。

(10) 别忘记会后的工作

这次会议可能会使冲突的原因公开,并引起一系列的变化,但是你不能认为会开完了,冲突也解决了。当事人回到工作岗位之后,他们可能会试图和解,但后来又再度失和。你必须在会后的几周,甚至几个月里监督他们和解的进程,以保证冲突不会再发生。你可以与其中一方每周正式会晤一次来进行监督。如果冲突未能得到解决,你甚至可以悄悄地观察他们的行为。不再发生任何雇员之间的冲突——这是经理的工作职责之一。只有在你感到智穷力竭时,你才可以用调动工作的方法把双方隔开。但最好还是把调动工作留作最后的一招。

能否果断直接地处理冲突,表明你作为经理人是否尽到了责任。你的处理将向下属发出明确的信号:你不会容忍冲突——但是你愿意做出努力,解决任何问题。

思考与讨论

1. 部门经理瑞恩在员工关系调解中扮演了哪些"角色"?运用了哪些员工关系管理方法?

2. 部门经理瑞恩的工作日记给了你什么启示?

参考文献

[1] 〔美〕彼得·杜拉克.创新与企业家精神[M].彭志华,译.海口:海南出版社,2000.
[2] 蔡翔,郭冠妍,张光萍.国外关于人—组织匹配理论的研究综述[J].工业技术经济,2007(9).
[3] 曹德骏,唐文军,李勤.雇佣关系研究:演进与启示[J].财经科学,2006(10).
[4] 曹威麟,洪进.组织行为学[M].北京:北京大学出版社,2015.
[5] 曹仰锋.如何进行绩效面谈[J].人才资源开发,2005(6).
[6] 陈芳.绩效管理[M].深圳:海天出版社,2002.
[7] 成华.薪酬的最佳方案[M].北京:中央编译出版社,2004.
[8] 仇雨临.员工福利管理[M].第2版.上海:复旦大学出版社,2010.
[9] 〔日〕大野耐一.丰田生产方式[M].谢克俭,李颖秋,译.北京:中国铁道出版社,2014.
[10] 董克用,李超平.人力资源管理概论[M].第5版.北京:中国人民大学出版社,2019.
[11] 樊宏,戴良铁.如何科学确定绩效评估指标的权重[J].中国劳动,2004(10).
[12] 方振邦,唐健.战略性绩效管理[M].第5版.北京:中国人民大学出版社,2018.
[13] 方振邦,徐东华.战略性人力资源管理[M].第2版.北京:中国人民大学出版社,2015.
[14] 付亚和,许玉林.绩效考核与绩效管理[M].第2版.北京:电子工业出版社,2009.
[15] 顾英伟.绩效考评[M].北京:电子工业出版社,2006.
[16] 红军,王远志.用"公文筐"选拔厅局级干部——现代人才测评技术运用探索[J].中国人才,2008(4).
[17] 侯晓虹.培训操作与管理[M].北京:经济管理出版社,2006.
[18] 胡艳曦.评价中心技术在人力资源甄选中的应用研究[J].暨南学报:哲学社会科学版,2007(5).
[19] 〔美〕加里·德斯勒.人力资源管理[M].第14版.刘昕,译.北京:中国人民大学出版社,2017.
[20] 〔美〕杰尔·S.罗森布鲁姆.员工福利手册[M].第5版.杨燕绥,王瑶平,等译.北京:清华大学出版社,2007.
[21] 〔美〕杰拉尔德·格林伯格,罗伯特·A.巴伦.组织行为学[M].第7版.范庭卫,等译.南京:江苏教育出版社,2005.
[22] 瞿群臻,甘胜军.人力资源管理:理论与实务[M].北京:清华大学出版社,2014.
[23] 〔美〕兰斯·A.伯杰,多萝西·R.伯杰.薪酬手册[M].第4版.文跃然,等译.北京:中国人民大学出版社,2006.
[24] 李宝元,于然,王明华.现代人力资源开发学[M].北京:北京师范大学出版社,2013.
[25] 李宝元.人力资源管理案例教程[M].北京:人民邮电出版社,2002.
[26] 李德伟.人力资源招聘与甄选技术[M].北京:科学技术文献出版社,2006.
[27] 李剑,张勉.员工招聘与人事测评操作实务[M].郑州:河南人民出版社,2002.
[28] 李立国,程森成.绩效反馈面谈的SMART原则[J].中国人力资源开发,2004(2).
[29] 李严锋,麦凯.薪酬管理[M].大连:东北财经大学出版社,2002.
[30] 林忠.人力资源招聘与选拔[M].沈阳:辽宁教育出版社,2006.
[31] 刘连龙.人员测评与人员选聘[M].西安:陕西人民出版社,2007.

[32] 刘昕.薪酬管理[M].第5版.北京:中国人民大学出版社,2017.
[33] 刘耀中.人员测评[M].北京:中国纺织出版社,2003.
[34] 龙毕文,邱立强,江守信.整合招聘——如何在第一时间选对人[M].广州:广东经济出版社,2005.
[35] 〔美〕迈克尔·D.波顿.大话管理100年[M].文岗,译.北京:中国纺织出版社,2003.
[36] 苗海荣.七步打造完备的培训管理体系[M].哈尔滨:哈尔滨出版社,2006.
[37] 牟晋君.系统论下的人岗匹配浅析[J].中共乐山市委党校学报,2009(3).
[38] 彭剑锋.人力资源管理概论[M].第3版.上海:复旦大学出版社,2018.
[39] 〔美〕乔治·T.米尔科维奇,杰里·M.纽曼.薪酬管理[M].第9版.成得礼,译.北京:中国人民大学出版社,2008.
[40] 〔日〕若松义人,近藤哲夫.丰田生产力[M].王景秋,译.北京:机械工业出版社,2008.
[41] 盛晓东,赵琼.培训师的工具箱[M].第3版.北京:企业管理出版社,2019.
[42] 石金涛.培训与开发[M].北京:中国人民大学出版社,2002.
[43] 〔美〕斯蒂芬·罗宾斯,蒂莫西·贾奇.组织行为学[M].第16版.孙健敏,王震,李原,译.北京:中国人民大学出版社,2016.
[44] 宋洪峰,王艺妮.关于人力资源胜任概念的分析及对比[J].人才资源开发,2007(4).
[45] 孙宗虎,刘娜.招聘、面试与录用管理实务手册[M].第4版.北京:人民邮电出版社,2017.
[46] 孙宗虎,姚小凤.员工培训管理实务手册[M].第2版.北京:人民邮电出版社,2009.
[47] 孙宗虎,庄俊岩.人员测评实务手册[M].第4版.北京:人民邮电出版社,2017.
[48] 谭小宏.个人与组织价值观匹配研究——效用与策略[D].重庆:西南大学,2007.
[49] 王剑,许玉林.公平薪酬设计与操作——基于战略思考与管理流程[M].北京:清华大学出版社,2013.
[50] 王剑,许玉林.员工成长与培养计划——基于战略思考与管理流程[M].北京:清华大学出版社,2013.
[51] 王丽娟.员工招聘与配置[M].第2版.上海:复旦大学出版社,2019.
[52] 王萍.人与组织匹配的理论与方法的研究[D].武汉:武汉理工大学博士学位论文,2007.
[53] 王晔.联想的"入模子"培训[J].中国人才,2003(1).
[54] 王占玲,谈谦.人与组织匹配的研究[J].电子科技大学学报:社科版,2007(3).
[55] 魏钧.绩效指标设计方法[M].北京:北京大学出版社,2006.
[56] 文跃然.薪酬管理原理[M].第2版.上海:复旦大学出版社,2013
[57] 吴培良,郑明身,王凤彬.组织理论与设计[M].北京:中国人民大学出版社,1998.
[58] 吴志明.招聘与选拔实务手册[M].第2版.北京:机械工业出版社,2006.
[59] 武建学.七步打造完备的招聘管理体系[M].哈尔滨:哈尔滨出版社,2006.
[60] 萧鸣政.人员测评与选拔[M].第3版.上海:复旦大学出版社,2019.
[61] 肖霞.企业人力资源管理现代化研究[M].北京:经济管理出版社,2006.
[62] 辛浩力.企业如何设立关键业绩指标[J].人力资源,2004(11).
[63] 徐本华.传承与发展:人—岗匹配与人—组织匹配关系探讨[J].河南大学学报:社会科学版,2007(4).
[64] 徐芳.培训与开发理论及技术[M].第2版.上海:复旦大学出版社,2019.
[65] 徐盛华,刘怡君,曾国华.组织行为学[M].北京:清华大学出版社,2015.
[66] 徐世勇,陈伟娜.人力资源的招聘和甄选[M].北京:清华大学出版社,2008.
[67] 许玉林,王剑.人力资源吸引与招聘——基于战略思考与管理流程[M].北京:清华大学出版社,2013.

[68] 许玉林,王剑.组织绩效提升与管理——基于战略思考与管理流程[M].北京:清华大学出版社,2013.

[69] 许玉林.组织设计与管理[M].第2版.上海:复旦大学出版社,2010.

[70] 杨洪常,朱凌玲.快速分析员工培训需求的方法[J].中国人力资源开发,2004(11).

[71] 叶畅东.关键绩效指标体系建立研究[J].现代管理科学,2005(7).

[72] 易定红,陈永峰.无领导小组讨论面试[M].北京:京华出版社,2009.

[73] 张保国.遴选高级人才的首要工具——评价中心[J].南开管理评论,2002(4).

[74] 张翼,樊耘,邵芳,纪晓鹏.论人与组织匹配的内涵、类型与改进[J].管理学报,2009(10).

[75] 章达友.职业生涯规划与管理[M].第2版.厦门:厦门大学出版社,2012.

[76] 赵永乐,沈宗军,刘宇瑛,周希舫.招聘与面试[M].上海:上海交通大学出版社,2006.

[77] 郑兴山.人力资源管理[M].第2版.上海:上海交通大学出版社,2010.

[78] Balm,Gerald J. *A Practitioner's Guide for Becoming and Staying Best of the Best*[M]. QPMA Press,1998.

[79] Blanchard P. N. &Thacker. J. W. Effective Training:Systems, Strategies and Practices[M]. New Jersey:Prentice-Hall,Inc.,1999.

[80] Camp,Robert C. Benchmarking:The Search for Industry Best Practices that Lead to Superior Performance[M]. ASQC Quality Press,1998.

[81] Daniel M. Cable,Timothy A. Judge . Pay Preferences and Job Search Decisions:A Person-Organization Fit Perspective[J]. Personnel Psychology,1994(47).

[82] James W. Westerman,Linda A. Cyr. An Integrative Analysis of Person-Organization Fit Theories [J]. International Journal of Selection and Assessment,2004,12(3).

[83] Schnerder,B. The People Make the Place[J]. Psychology,1987(40).

[84] Terence R. Mitchell. Why People Stay : Using Job Embeddedness to Predict Voluntary Turnover [J]. Academy of Management Journal,2001(6).

[85] Turban,D. B. &Kew,T. L. Organizational Effectiveness:An Interactionist Perspective[J]. Journal of Applied Psychology,1993(78).